CHINA
ENTERPRISE DEVELOPMENT
REPORT 2015

中国企业发展报告
2015

国务院发展研究中心企业研究所

中国发展出版社
CHINA DEVELOPMENT PRESS

图书在版编目（CIP）数据

中国企业发展报告2015／国务院发展研究中心企业研究所.
北京：中国发展出版社，2015.1
ISBN 978-7-5177-0084-5

Ⅰ.①中…　Ⅱ.①国…　Ⅲ.①企业发展—研究报告—中国—2015
Ⅳ.①F279.2

中国版本图书馆CIP数据核字（2015）第013937号

书　　　名：中国企业发展报告2015
著作责任者：国务院发展研究中心企业研究所
出 版 发 行：中国发展出版社
（北京市西城区百万庄大街16号8层　100037）
标 准 书 号：ISBN 978-7-5177-0084-5
经　销　者：各地新华书店
印　刷　者：北京科信印刷有限公司
开　　　本：787mm×1092mm　1/16
印　　　张：19.5
字　　　数：300千字
版　　　次：2015年1月第1版
印　　　次：2015年1月第1次印刷
定　　　价：88.00元

联 系 电 话：（010）68990630　68990692
购 书 热 线：（010）68990682　68990686
网 络 订 购：http：//zgfzcbs.tmall.com//
网 购 电 话：（010）88333349　68990639
本 社 网 址：http：//www.develpress.com.cn
电 子 邮 件：bianjibu16@vip.sohu.com

专家委员会（按姓氏笔画为序）

卢中原	刘世锦	李剑阁
吴敬琏	陈清泰	陆百甫
金人庆	侯云春	张军扩
韩　俊	鲁志强	谢伏瞻

序言

Preface

刚刚过去的2014年是极不平凡一年。这一年，世界经济环境复杂多变，国内改革发展稳定任务艰巨繁重。在“三期叠加”的背景下，受产能过剩、房地产转折性变化、出口增速下滑等因素影响，经济下行的压力进一步加大，企业生产经营的困难增多，结构调整的阵痛和部分经济风险显现。在复杂困难的形势下，党中央、国务院坚持底线思维，保持定力，一方面保持宏观政策连续性和稳定性，创新宏观调控思路和方式，有针对性进行预调微调，实现了经济社会持续稳步发展；另一方面着力推进各领域的改革，深化改革开放取得重大进展。一年来，全面深化改革的336项举措逐项推出，全面深化改革领导小组确定的80个重点改革任务基本完成，改革在重要领域和关键环节向纵深推进。从先后取消和下放超过700项行政审批事项到注册资本登记制度改革全面施行，从放开民营资本进军银行业到国企改革启动试点，从财税体制改革到农村土地制度改革，一系列改革举措，激发了市场活力，提升了经济内生动力，实现了以改革稳增长和以改革调结构的目标。在全国上下的共同努力下，我国全年经济运行基本平稳，就业稳中有升、主要效益指标稳定、风险累积但总体可控，而且经济结构发生积极变化。

展望2015年，我国经济发展的阶段转换特征更加明显。要做好2015年工作，必须深刻认识新常态，主动适应新常态。我国经济发展进入新常态，是我国经济社会发展的必经阶段，是不以人的意志为转移的大趋势，是当前和今后一个时期我国经济发展的大逻辑。新常态蕴藏着新机遇。经济发展进入新常态，没有改变我国仍处于重要战略机遇期的判断，改变的是重要战略机遇期的内涵和条件；没有改变我国经济发展总体向好的基本面，改变的是经济发展方式和经济结构。经济结构调整难免阵痛，难免会有企业被淘汰、会有职工失去工作岗位，但调整成功了就会提升资产质量，提升产业结构，并创造新的工作岗位和更大的价值。虽然一些传统产业需求饱和了，面临转产调整，但一些新兴技术、新的业态和新的需求正在涌现。虽然国际市场对我国传统出口商品的需求增长放缓了，但我们利用装备能力、产业配套能力和资金输出等优势，在新一轮国际分工中，迎来向产业链中高端迈进的历史机遇，我国产业、品牌、资金和人才走出去潜力巨大。保护环境、治理污染表面看会增加成本，但提供需求快速扩张的生态产品，走低碳、绿色发展道路，环保技术、新能源等领域会出现新的增长动力。必须看到，新常态是我国经济向形态更高级、分工更复杂、结构更合理的阶段演化的必经阶段。

新的一年，我相信中国的企业将取得更大的发展成就。我国宏观经济将继续保持稳定增长，新的增长点不断涌现，“一带一路”、京津冀协同发展、长江经济带三大战略重点实施，新型工业化、信息化、城镇化、农业现代化同步推进，全面深化改革不断展开和落实，我国经济发展的空间不断拓展和活力不断增强，为企业发展创造了良好的环境。同时，我国企业创新能力不断提升，企业更加重视技术创新和管理创新，基于互联网的商业模式创新已经形成燎原之势，一个全民创新、万众创业的大好局面正在逐步形成。

我非常欣喜地看到又一本记录了中国企业年度发展脚印的《中国企业发展报告》的出版，也衷心期望它能够帮助广大的企业家和相关人士更好地回顾过去以总结过去的经验教训，更好地激发智慧来谋划未来发展。

是为序。

国务院发展研究中心主任

2015 年 1 月 6 日

目录 Contents

前言
Foreword

每年的这个时候，我们都要写这本《中国企业发展报告》；每年的这个时候，我们都要认真思考在即将过去的一年里国家发生了哪些大事、要事；每年的这个时候，我们都要全面盘点各类企业一年来的进步与发展、机遇与挑战、困难与问题、方向与出路。这是我们的工作，也是我们的责任。国务院发展研究中心企业研究所是专门研究企业改革与发展政策的决策咨询机构，既要为国家服务，也要为企业服务。

当前，中国经济发展开始进入新的历史阶段。2014 年年底的中央经济工作会议指出，要科学认识当前形势，准确研判未来走势，必须历史地、辩证地认识我国经济发展的阶段性特征，准确把握经济发展新常态。我国经济正在向形态更高级、分工更复杂、结构更合理的阶段演化，发展速度正从高速增长转向中高速增长，经济发展方式正从规模速度型粗放增长转向质量效率型集约增长，经济结构正从增量扩能为主转向调整存量、做优增量并存的深度调整，经济发展动力正从传统增长点转向新的增长点。认识新常态，适应新常态，引领新常态，是当前和今后一个时期我国经济发展的大逻辑。

主动适应新常态，政府将更加重视转方式调结构，更加重视改革攻坚，更加重视创新驱动。2014 年是全面深化改革的开局之年，改革形成了上下联动、主动作为、蹄疾步稳、狠抓落实的好局面，2014 年领导小组确定的 80 个重点改革任务基本完成，此外中央有关部门还完成了 108 个改革任务，共出台 370 条改革成果。各地区也结合实际推出一批有力度、有特色、有影响的改革举措。这些改革给企业发展带来了新的动力。比如，今年政府实行工商登记制度改革，企业准入的门槛降低了，极大地调动了全社会创业兴业的热情。2014 年 1 ~8 月，新登记注册市场主体 800 多万户，其中，3 ~8 月工商登记制度改革后新登记注册企业同比增长 61%，出现了所谓“井喷式”增长，成千上万的人实现了“老板梦”，带动了千万人以上的就业。本届政府承诺五年内将中央政府 1700 项行政审批减少 1/3，在一年多的时间内已经取消和下放了 600 多项，预计可提前实现目标。行政审批制度改革减少了政府对市场的干预，降低了企业经营成本，进一步释放了企业的活力。

主动适应新常态，企业必须更加注重市场和消费心理分析，更加注重提升人力资本素质，更加注重科技进步和转型升级。一方面，企业面临越来越严峻的挑战，包括要素成本不断上升，传统产品竞争日趋激烈，环保压力越来越大；另一方面，新技术、新市场提供了大量新的机遇，我国经济增长速度虽然有所下降，但仍然会保持 6% ~8% 的较高增速，经济增长的质量不断提升。我们已经看到，许多企业主动适应新常态，不断加快创新的步伐。比如，一些企业利用互联网开展商业模式创新，不仅大幅提高了企业的效率，而且开发了大量新的市场需求，特别是个性化的需求。在新常态下，企业家需要转变传统的发展模式，从注重物质投资向注重知识投资转变，从速度型向效益型转变。

国务院发展研究中心企业研究所长期跟踪研究中国企业发展的新环境、新问题，《中国企业发展报告 2015》是国务院发展研究中心企业研究所对 2014 年中国企业发展状况的总结和对 2015 年中国企业发展趋势的判断。本书坚持“用事实说话、对历史负责、对未来预判”的指导方针，立足于客观、具体、准确的数据和调查，力求能够较为全面、真实地反映过去一年来中国企业发展与改革的新情况、新特点、新问题、新挑战，能够较为深入、准确地分析即将来临的一年可能面临的新形势、新趋势、新机遇，以便为政府的政策和企业的发展战略提供参考。

本书包括“中国企业发展环境：2014 年回顾与 2015 年展望”、“国有企业改革与发展”、“中小企业发展”、“企业跨境投资”、“企业创新”、“企业竞争力评价”和“企业经营者调查”共七章。其中，第一章由贾涛、张永伟撰写；第二章由项安波、张林、王茂林撰写；第三章由王继承撰写；第四章由李志能、亓长东、宗芳宇撰写；第五章由范保群、王怀宇、石光、王毅、吴宇晨撰写；第六章由李兆熙、马淑萍、周健奇、廖博撰写；第七章由李兰撰写。

由于时间紧、任务重，本书难免存在不少缺点甚至错误，我们诚恳地希望各位读者批评指正。

马骏

2014 年 12 月

第一章　企业发展环境：2014 年回顾与 2015 年展望

1.1 2014 年企业发展环境回顾

1.1.1 2014 年全球经济复苏低于预期

就国际宏观环境而言，近几年的特点可以总结为：全球经济的复苏低于预期，且复苏不均衡、日趋分化；而潜在增长率的下降导致全球经济下行压力加大。为此，国际货币基金组织（IMF）认为，多数经济体必须继续将提高实际和潜在增长率作为一项首要任务，各国普遍迫切需要根据本国情况实施结构改革，以提高增长潜力或保持增长可持续性。

正如2014 年 11 月亚太经合组织（APEC）第 22 次领导人非正式会议上所作出的《亚太经合组织经济创新发展、改革与增长共识》中所指出的那样，“当前，世界经济呈现温和增长态势，但复苏并不均衡，需求依然较弱，下行风险犹存。国际金融危机深层次影响尚未消除，贸易和投资保护主义却在上升。长期而言，为实现全球经济强劲、可持续、平衡和包容增长，我们亟须提振需求，通过创新发展和经济改革寻求增长新动力①”。

面对错综复杂的国际经济形势，在美国复苏较为确定、欧日缓慢复苏而新兴经济体发展日趋分化的情况下，乘着北京 APEC 会议圆满召开的东风，随着“一带一路”战略的逐步推进，中国企业“走出去”机遇将大于挑战。广大企业要积极做好包括资金、人才、全方位调查研究等各方面的准备，加大步伐“走出去”。

（1）全球总体情况

世界银行（World Bank）在 2014 年 6 月预测 2014 年全球经济增长为 2.8%②；而国际货币基金组织（IMF）的预测相比略为乐观，在其 10 月份的

---

① 参看亚太经合组织（APEC）第二十二次领导人非正式会议宣言附件三。

② 参看世界银行 2014 年 6 月发布的《全球经济展望》（Global Economic Prospects）。

预测中虽然第三次下调了增长预期，但仍认为2014年全球经济增长将达到3.3%[①]。总体而言，国际货币基金组织认为全球经济复苏不及预期，而且复苏不均衡，日趋分化。

IMF指出，世界经济仿佛走在平衡木上。一方面，各国必须解决全球金融危机的遗留问题，包括债务积压、高失业率等；另一方面，经济前景不明朗。潜在增长率已经下调，而经济前景的恶化进而影响到当前的信心、需求和增长。危机遗留问题比预期更难解决，潜在增长下降，这两股力量的交织已经导致过去三年经济预测几度下调。尽管2014年全球经济进一步遭受挫折，复苏不及预期，但不均衡的全球复苏仍在继续。在发达经济体，危机前的繁荣及随后的危机造成的遗留影响（包括高额私人债务和公共债务）仍给经济复苏蒙上了一层阴影。而新兴市场的经济增长率目前低于危机前的繁荣时期和危机后的复苏时期，它们正在对此做出调整。总体而言，各国的复苏步伐越来越呈现出国别差异[②]。

虽然自2008年全球金融危机爆发迄今已经六年，但是全球经济复苏仍然在很大程度上依赖于发达经济体为支持需求、鼓励企业投资和促进资产负债表修复而实施的宽松货币政策。在发达经济体，宽松货币政策鼓励承担经济风险（住户增加实际支出，企业有更强的投资和招聘意愿），因此依然起着至关重要的经济支撑作用。然而，长期实行宽松货币政策也可能鼓励过度承担金融风险，从而导致更多资金配置到高风险资产，住户和企业更加愿意提高资产负债表的杠杆程度。因此，宽松货币政策面临着上行经济收益与下行金融稳定风险之间的权衡取舍[③]。

虽然美联储已经于2014年10月29日决定退出量化宽松（QE3），但欧洲和日本的量化宽松政策仍在继续，预计短期内全球货币政策依旧宽松。在预计美国可能于2015年中后期加息的情况下，新兴经济体需高度关注资本可能大规模外流引发的巨大风险。

---

① 参看国际货币基金组织2014年10月发布的《世界经济展望》（World Economic Outlook）。该预测数据比2014年4月《世界经济展望》的预测低0.4个百分点，这主要是由于2014年上半年全球经济活动弱于预期。

② 国际货币基金组织2014年10月发布的《世界经济展望》（World Economic Outlook）。

③ 国际货币基金组织2014年10月发布的《全球金融稳定报告》。

（2）发达经济体

IMF 认为，发达经济体的政策必须同时解决金融危机遗留问题和潜在增长低这两个方面。一个主要的侧重点是改善银行资产负债表，但在一些国家，企业和住户的债务积压仍是一个严重的金融危机遗留问题。在需求继续疲软的情况下，货币宽松和低利率仍是提高潜在增长率的关键。

OECD 对发达经济体 2014 年主要经济指标的预估如表 1.1 所示。

表 1.1　OECD 对 2014 年发达经济体主要经济指标的预估

	GDP 实际增长率（%）
美国	2.2
欧元区	0.8
日本	0.4
OECD 全部国家	1.8
	通胀率（%）
美国	1.4
欧元区	0.5
日本	2.9
OECD 全部国家	1.6
	失业率（%）
美国	6.2
欧元区	11.4
日本	3.6
OECD 全部国家	7.3
	全球贸易增长率（%）
世界	3.0
	政策利率（%）
美国	0.3
欧元区	0.2
日本	0.1

资料来源：OECD Economic Outlook 96（PRELIMINARY VERSION），November 2014.

①美国：强健复苏。

2014 年，美国 GDP 第一季度的增长疲软出乎意料，但第二季度开始经济活动回升。具体而言，美国第一季度 GDP 环比折年率为 -2.10%，同比折年数为 1.89%；第二季度 GDP 环比折年率为 4.60%，同比折年数为 2.59%；第三季度 GDP 环比折年率为 3.9%，同比折年数为 2.43%（如图 1.1 所示）。目前看，美国的复苏显得十分强健，已摆脱危机。IMF 和 OECD 都预计 2014 年美国 GDP 同比增长 2.2% 左右。

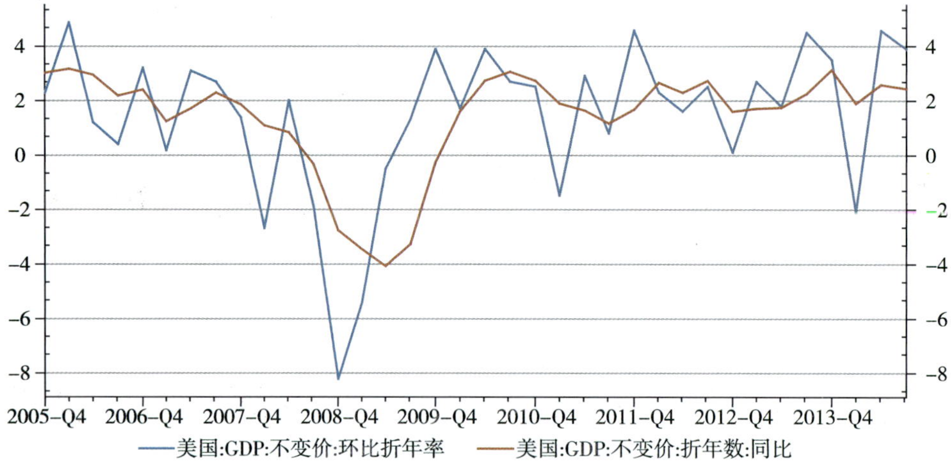

图 1.1 美国 GDP 季度增长率（%）

数据来源：Wind 资讯。

第一，从消费者信心来看，美国密歇根大学消费者信心指数在 2014 年 11 月创下 7 年来新高，达到 88.80（见图 1.2），已经基本恢复到金融危机前的水平（2007 年 7 月为 90.40）。显示出民众对美国经济恢复增长具有较强信心。

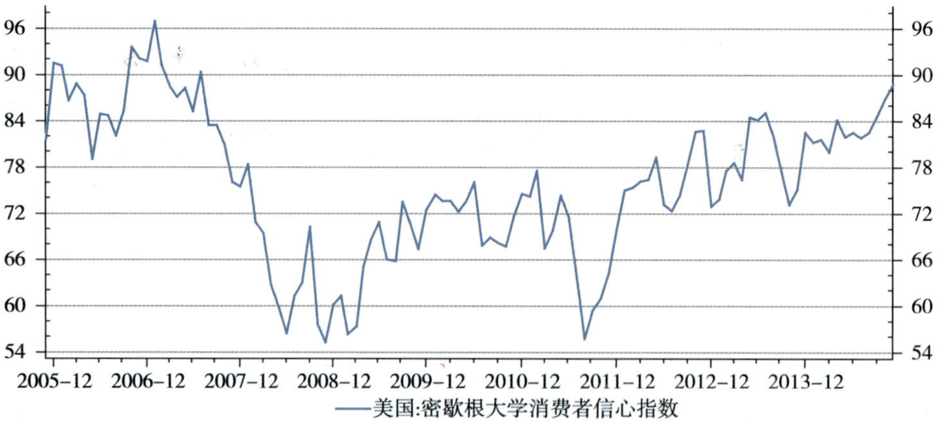

图 1.2 美国 2014 年 11 月份密歇根消费者信心创七年多新高

数据来源：Wind 资讯。

第二，美国制造业 PMI 表现强劲。美国供应管理协会（ISM）于 2014 年 11 月 3 日公布的美国 10 月份 ISM 制造业采购经理人指数（PMI）大幅增至 59，而预期为 56.2，9 月份为 56.6。而 11 月 6 日公布的 10 月份的非制造业指数为 57.1，预估为 58.0，9 月则为 58.6。最新数据显示，美国 11 月份的 PMI 为 58.7；非制造业指数则上升至 59.3，大幅好于前值和预期。美国制造业采购经理人指数 PMI 的增速快于预期，显示出美国这一全球最大经济体工业表现仍然非常强劲，从图 1.3 中明显可以看出，PMI 指数已经恢复到金融危机前的水平。

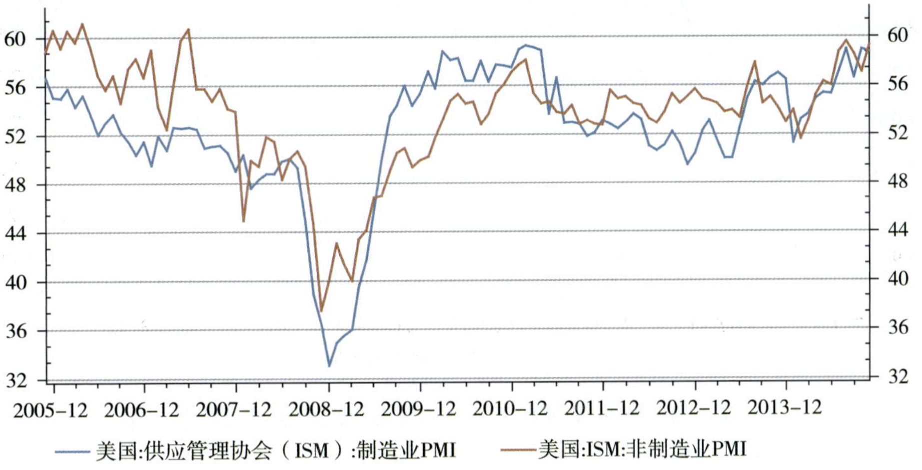

图 1.3　美国制造业与非制造业的 PMI 指数

数据来源：Wind 资讯。

第三，从就业数据来看，2014 年的美国就业市场随着经济复苏持续好转，就业也已经恢复到金融危机之前的水平（见图 1.4）。一是美国新增非农就业人数持续增长。美国 11 月新增非农就业人数大幅超预期，创近三年新高。11 月美国非农就业者增加了 32.1 万人，单月增加人数创下 2012 年 1 月以来新高，9 月和 10 月的新增就业者也合计上调了 4.4 万人。11 月是连续第十个月非农就业增长超 20 万，是 1995 年 3 月结束 19 个月连涨以来的最长纪录。二是美国失业率持续下降。2014 年 10 月失业率为 5.8%，环比下降 0.1 个百分点，同比下降 1.4 个百分点，创下 2008 年以来的六年新低。11 月失业率继续维持在 5.8%。过去一年间，美国失业率的下降创下了 1984 年以来的最大降幅，显示出正在向美联储认为的 5.2% ~5.5% 的充分就业失业率目标不断靠近。三是初请失业金人数继续下降。初请失业金人数降至近 8 年来最低水平，也表明美国就业市场继续改善。经季节性调整后，美国 11 月 29 日当周初请失业金人数减少 1.7 万人，降至 29.7 万人，预期为 29.5 万人，前值由 31.3 万人修正为 31.4 万人；首申失业金人数四周均值 29.9 万人，前值 29.4 万人。首申数据虽然略超预期，但好于前值，数据仍在下行趋势之中，表明美国就业市场仍在持续改善。

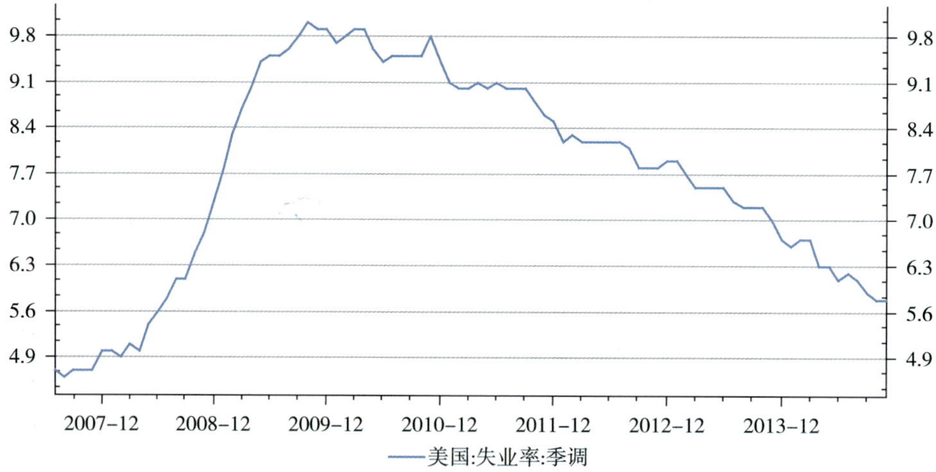

图 1.4　美国自 2007 年 7 月以来的失业率状况（%）

数据来源：Wind 资讯。

第四，10 月底美联储决定结束 QE3。在 2014 年 10 月 29 日（周三）的 FOMC 会议上，美联储如期结束了为期两年多的 QE3。对此，全球金融市场反应平静，标普 500 指数小幅波动。QE3 结束并未带来市场大幅下挫，主要是因为美联储自 2013 年 12 月首次宣布 QE 减量以来，在接下来的 7 次 FOMC 会议上每次都稳定减量 100 亿美元，未曾间断。因此，“2014 年 10 月结束 QE3”自 2014 年初以来就已经是市场普遍预期之事。与 9 月份的议息会议相比较，美联储在此次议息会议声明中出现了三点转变：一是对于就业改善的评估渐显乐观，美联储在措辞中承认“就业增长稳健且失业率下滑”，并且放弃了关于劳动力资源利用“仍显著不足”的表述，代之以“逐步减少”。二是对于通胀预期下行风险有所淡化，美联储在 10 月议息会议上并未改变“通胀持续处于 2% 下方的可能性自今年早些时候就在变小”的措辞，而是强调了“能源价格下滑和其他因素对于近期通胀的拖累”。三是对于首次加息强调了相机抉择，尽管 QE 如期落幕，但美联储在 10 月议息会议的声明中依然保留了“在一段相当长时间内维持联邦基金利率目前 0～0.25% 目标区间”的前瞻性指引；然而与此前几次议息会议不同，美联储在此次会议的声明中补充了关于首次加息的情景分析，尤其是指出“如果未来信息显示向委员会就业和通胀目标所取得的进展要比目前预期更快，那么可能要比目前预期更早上调联邦基金利率目标区间”，这也为未来货币政策在回归常规化上的“相机决策”预留了一定的政策空间①（图 1.5）。

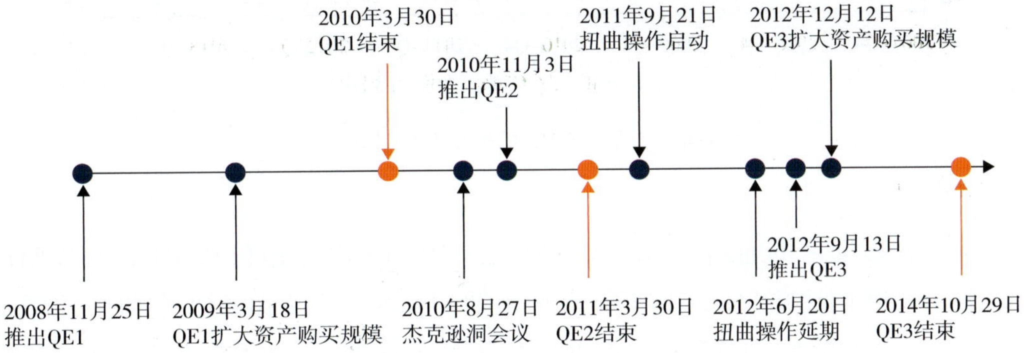

图 1.5　美联储自 2008 年以来 QE 示意图

资料来源：引自中金公司：《没有 QE 的美国——美联储 10 月 FOMC 会议点评》，2014 年 10 月 30 日。

②欧元区：复苏低于预期，通缩压力加大，宽松政策恐加码。

总体而言，欧元区因其固有的货币政策和财政政策不统一的问题，以及各成员国结构性改革迟缓，令欧元区经济复苏力度弱于预期，区域流动性仍未见明显起色，通缩压力增大，宽松政策存在进一步扩大的可能。

第一，欧元区 GDP 增长不到 1%。从数据上看，欧元区 2014 年第一季度 GDP 同比增长仅为 1.1%，第二季度同比增长进一步降至 0.6%，第三季度同比增长小幅回升至 0.8%（见图 1.6）。国际货币基金组织（IMF）在 2014 年 10 月时曾预测，欧元区 2014 年经济增速为 0.8%；欧洲央行（ECB）在 2014 年 11 月 13 日发布的经济预测值与此相同；OECD 在 11 月 25 日发布的全球经济展望中也预估欧元区 2014 年经济增速为 0.8%。

① 国信证券：《美联储 10 月议息会议点评——关注 10 月议息会议声明中的“三点转变”》，2014 年 10 月 30 日。

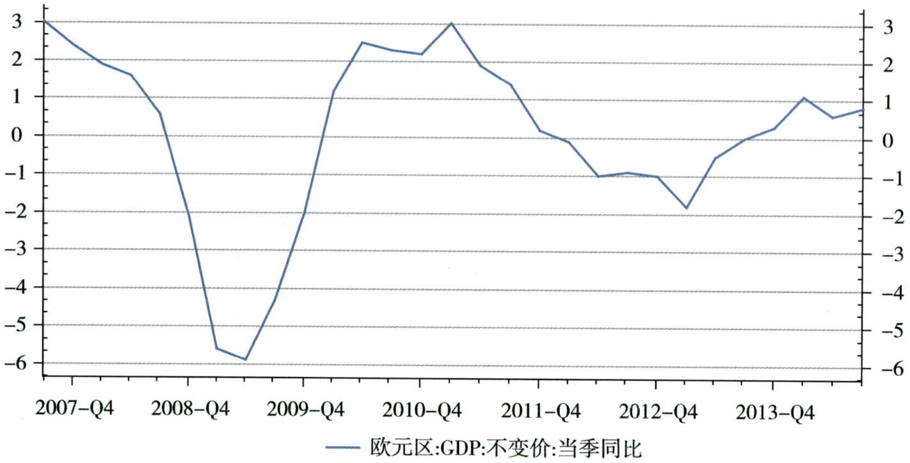

图 1.6　欧元区 GDP 的季度增长状况（%）

数据来源：Wind 资讯。

第二，欧元区的通缩压力增大。欧元区 10 月 CPI 初值仅 0.4%，与预期持平；核心 CPI 同比 0.7%，低于前值和预期的 0.8%。11 月 CPI 初值同比增长 0.3%，创 5 年新低；11 月核心 CPI 同比依然为 0.7%。总体来看，欧元区通胀水平远低于 2% 的欧央行目标，且出现边际恶化，通缩压力仍大（见图 1.7）。

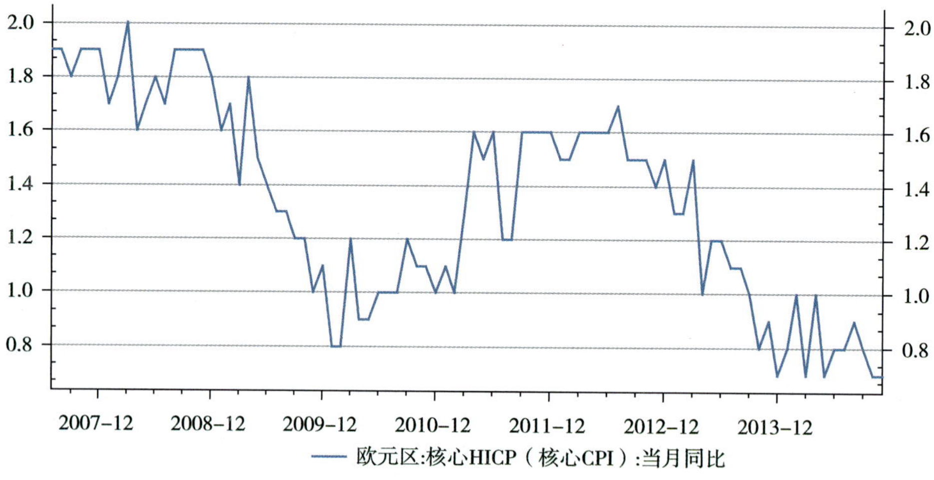

图 1.7　欧元区通缩压力增大（%）

数据来源：Wind 资讯。

第三，从 PMI 数据看，欧元区经济临近停滞边缘（见图 1.8）。数据编制机构 Markit 12 月 3 日公布的一份调查显示，欧元区 11 月综合采购经理人指数（PMI）终值下修至 16 个月低点 51.1，低于初值 51.4 和 10 月终值 52.1。这是指数连续第 17 个月高于荣枯分水岭 50。但新业务分项指数自去年中以来首次跌破荣枯线，从 50.8 降至 49.7，预示 12 月将进一步下滑。欧元区 11 月服务业 PMI 从 10 月的 53.3 降至 51.1，也不及初值的 51.3。企业降价促销的策略已持续三年。11 月服务业产出价格分项指数为 47.1，较 10 月 46.4 有所上升。而且，欧元区最大的三个经济体——德国、法国和意大利制造业活动有所萎缩。德国 11 月制造业 PMI 终值为 49.5（初值为 50.0，10 月为 51.4），创 17 个月最低，打击对德国经济反弹的期望；德国新出口订单出现 2013 年 7 月以来首见的下滑，企业认为新订单下滑与经济面不确定性及海外市场需求疲弱有关。法国 11 月制造业 PMI 终值为 48.4，略高于初值的 47.6，不过仍低于 10 月的 48.5；该数据显示法国制造业活动 11 月创三个月来最快萎缩速度，民间部门可能拖累第四季经济成长表现。意大利 11 月制造业 PMI 持平于 10 月的 49.0，依旧低于 50 的荣枯分水岭；过去两个月的稳定数值为 2013 年 5 月以来最低；意大利 11 月产出分项指数从 10 月的 49.4 升至 49.7，但仍显示略微萎缩，也是 2013 年 5 月以来第二低数值；意大利 11 月新订单也在下滑，但降幅低于 10 月，而就业分项指数显示企业裁员速度为 2013 年 9 月以来最快[①]。

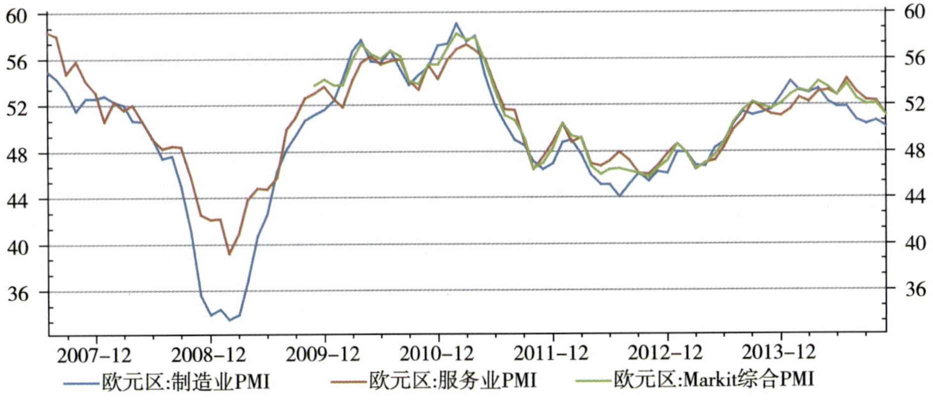

图 1.8　欧元区 PMI 指数走低

数据来源：Wind 资讯。

① 参考引用了平安证券：《美国就业数据强劲，欧日经济延续低景气度》，2014 年 12 月 8 日。

第四，欧元区通缩压力持续恐使其量化宽松政策加码。2014 年 12 月 4 日，欧央行公布利率决议，宣布维持主要再融资利率 0.05% 不变，维持隔夜存款利率 -0.2% 不变，维持隔夜贷款利率 0.30% 不变。德拉吉随后在新闻发布会上表示将在 2015 年第一季度重新评估当前刺激措施，而欧洲央行可能不会在 2015 年 1 月决定新的措施。该言论意味着，2015 年 2 月之前欧洲央行都不会采取 QE 措施。而在 11 月德拉吉曾表示，欧洲央行预计（expected）资产负债表将迈向 2012 年初的水平，估算将大约扩张 8600 亿欧元。但是此次 12 月的最新措辞意味着欧央行内部分歧显著。德拉吉同时在当天宣布下调欧元区2014 ~ 2016 年的 GDP 增长预期和通胀预期。欧洲央行将 2014 年 GDP 增速预期从 0.9% 下调至 0.8%；将 2015 年 GDP 预期从 1.6% 下调至 1.0%；下调 2016 年 GDP 预期从 1.9% 下调至 1.5%；将 2015 年通胀预期从 1.1% 下调至 0.7%；将 2014 年通胀预期从 0.6% 下调至 0.5%；预计 2016 年年底通胀率为 1.4%。许多分析师表示，为了使通货膨胀率重返 2%，欧洲央行将不得不把购买资产的范围扩大到公司债或公共债券，也就是实施量化宽松政策。

③日本：增长低位徘徊，再次量化宽松。

2014 年 4 月，日本自 1997 年来首次将消费税从 5% 上调至 8% 后，国内需求的下降幅度超过预期。总体而言，日本经济在增长，但过去遗留下来的高额公共债务和处于极低水平的潜在增长率带来了严峻的宏观经济和财政挑战。

就日本的 GDP 季度增长而言，虽然比全球金融危机时有所恢复，但仍在低位徘徊。2014 年第一季度 GDP 同比增长 2.5%，环比折年率高达 5.8%，大大高于 2013 年 4 季度的 -0.5%；而第二季度 GDP 同比增长仅 -0.3%，环比折年率为 -6.7%，与一季度相比大幅下降。市场普遍认为这是受 2014 年 4 月日本开始提高消费税的影响。社会普遍在提高消费税前突击消费，从而短期拉动了经济增长，而 4 月消费税提高后，需求大幅下降导致 GDP 增速亦大幅下降。第三季度 GDP 同比进一步下降至 -1.3%，环比折年率为 -1.9%。日本央行在 2014 年 10 月底发布预测称，2014 财年日本实质 GDP 将增长 0.5%，比 7 月份的预测 1.0% 明显下调（见图 1.9）。

2014 年末，日本最引人关注的事件就是日本央行进一步加大了量化宽松政策。

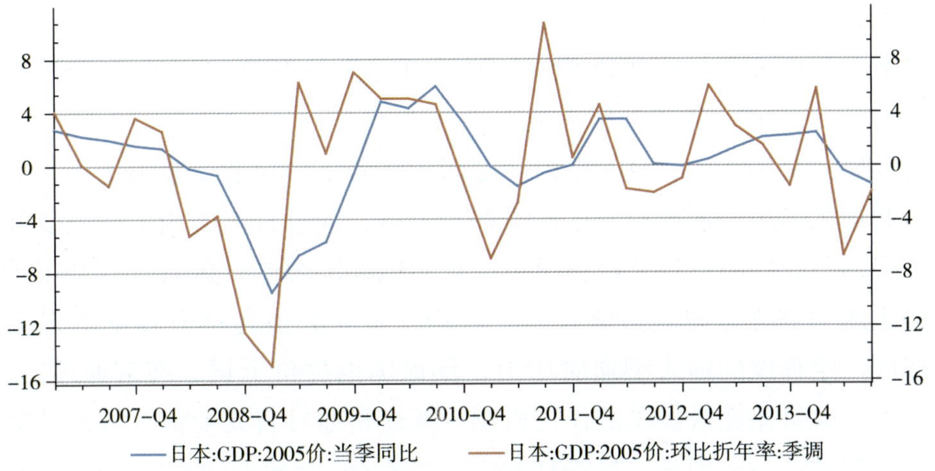

图 1.9　日本 GDP 的季度增长情况（%）

数据来源：Wind 资讯。

一是日本央行对量化宽松加码。日本央行于 2013 年 4 月起宣布实施 QQE（质化兼量化宽松）政策以提振经济。出乎市场预料之外，2014 年 10 月 31 日，日本央行宣布加大宽松力度，将年度资产规模由此前的 60 万亿～70 万亿日元扩大到 80 万亿日元，每月增加购买国债 8 万亿～12 万亿，并将所持日本国债的平均剩余期限从目前的 3 年延长至 7～10 年。这是日本央行继 2013 年 4 月份推出大规模货币宽松措施后，再度在数量和质量上双管齐下地执行新一轮货币宽松。日本央行此举的目的在于希望通过大量的资金注入市场，抑制整体利率，使企业容易借款而促进设备投资，同时试图通过 QQE 维持 2% 的通胀目标，以应对因消费税增税而引发内需疲软，石油等大宗商品价格的大幅下滑引发通缩的风险。在日本央行的 9 名政策委员投票中，仅以 5 票对 4 票的微弱优势获得通过，表明委员会内部存在巨大分歧。

二是扩大风险资产购买规模。日本央行将购买 ETF 和日本房地产投资信托基金（J－REITs），使这两类证券的持有额分别以每年 3 万亿日元和 900 亿日元的速度扩张，是 2013 年 4 月利率决议会议的相应资产购买规模的 3 倍，以促进投资者对股市等较高风险资产的投入。此外，日本政府批准国内养老基金、全球最大养老基金之一 GPIF 增持日本国内股票，占比由 18% 升至 34%。日本央行及 GPIF 增持股票有助于通过财富效应改善居民消费意愿，部分对冲消费税上调的负面影响。

日本央行出人意料地放松政策，使得日元大幅贬值，美元/日元汇率当日升幅达 2%，是 2013 年 4 月以来最大单日涨幅。

市场研究机构认为，日元贬值一方面意味着出口企业竞争力增强，企业更有能力和动机通过增加投资与生产来扩大出口，促进日本国内生产恢复和整体经济扩张，与此同时，日元贬值也可以吸引境外游客赴日旅游，有利于推行其一贯以来的“观光立国”战略；另一方面，日元贬值将推升日本进口商品价格，形成一定程度的输入型通胀压力，倒逼国内物价上扬，缓解通缩。所以，日本本次扩大量化宽松规模的作用机制主要还是通过日元贬值、改善外需来实现国内投资和经济的增长。尽管日本宣布扩大 QE 规模的消息发布后 10 年、20 年与 30 年期日本国债收益率创 18 个月新低，但日本央行意欲通过 QQE 来降低整个市场利率水平的效果极其有限。目前，日本国债收益率处于低位水平，日本 10 年期国债收益率仅 0.54%，降低利率水平的空间并不大。因此，量化宽松对刺激利率下行作用不大。

综合来看，日本央行的再次量化宽松政策存在多重溢出效应。第一，在美国仅仅是结束 QE 而非出售资产的情况下，日本扩大量化规模将推动全球流动性宽松。第二，日本宽松推动日元贬值进一步强化美元的走强趋势，会增大原油、贵金属价格下行压力，俄罗斯等产油国将面临出口收入减少和财政紧缩的困境，虽然俄罗斯在2014 年10 月31 日超常规加息150 个基点，但卢布贬值和资本外流难以遏止。第三，日元贬值意味着包括人民币在内的亚洲其他货币相对日元升值，将削弱亚洲国家的出口竞争力，进而有可能对亚洲国家的货币政策产生影响。第四，日元贬值将对产品集中出口日本的企业产生较明显的汇兑损失[①]。

然而，市场并不太看好日本的量化宽松政策。2014 年 12 月 1 日，穆迪宣布将日本主权信用评级由 AA3 降至 A1，展望稳定。穆迪表示，日本促增长政策给债务整固带来风险，日本促增长政策的影响存在不确定性；安倍经济学“第三支箭”的不确定性越来越高；因政府支出增加，随着时间推移财政整顿愈发难以实现；日本央行的通胀目标可能施压日本国债收益率。这是 2012 年

---

① 东兴证券：《强势美元与宽松流动性并行的奇观——日本扩大量宽及养老基金调整资产点评》，2014 年 11 月 3 日。

以来第一家对日本下调评级的国际知名评级机构，而 A1 的评级和爱沙尼亚及捷克共和国相同。

（3）新兴经济体

世界银行在 2014 年 6 月的《全球经济展望》（Global Economic Prospects）报告中调低了对发展中国家的预测，预计 2014 年发展中国家整体而言 GDP 增长 4.8%，低于 2014 年 1 月份估计的 5.3%。

国际货币基金组织（IMF）认为，在新兴市场经济体，潜在增长率下降是主导因素。整体而言，预计这些经济体的潜在增长率目前比 2011 年低 1.5%。同样，它们之间存在差异。中国维持了高增长，但未来增长的小幅减缓将是一种健康的发展态势。印度已从相对疲软状态中恢复，预计印度的增长率将再度超过 5%，这在一定程度上得益于有效的政策和信心的回升。与此形成对照，俄罗斯不确定的投资前景在乌克兰危机之前就已使经济增长下滑，危机则导致增长前景进一步恶化；俄罗斯和独联体的经济疲软反映了地缘政治紧张局势对外国投资、国内生产和信心的影响；而 2014 年 10 月的国际油价暴跌使得俄罗斯经济增长前景更为黯淡。在巴西，前景不明朗和投资低迷也拖累了经济增长。其他新兴市场经济体的国内需求疲软再次被证明比预测更为持久①（见图 1.10）。

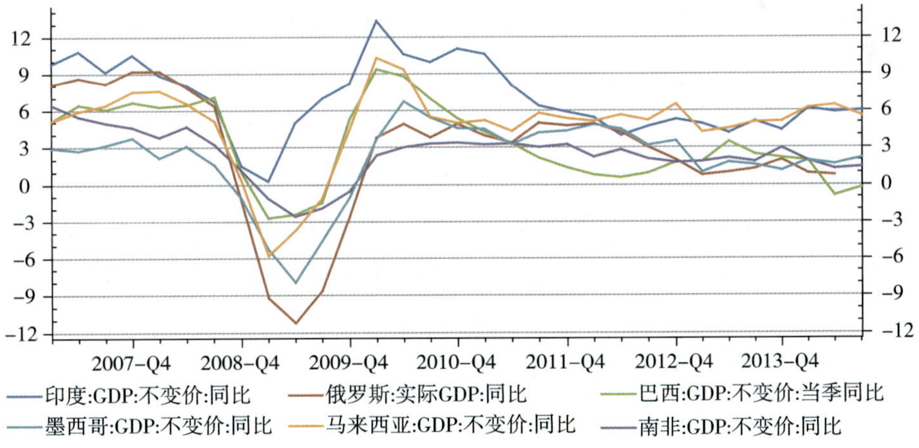

图 1.10　部分新兴经济体的 GDP 季度增长率（%）

数据来源：Wind 资讯。

① 参看国际货币基金组织 2014 年 10 月发布的《世界经济展望》。

OECD 对新兴经济体主要国家 2014 年 GDP 实际增长率的预测如表 1.2 所示。

表 1.2　　OECD 对主要新兴经济体 2014 年 GDP 实际增长率的预测

	2013 年实际值（%）	2014 年预测值（%）
中国	7.7	7.3
印度	4.7	5.4
巴西	2.5	0.3
俄罗斯	1.3	0.7
南非	1.9	1.3
墨西哥	1.3	2.6
印度尼西亚	5.8	5.3

资料来源：OECD Economic Outlook 96（PRELIMINARY VERSION），November 2014.

1.1.2　2014 年国内经济总体平稳

2014 年的国内经济形势总体平稳，正如 2014 年 12 月 9～11 日召开的中央经济工作会议所指出的那样，“今年以来，面对复杂多变的国际环境和艰巨繁重的国内改革发展稳定任务，我们贯彻落实去年中央经济工作会议决策部署，加强和改善党对经济工作的领导，牢牢把握发展大势，坚持稳中求进工作总基调，全面深化改革，保持宏观政策连续性和稳定性，创新宏观调控思路和方式，有针对性地进行预调微调，扎实做好各项工作，实现了经济社会持续稳步发展，全年主要目标和任务可望较好完成，经济运行处在合理区间，经济结构调整出现积极变化，深化改革开放取得重大进展，人民生活水平提高。同时，我国经济运行仍面临不少困难和挑战，经济下行压力较大，结构调整阵痛显现，企业生产经营困难增多，部分经济风险显现”。

（1）国内经济运行总体平稳，略有下滑

2014 年，国内经济仍处于低位运行阶段，经济下滑趋势比较明显；投资增速呈现持续下降的趋势，消费增长态势基本平稳，进出口累计增速较 2013 年有所下降，居民消费价格总水平呈现一定幅度下降势头。这说明我国已经进入改革的深入调整时期，正从旧常态向新常态过渡。

①经济增长继续呈现下滑趋势。

2014 年前 3 季度我国的国内生产总值（GDP）按初步核算增速为 7.4%，

较上年同期有所下降，经济下行趋势较为明显。具体见图 1.11。

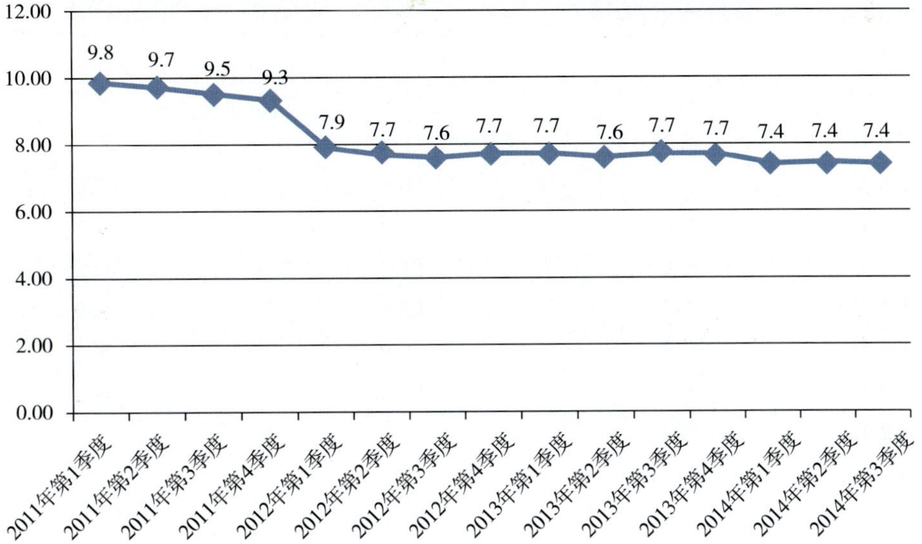

图 1.11　2011 年 1 季度至 2014 年 3 季度我国 GDP 增速（%）

资料来源：国家统计局。

GDP 增长速度继续下降。从 2011 年第 1 季度起我国的 GDP 增速逐步呈现下降趋势，从 9.8% 降至 2011 年第 4 季度的 9.3%。从 2012 年第 1 季度起，GDP 季度增速就开始低于 8%。2012 和 2013 年，我国的季度 GDP 平均增速为 7.7%，较 2011 年明显下降。进入 2014 年，GDP 增速进一步下降，前 3 个季度的季度 GDP 增速均为 7.4%。

多指标同时呈现不同程度下降态势。由国家统计局数据表明，国家财政收入同比增长情况总体趋于下降，从 2013 年 10 月 16.2% 下降到 2014 年 9 月的 6.3%，10 月、11 月略有回升至 9.4%、9.1%；社会消费品零售总额同比增长情况较 2013 年相比表现也较差，从 2013 年 10 月的 13.3% 下降到 2014 年 10 月的 11.5%，并且有持续下降的趋势；限额以上企业消费品零售总额同比增长从 2013 年 10 月的 12.4% 下降到 2014 年 10 月的 8.3%，下降幅度为 33%。具体见表 1.3。

表 1.3　　国内部分经济指标变化情况（%）

时间	国家财政收入同比增长	社会消费品零售总额同比增长	限上企业消费品零售额同比增长
2014 年 11 月	9.1	11.7	8.7
2014 年 10 月	9.4	11.5	8.3
2014 年 9 月	6.3	11.6	8.6
2014 年 8 月	6.1	11.9	9.0
2014 年 7 月	6.9	12.2	9.7
2014 年 6 月	8.8	12.4	10.2
2014 年 5 月	7.2	12.5	9.9
2014 年 4 月	9.2	11.9	9.4
2014 年 3 月	5.2	12.2	10.2
2014 年 2 月	8.2	—	—
2014 年 1 月	13	—	—
2013 年 12 月	—	13.6	13
2013 年 11 月	15.9	13.7	13.1
2013 年 10 月	16.2	13.3	12.4
2013 年 9 月	13.4	13.3	12.4
2013 年 8 月	9.2	13.4	11.5
2013 年 7 月	11	13.2	11.2
2013 年 6 月	12.1	13.3	11.5
2013 年 5 月	6.2	12.9	10.7
2013 年 4 月	6.1	12.8	11.5
2013 年 3 月	6.1	12.6	10.5
2013 年 2 月	9.6	—	—
2013 年 1 月	5.8	—	—

资料来源：国家统计局。

国家统计局公布的制造业采购经理指数（PMI）和非制造业商务活动指数状况如图 1.12 所示。从图中可以看出，在 2012 年，PMI 指数经历了大升大降，最高达到 53.3%，最低降到 49.2%；从 2013 年 1 月至 2014 年 9 月，PMI 指数基本趋于平稳趋势，维持在 51.0% 左右；但 10 月、11 月 PMI 出现明显下降。非制造业商务活动指数从 2012 年 1 月至 2014 年 10 月略有下降趋势，2012 年非制造业商务活动指数最高达到 58%，但到 2014 年非制造业商务活动指数经历了 53.4% 的低点。

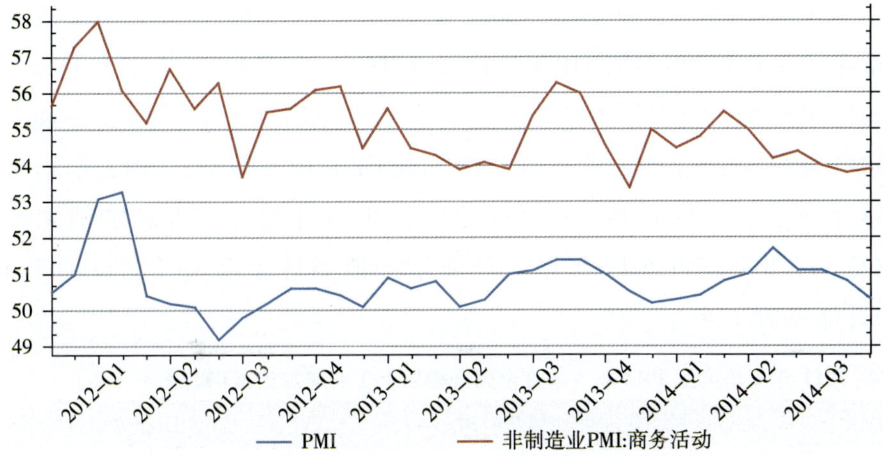

图 1.12　制造业采购经理指数和非制造业商务活动指数图（%）

数据来源：Wind 资讯。

工业增加值下行压力依然较大。2012 年全国规模以上工业增加值累计增长率均在 10% 以上，2013 年全国规模以上工业增加值累计增长率均在 9.3% ~9.9% 之间，而 2014 年 2 月至 2014 年 10 月全国规模以上工业增加值累计增长率则均在 8.4% ~8.8% 之间，增长率呈现持续下降的趋势。具体见图 1.13。

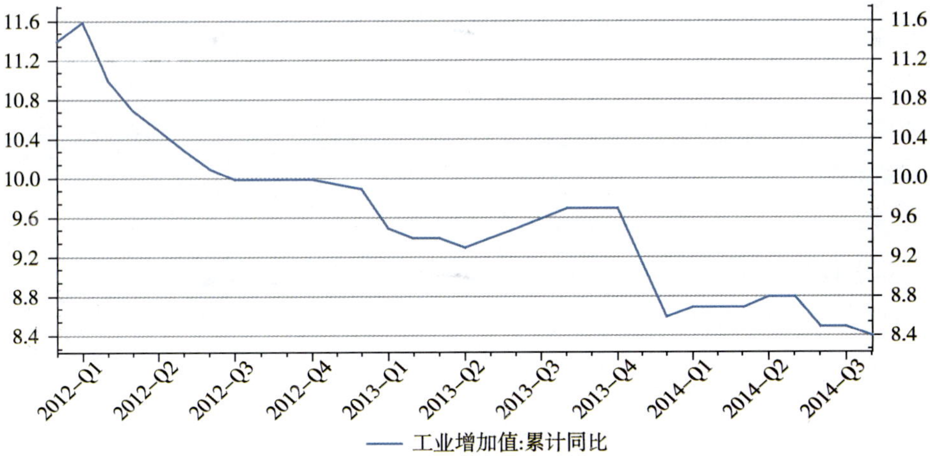

图 1.13　全国规模以上工业增加值累计增长率（%）

数据来源：Wind 资讯。

其中，2014 年第一产业增加值同比累计增长较 2013 年都有所上升，2013 年第 3 季度第一产业增加值同比累计增长 3.4%，而 2014 年第 3 季度第一产业增加值同比累计增长上升至 4.2%。但是第二产业增加值累计增长呈现下降的趋势。2011 年第二产业增加值累计季度增长均在 10% 以上；2012 年第二产业增加值累计季度增长在 7.9% ~8.9% 之间；2013 年第二产业增加值累计季度增长 7.6% ~7.8%；而 2014 年第二产业增加值累计季度增长则仅为 7.3% ~7.4%。具体见表 1.4。

表 1.4　2011 年 1 季度至 2014 年 3 季度全国规模以上工业增加值累积增长率（%）

时间	第一产业增加值累计增长	第二产业增加值累计增长
2011 年第 1 季度	3.3	10.8
2011 年第 2 季度	3.0	10.6
2011 年第 3 季度	3.6	10.6
2011 年第 4 季度	4.3	10.3
2012 年第 1 季度	3.8	8.9
2012 年第 2 季度	4.3	8.2
2012 年第 3 季度	4.2	7.9
2012 年第 4 季度	4.5	7.9
2013 年第 1 季度	3.4	7.8
2013 年第 2 季度	3.0	7.6
2013 年第 3 季度	3.4	7.8
2013 年第 4 季度	4.0	7.8
2014 年第 1 季度	3.5	7.3
2014 年第 2 季度	3.9	7.4
2014 年第 3 季度	4.2	7.4

资料来源：国家统计局。

工业用电量有所下降。据中国电力企业联合会统计，2014 年 2 ~9 月我国工业用电量累积增速呈逐步下降的趋势，由 2014 年 2 月的 4.3% 下降至 9 月份的 3.9%。2014 年我国工业用电量累积增速较 2013 年有所下降，比 2012 年我国工业用电量累积增速有所增加，但远远低于 2011 年 10% 以上的累积增速。具体情况见图 1.14。

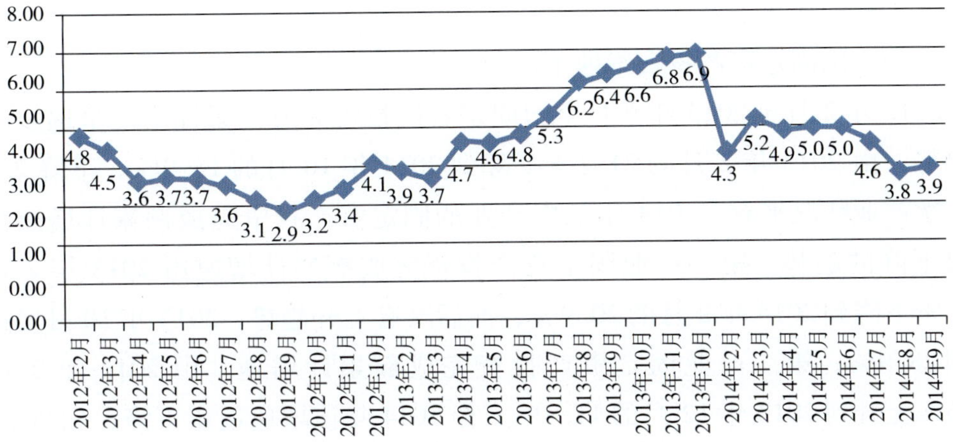

图 1.14　2012 年 2 月 ~ 2014 年 9 月工业用电量累计增速（%）

资料来源：中国电力企业联合会。

全国规模以上工业企业效益不容乐观。根据统计局、工业和信息化部统计，2014 年 2 ~ 8 月，全国规模以上工业企业利润总额累计增长较为稳定，2014 年 9 月略有下降，10 月进一步下降；全国规模以上工业企业应收账款累计增速从 2014 年 2 ~ 10 月，基本呈现持续下降的趋势；全国工业企业产成品存货累计同有所上升；工业企业主营业务收入累计增长较为稳定，在 8% 左右；工业亏损企业家数累计增长，2014 年 2 月增速为 1.8%，而 2014 年 9 月则上升为 4.2%，10 月进一步升至 6.1%。具体见表 1.5。

表 1.5　　全国规模以上工业企业效益状况（%）

时间	利润总额累计增长	应收账款累计增长	产成品存货累计增长	主营业务收入累计增长	亏损企业累计增长
2014 年 2 月	9.4	12.7	10.2	8	1.8
2014 年 3 月	10.1	13.1	10.7	8	2.7
2014 年 4 月	10.0	12.6	12.0	8.4	1.9
2014 年 5 月	9.8	12.6	12.5	8.1	3
2014 年 6 月	11.4	12.7	12.6	8.6	2.3
2014 年 7 月	11.7	11.9	14.6	8.8	2
2014 年 8 月	10.0	11.3	15.6	8.3	3.1
2014 年 9 月	7.9	11.0	15.1	7.9	4.2
2014 年 10 月	6.7	11.1	14.4	7.7	6.1

资料来源：国家统计局。

②投资增速呈下降趋势。

一是全国固定资产投资增速下滑。

2013 年 2 月至 2014 年 9 月全国固定资产投资完成额累计增速呈逐步下降的趋势，由 2013 年 2 月的 21.2% 下降到 2014 年 10 月的 15.9%，下降 25%。从三次产业状况来看，2014 年三次产业的固定资产投资完成额累计增速都呈现出下降的趋势。第一产业固定资产投资完成额累计增速由 2013 年 2 月的 37.4% 下降到 2014 年 2 月的 20.9%，而后又有上升趋势，2014 年 10 月增速上升到 28.9%；第二产业固定资产投资完成额累计增速，由 2013 年 2 月的 15.6% 上升到 2013 年 12 月的 17.4%，但 2014 年该增速逐步下降，到 2014 年 10 月增速为 13.4%；2013 年 2 月至 2014 年 10 月，第三产业固定资产投资完成额累计增速呈现逐步下降的趋势，由 2013 年 2 月的 25% 下降至 2014 年 10 月的 17.4%，下降幅度为 30.4%。具体情况见表 1.6。

表 1.6　全国及三次产业固定资产投资增速（%）

时间	固定资产投资完成额累计增长	第一产业固定资产投资完成额累计增长	第二产业固定资产投资完成额累计增长	第三产业固定资产投资完成额累计增长
2013 年 2 月	21.2	37.4	15.6	25
2013 年 3 月	20.9	31.4	16.2	24.5
2013 年 4 月	20.6	32.1	16.3	23.9
2013 年 5 月	20.4	31.1	15.7	23.9
2013 年 6 月	20.1	33.5	15.6	23.5
2013 年 7 月	20.1	32.8	16	23.1
2013 年 8 月	20.3	32	16.6	23
2013 年 9 月	20.2	31.1	17.1	22.3
2013 年 10 月	20.1	30.6	17.6	21.6
2013 年 11 月	19.9	31.7	17.3	21.5
2013 年 12 月	19.6	32.5	17.4	21
2014 年 2 月	17.9	20.9	13.7	20.8
2014 年 3 月	17.6	25.8	14.7	19.6
2014 年 4 月	17.3	21.2	14.5	19.2

续表

时间	固定资产投资完成额累计增长	第一产业固定资产投资完成额累计增长	第二产业固定资产投资完成额累计增长	第三产业固定资产投资完成额累计增长
2014 年 5 月	17.2	20.8	14	19.5
2014 年 6 月	17.3	24.1	14.3	19.5
2014 年 7 月	17	25.1	13.9	19.2
2014 年 8 月	16.5	26.3	13.7	18.2
2014 年 9 月	16.1	27.7	13.7	17.4
2014 年 10 月	15.9	28.9	13.4	17.4

资料来源：国家统计局。

二是民间固定资产投资增速水平较高，但也呈现出逐步下降的趋势。

2013 年 2 月至 2014 年 10 月，民间固定资产投资累计增长率从 24.6% 下降到 18.0%。具体情况见图 1.15。

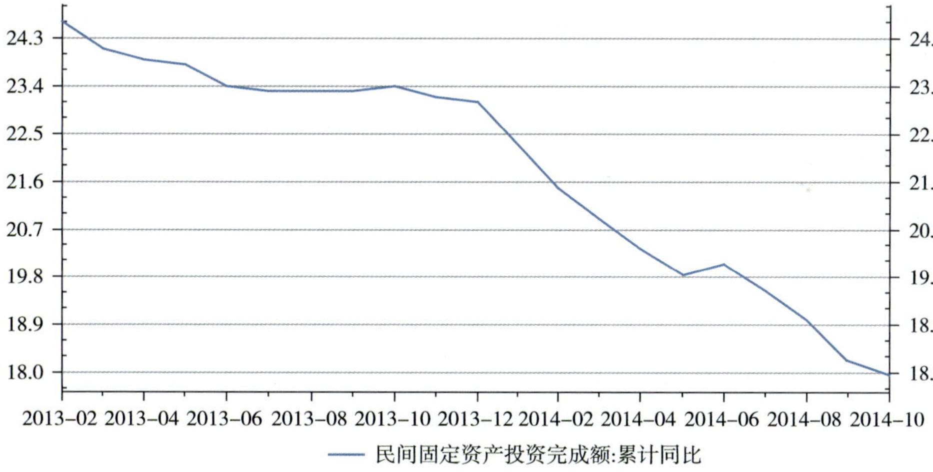

图 1.15 民间固定资产投资累计增长情况（%）

数据来源：Wind 资讯。

③固定资产投资的资金来源相对稳定。

2014 年 2 ~ 10 月，全国固定资产投资本年资金来源累计增速保持在 12% 以上，固定资产投资国家预算资金累计增速除 2 月份外都在 11% 以上，固定资产投资国内贷款累计增速保持在 11% 以上，固定资产投资自筹资金累计增速在 15.6% 以上，具体情况见表 1.7。

表 1.7　　固定资产投资基本情况（%）

时间	固定资产投资本年资金来源累计增长	固定资产投资国家预算资金累计增长	固定资产投资国内贷款累计增长	固定资产投资自筹资金累计增长
2014 年 10 月	12.4	14.3	11.2	16.0
2014 年 9 月	12.4	14.1	11.2	16.1
2014 年 8 月	12.8	12.2	12.6	16.6
2014 年 7 月	12.9	11.2	12.7	16.6
2014 年 6 月	13.2	15.5	12.9	16.7
2014 年 5 月	13	19.7	13.5	16.1
2014 年 4 月	12.5	18.5	11.9	16
2014 年 3 月	12.8	18.2	15.3	15.6
2014 年 2 月	14.6	5.3	14.4	17.8

资料来源：国家统计局。

全国固定资产投资各项应付款合计累计增速与固定资产投资工程款累计增速较为平稳。具体情况见图 1.16。

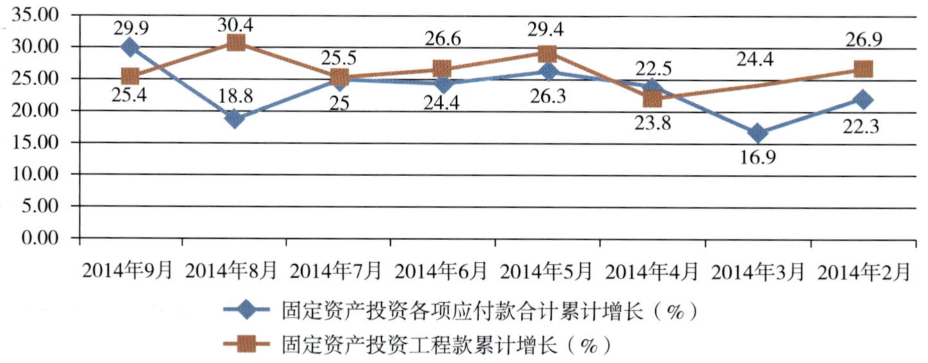

图 1.16　固定资产投资各项应付款和工程款累计增速（%）

资料来源：国家统计局。

④消费增长略有下降。

2012 年 2 月至 2014 年 10 月，城镇与农村社会消费品零售总额累计增长总体而言有所下降，而且农村社会消费品零售总额累增要高于城镇社会消费品零售总额累增。具体情况见图 1.17。

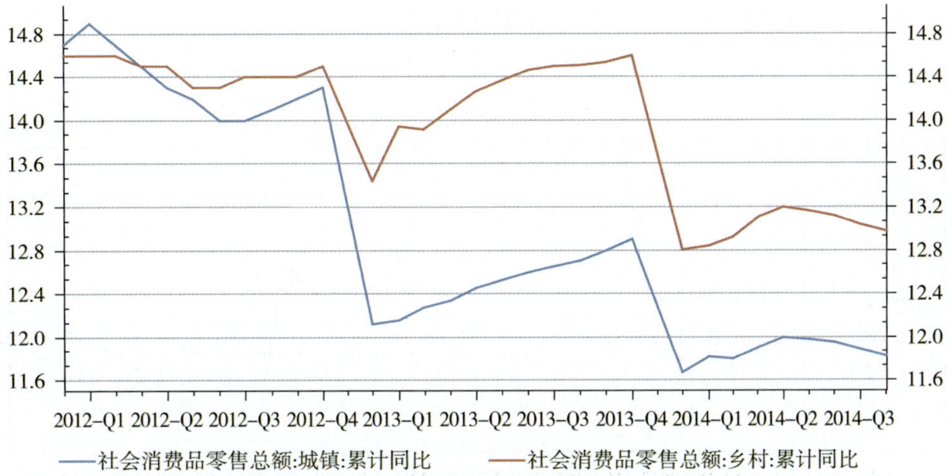

图 1.17 城镇与乡村社会消费品零售总额累计增长情况（%）

数据来源：Wind 资讯。

2014 年 2 月至 9 月，全国餐饮收入累计增速与商品零售累计增速基本保持稳定，餐饮收入累计增速要低于商品零售累计增速。具体情况见图 1.18。

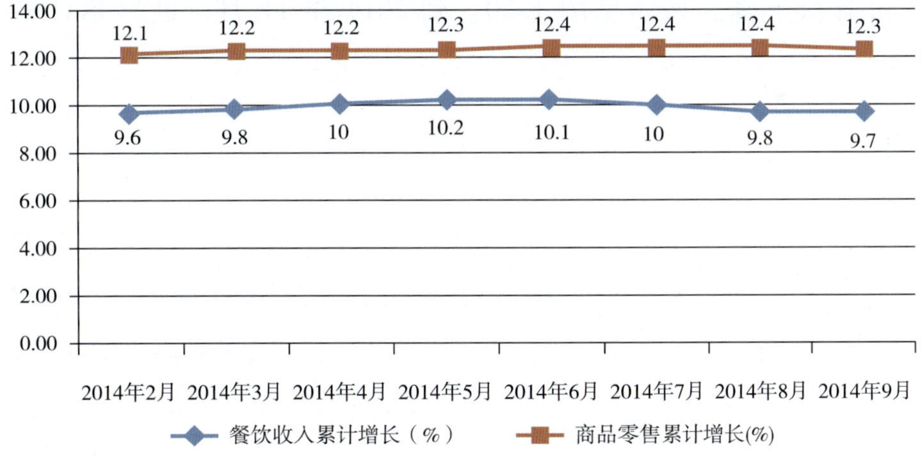

图 1.18 餐饮收入累计增长与商品零售累计增长（%）

资料来源：国家统计局。

⑤进出口累计增速较 2013 年有所下降。

2014 年 1～11 月，全国出口累计增速较 2013 年有大幅度下降，较 2012 年 2～12 月也有所下降，2014 年 2～5 月出口累计增速呈现了负增长。具体见图

1.19。到 2014 年 11 月，出口累计增速降至 5.7%。

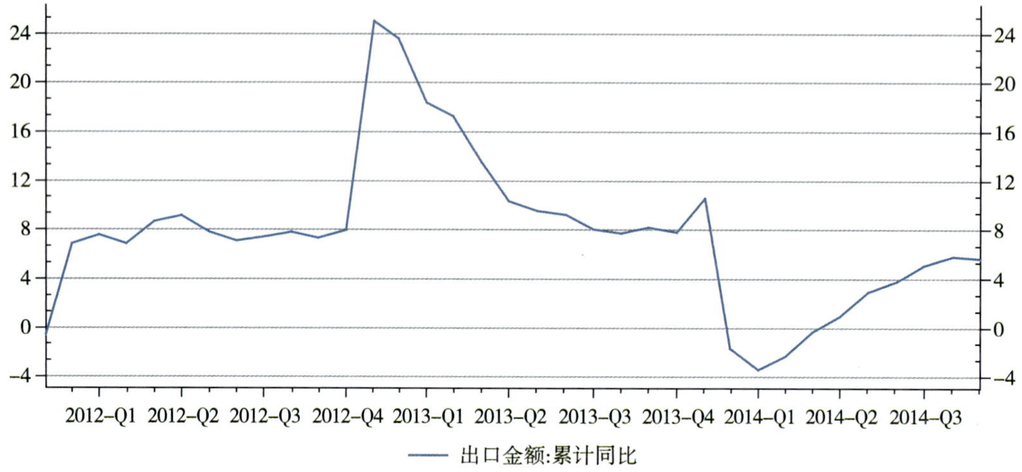

图 1.19 出口累计增速变化情况（%）

数据来源：Wind 资讯。

2014 年 3～11 月，全国进口累计增速有一定幅度下降，较 2012～2013 大多数月份有所下降。具体见图 1.20。到 2014 年 11 月，进口累计增速降至 0.8%。

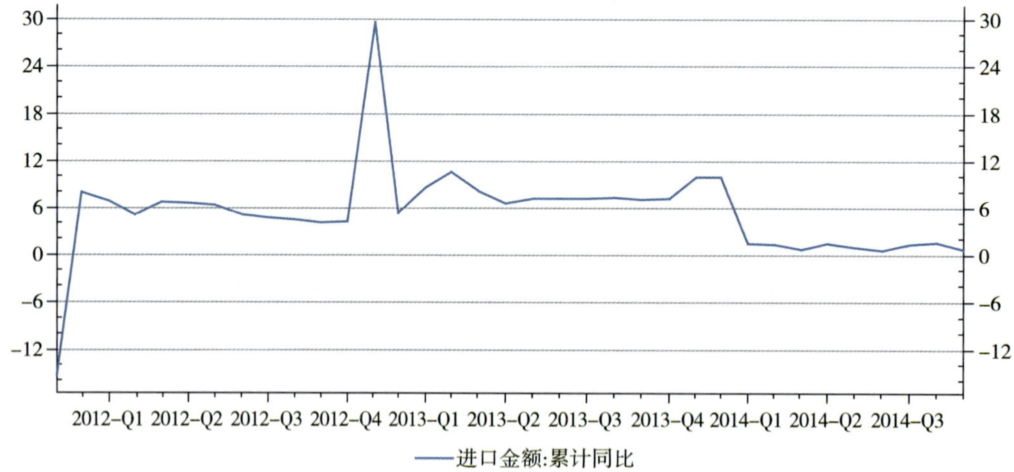

图 1.20 进口累计增速变化情况（%）

数据来源：Wind 资讯。

⑥居民消费价格总水平呈现一定幅度下降势头。

2014 年 1 ~ 11 月，全国居民消费价格同比增长较 2013 年有所下降，与 2011 年相比更是有大幅度下降。2014 年 1 ~ 8 月，全国居民消费价格同比增长较为稳定，保持在 1.8% ~2.5% 区间，但是 2014 年 9 月、10 月开始进一步下降，全国居民消费价格同比增长仅为 1.6%，11 月进一步降至 1.4%。具体情况见图 1.21 所示。

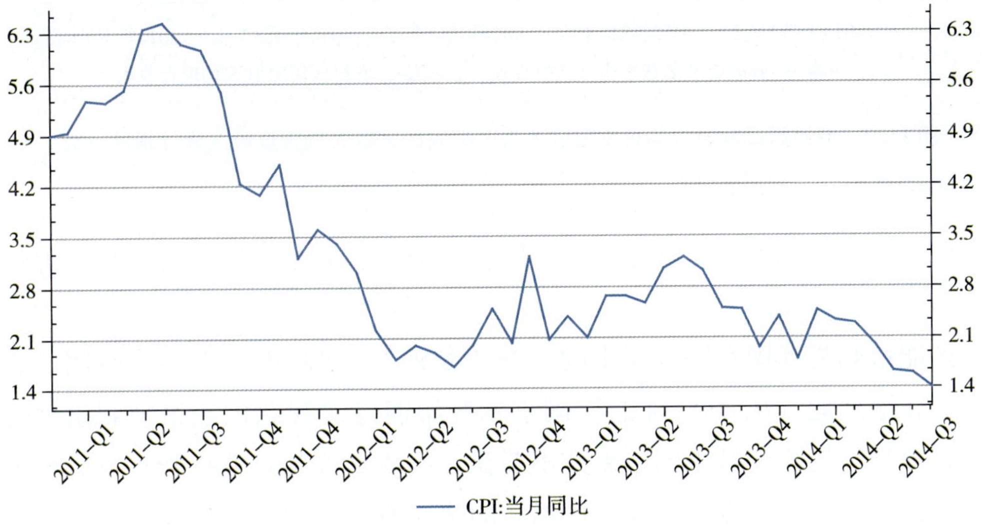

图 1.21 全国居民消费价格变化情况（%）

数据来源：Wind 资讯。

⑦城镇居民家庭人均可支配收入与农村居民家庭人均现金收入均超上年同期。

2014 年城镇居民家庭人均可支配收入与农村居民家庭人均现金收入累计增速较上年同期有所上升，农村居民家庭人均现金收入累计要高于城镇居民家庭人均可支配收入的累计增速。2014 年第 1 季度到第 3 季度，城镇居民家庭人均可支配收入累计增速略有下降，从第 1 季度的 7.2% 下降到第 3 季度的 6.9%；农村居民家庭人均现金收入累计增速也呈现出下降，从第 1 季度的 10.1% 下降到第 3 季度的 9.7%。具体情况见图 1.22。

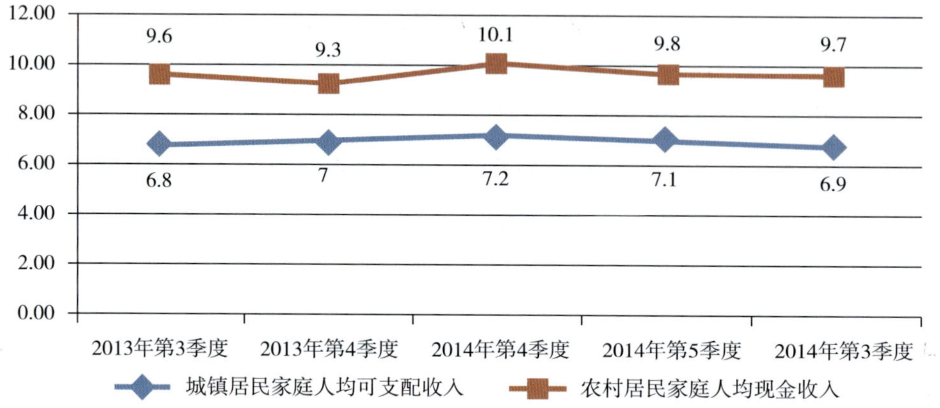

图 1.22　城镇居民家庭人均可支配收入与农村居民家庭人均现金收入累计增速（%）

资料来源：国务院发展研究中心。

（2）政府推进结构调整和压缩过剩产能取得进展，但产能过剩压力依然较大

产能过剩是我国经济发展中的一个“顽疾”。实际上，多年来我国一直都在严控新增产能。从 2003 年起，国家就开始通过宏观调控政策限制钢铁等行业盲目扩张，但政策措施的效果并不明显，主要是抑制企业投资扩能意愿的市场条件没有形成。一方面，在国民经济的快速发展和大规模投资的拉动下，钢材等产品的需求快速增长，带动产能增长；另一方面，企业即便是在微利的情况下，仍然有增产扩能的冲动，地方政府也在一定程度上推动了产能的迅速扩张。为进一步破解这一难题，中央政府出台了一系列政策来推动结构调整，化解产能过剩。

2013 年 10 月 6 日，国务院印发了《国务院关于化解产能严重过剩矛盾的指导意见》（国发〔2013〕41 号），明确化解产能严重过剩矛盾是当前和今后一个时期推进产业结构调整的工作重点，明确既要着力发挥市场机制作用，完善配套政策，“消化一批、转移一批、整合一批、淘汰一批”过剩产能；也要着力创新体制机制，加快政府职能转变，建立化解产能严重过剩矛盾长效机制，推进产业转型升级。2014 年 5 月初，环境保护部印发了《关于在化解产能严重过剩矛盾过程中加强环保管理的通知》，要全面排查产能严重过剩行业环保情况，组织对钢铁、水泥、电解铝、平板玻璃、船舶行业的在建项目和建成项目进行梳理排查，掌握行业产能情况和企业环保基本情况。5 月下旬，国家发展改革委、工业和信息化部、国家质检总局联合印发《关于运用价格手段促进水泥行业产业结构调整有关事项的通知》，明确对淘汰类水泥熟料企业生产用电实行更加严格的差别电价政策，以推动水泥行业产业结构调整。2014 年 8 月 21 日，国家发展改革委产业协调司又发出《关于做好产能严重过剩行业违规项目清理整顿有关事项的通知》，要求各地政府高度重视这一清理整顿工作。

一年来化解产能过剩初见成效。钢铁工业固定资产投资进一步下降。前三季度，钢铁工业（包括黑色金属矿采选业、炼铁业、炼钢业、钢加工业，扣除了铸造业和铁合金业）完成固定资产投资 3998.68 亿元，同比下降 4.35%。1～8 月，钢铁行业共淘汰落后产能 5350 万吨。1～10 月，全国十种有色金属产量 3580 万吨，同比增长 6.5%，增速同比减缓 3.8 个百分点。其中电解铝产量 1967 万吨，增长 7.7%，减缓 1.5 个百分点。1～9 月，有色金属行业实现利润 1244 亿元，同比增长 2.2%。1～10 月，全国水泥产量 205298 万吨，同比增长 2.5%，增速同比减缓 6.5 个百分点，实现利润 530 亿元，增长 22.5%；平板玻璃产量 67753 万重量箱，增长 3.5%，减缓 8.2 个百分点。实现利润 11.1 亿元。船舶行业各项指标保持平稳。1～10 月，全国承接新船订单 5373 万载重吨，同比增长 15.7%。10 月底，手持船舶订单 15355 万载重吨，同比增长 30.3%，比 2013 年底增加 17.2%。承接出口船订单 5029 万载重吨，同比增长 16.9%。87 家重点监测船舶企业实现主营业务收入 2400 亿元，同比增长 11.6%；利润总额受到个别企业大幅亏损的影响，仅为 43 亿元，同比下降 9.3%。

但不少行业企业的生产经营仍面临着巨大困难。数据显示，尽管铁矿石价格持续下跌，但整个钢铁行业依然处于盈亏边缘。前三季度，重点统计钢铁企业累计亏损面 25%，亏损额 80.86 亿元，销售利润率仅为 0.71%。而根据中经产业景气指数监测，经初步季节调整，三季度煤炭产业实现利润同比下降 51.0%，全行业销售利润率为 2.7%，比上年同期低 2.6 个百分点，比全部工业平均水平低 2.9 个百分点；煤炭企业亏损面已达 70% 以上。尽管产能过剩矛盾严重困扰着行业企业的发展，但这些行业的投资并未明显减少。虽然宏观经济增速放缓，但前 9 个月，464 种工业产品中，有 346 种产品产量同比增长，而企业应收账款又有所增加，这从侧面说明当前产能过剩问题仍然十分严重。2012 年 3 月 ~2014 年 10 月，PPI（工业生产者出厂价格指数）都低于 100，那就表明 31 个月来我国工业产品出厂价格一直处于下降状态，表明中国经济处于普遍的生产过剩状态。从结构上看，轻工业品 PPI 在零值附近波动，供求基本平衡，而重工业品 PPI 持续为负，重工业产能过剩更为严重。

（3）政府着力改善企业经营环境，在一些方面取得较大进展

近年来，政府着力改善企业经营环境，在工商登记、完善市场监管等方面取得较大进展，但企业经营成本上升、经济效益下滑、市场准入难、融资困难等依然是困扰企业的现实问题。

受"三期叠加"等因素影响，国内企业特别是中小企业遭遇发展瓶颈和挑战，制约整体经济发展。党中央国务院加大简政放权力度，发挥市场在资源配置中的决定性作用，确立企业投资主体地位，陆续推出一系列措施，在相关方面做了大量工作。企业经营环境取得较大进展，但总体而言仍面临诸多现实难题。

①政府着力改善企业经营环境。

改革工商管理制度，优化营商环境。2014 年初国务院出台《注册资本登记制度改革方案》（国发〔2014〕7 号），明确注册资本登记制度改革，《公司法》也进行了相应修订。方案从五个方面提出优化营商环境的改革措施，包括实行注册资本认缴登记制；放宽注册资本登记条件；将企业年检制度改为年度报告公示制度；简化市场主体住所（经营场所）登记手续；推行电子营业执照和全程电子化登记管理。新政策于 3 月 1 日全面实施以来，全国新登记注册企业数量大幅增长，激发市场创业投资热情。3 月 1 ~ 14 日，全国新登记市场主体 46.84 万户，同比增长 7.48%，其中，新登记企业 12.33 万户，增长 36.1%。同时，我国实行 32 年的企业年检制度正式废除，大大减轻了企业负担，并强化了对企业的信用监管。电子营业执照和电子化登记的推行，提高了行政效率，便利企业办理设立变更程序，进一步增强了市场主体活力。

加大简政放权力度，进一步取消和调整行政审批和投资项目审批。2014 年 10 月 23 日国务院发布《关于取消和调整一批行政审批项目等事项的决定》

（国发〔2014〕50 号）进一步取消和下放 58 项行政审批项目，取消 67 项职业资格许可和认定事项，取消 19 项评比达标表彰项目，将 82 项工商登记前置审批事项调整或明确为后置审批。另建议取消和下放 32 项依据有关法律设立的行政审批和职业资格许可认定事项，将 7 项依据有关法律设立的工商登记前置审批事项改为后置审批。10 月 31 日国务院发布《政府核准的投资项目目录（2014 年本）》（国发〔2014〕53 号），共取消、下放 38 项核准权限。其中，取消核准改为备案 15 项、下放地方政府核准 23 项，将中央层面核准的投资项目数量进一步减少 40%。被认为“放权力度最大的一次”。

改善企业融资环境，在一定程度上缓解企业融资难、融资成本高的问题。新一届政府履职以来，对降低企业融资成本问题的重视程度空前。2014 年以来，李克强总理在国务院常务会议等重大会议上 10 次谈及缓解企业融资难、融资贵的问题，并多次作出相应的政策部署。自 2014 年 5 月份以来，国务院已经 8 次正式提出“降低企业融资成本”并配套相关措施。2014 年 5 月，国务院发布《关于进一步促进资本市场健康发展的若干意见》（新“国九条”），以拓宽融资渠道、丰富融资产品，降低融资成本，帮助企业优化资源配置。7 月 23 日，李克强主持召开国务院常务会议，部署包括缩短企业融资链条等十项措施以缓解企业融资成本高问题，即“金十条”，旨在通过优化信贷投放，降低借贷利率。8 月 14 日国务院办公厅下发《关于多措并举着力缓解企业融资成本高问题的指导意见》，提出了十个方面的政策措施，着力缓解企业融资成本高问题，促进金融与实体经济良性互动。9 月 17 日，国务院常务会议部署进一步扶持小微企业发展，在继续实施好现有小微企业支持政策的同时，重点推出包括加大融资支持、加大财政支持、加大服务小微企业的信息系统建设等六项措施。11 月 19 日国务院常务会议出台了改善存贷比管理、发展民营银行、支持担保和再担保、改进银行绩效考核、推进信贷资产证券化、出台 IPO 发行改革、支持跨境融资、完善企业信用、加快利率市场化、健全监督问责这十项措施（简称“新金十条”），进一步有针对性缓解企业融资成本过高问题。根据新“国九条”的战略部署，资本市场并购重组的政策环境进一步优化，相关行政审批事项进一步减少，并购重组支付手段更加丰富、定价更加灵活有弹性，金融、财税、土地、职工安置等配套政策得到完善。2014 年 11 月 22 日，中国人民银行决定下调金融机构人民币贷款和存款基准利率。金融机构一年期贷款基准利率下调 0.4 个百分点至 5.6%；一年期存款基准利率下调 0.25 个百分点至 2.75%，同时结合推进利率市场化改革，将金融机构存款利率浮动区间的上限由存款基准利率的 1.1 倍调整为 1.2 倍；其他各档次贷款和存款基准利率相应调整，并对基准利率期限档次作适当简并。

数据显示，新一届政府对改善中小企业融资环境的重视取得一定成效，企业的融资环境有所改善。根据央行三季度货币政策执行报告数据，2014 年 9 月底，银行间市场 3 年期、7 年期 AA 级企业债的到期收益率分别为 5.78% 和 6.62%，较上年末下降 1.57 个和 0.84 个百分点；9 月份，非金融企业及其他部门贷款加权平均利率为 6.97%，比 8 月下降 0.12 个百分点，比 2013 年 12 月份下降 0.23 个百分点。资本市场并购重组交易活跃，根据 Dealogic 统计，我国已成为全球第二大并购市场。2014 年 1～8 月，上市公司并购重组交易总金额为 8957.37 亿元，已超过 2013 年全年交易金额。

降低企业税费负担，扶持企业尤其是小微企业发展。2014 年 11 月 15 日国务院常务会议决定实施普遍性降费，包括：一是取消或暂停征收依法合规设立但属于政府提供普遍公共服务或体现一般性管理职能的收费，包括企业、个体工商户注册登记费等 12 项收费。二是对小微企业免征组织机构代码证书费等 42 项行政事业性收费。2015 年 1 月 1 日～2017 年底，对月销售额或营业额不超过 3 万元的小微企业，自登记注册之日起 3 年内免征教育费附加、文化事业建设费等 5 项政府性基金。三是对安排残疾人就业未达到规定比例、在职职工总数不超过 20 人的小微企业，自登记注册之日起 3 年内免征残疾人就业保障金。四是对养老和医疗服务机构建设减免土地复垦费、房屋所有权登记费等 7 项收费。根据官方统计，四项降费措施的实施，每年将减轻企业和个人负担 400 多亿元。

针对小微企业的发展，10 月 31 日，国务院发布《关于扶持小型微型企业健康发展的意见》（国发〔2014〕52 号）从资金支持、财税优惠、创业基地建设、促进企业信息互联互通等方面提出一系列政策措施，扶持小微企业（包括个体工商户）健康发展。在税收方面，2014 年年内两次给小微企业减税。将享受减半征收企业所得税政策的小型微利企业范围，由年应纳税所得额低于 6

万元放宽至 2014 年的 10 万元。小微企业增值税和营业税起征点由月销售额 2 万元（年销售额 24 万元）提高到 3 万元（年销售额 36 万元），并将适用范围从现行的个体工商户和其他个人扩展到小微企业。自 2014 年 1 月 1 日至 2016 年 12 月 31 日，对年应纳税所得额低于 10 万元（含 10 万元）的小型微利企业，其所得减按 50% 计入应纳税所得额，按 20% 的税率缴纳企业所得税。进一步加大了对小型微利企业的税收扶持力度。

推动促进市场公平竞争，维护市场正常秩序。根据十八届三中全会关于改革市场监管体系，实行统一的市场监管的重要部署，7 月 8 日印发《国务院关于促进市场公平竞争维护市场正常秩序的若干意见》（国发〔2014〕20 号）。这是自改革开放以来国务院首次系统完整地提出关于完善市场监管体系的顶层设计，针对目前市场监管共性问题，从放宽市场准入、强化市场监管、夯实信用基础、改进监管执法、改革监管体制、健全社会监督、完善监管保障等 7 个方面提出了 27 条措施及可操作性方案。如制定市场准入负面清单；推进工商注册制度便利化，由先证后照改为先照后证，鼓励探索实行工商营业执照、组织机构代码证和税务登记证“三证合一”登记制度，方便企业办事。完善市场主体破产制度，促进规范有序退出等。政府在市场主体的登记制度、信用信息、退出机制等方面推进改革，为市场主体自由平等发展和公平竞争营造良好环境。

②企业经营环境仍面临诸多现实问题。

第一，工商“先照后证”改革之后，企业依然存在办证难的问题。工商“先照后证”改革之后，企业可以先取得营业执照，再办理经营许可项目。但是仅仅调换“照”和“证”的办理顺序，仍难以完全解决企业在办证（照）过程中遇到的一些实际问题，如果企业未能顺利拿到各种“证”，仍无法开展经营活动。办证程序繁琐是企业反映办证难的首要问题，另外还存在审核标准不统一、等待时间长、重复提交相同材料等问题。根据某项调查，最耗时证（照）平均所需办理时间约为 44 天。此外，一些证照资质条件脱离实际情况，还有一些资质认证的标准是几十年前设定的，市场技术条件发生了很大变化，但现在仍然按原来的标准审核，存在明显的不合理状况。外资企业目前仍执行“先证后照”的政策，办证照相对而言难上加难。

目前工商年检方面的政策逐步落实，但行业性证照的年检并未取消，企业涉及的具体行业和业务事项仍需要到归口管理部门去办。企业持有的证照中需要年检的主要有工商、税务、人力资源和社会保障、质检、环保、消防、商务、安全生产、交通运输、卫生防疫等方面。部分年检手续繁琐，年检存在走过场，培训机构混乱。

第二，部分行业的市场准入审批和监管部门较多，存在多头、交叉管理。部分行业涉及市场准入审批和监管部门较多，问题较为突出的如建设管理领域，多数企业反映串联审批、规则不清和多头监管是企业在自建项目上遇到的最主要的监管问题。此外，资质认证名目繁多。以汽车行业为例，生产准入涉及多重审核，如产品认证需要工信部审批、3C 认证需要质监局、环保认证需要上报环保部，出口还需要认证。有些认证内容重复，且同一审核部门历次审核的基础资料重复。起重机产品准入门槛包括工信部的产品公告管理；国家环保部的国家环保目录；地方环保局的地方环保目录；质检总局的特种设备许可；国家相关标准认证，如满足 T19001、ISO9001 等相关标准；CQC 的 3C 认证；交通部的特种车型燃油消耗达标目录；税务总局的应税车辆价格信息目录。准入门槛设置较多，且各部委监管角度不一，且有些准入要求很难落到实处。又如医药行业，市场准入门槛涉及 GMP（《药品生产质量管理规范》）、GSP（《药品经营质量管理规范》）、GLP（《药品非临床研究质量管理规范》）、GAP（《中药材生产质量管理规范（试行）》）等各类认证，销售方面涉及医保目录、基本药物目录，同时各省还有自己的招标标准。

第三，企业退出机制不顺畅，正常注销程序繁琐、周期长。当前企业退出机制不顺畅，破产难，尤其是国企退出程序繁琐，破产重整审批程序多，规则不清。2007 年新《破产法》颁布实施以来，国内的破产案件数量不升反降，全国法院每年受理审理的破产案件仅三千余件，近两年来甚至徘徊在两千件左右。主要原因在于政府过多行政干预和相关法律不完备。不少企业亏损严重，已达到破产标准，但由于职工安置包袱太重，特别是生产领域的企业职工多、摊子大、安置起来更为困难。上市公司破产重整审批程序多，规则不清。《破产法》的相关规定缺乏实施细则。破产清算平均耗时 1 年半，甚至更长。上海某上市公司申请破产重组，前后花了 3 年多时间。

国有企业产权转让退出程序更为繁琐。一个正常国有参股企业转让退出，涉及审计、资产评估、律师、产权经纪等中介机构，经历评估备案、进场交易、挂牌、转让等环节，一般耗时半年。遇到产权瑕疵、交叉持股等状况，历时 3 ~4 年的案例比比皆是。

企业正常注销要经历多部门前置串联审批，程序繁琐、周期长。企业注销须经全体股东同意，先后经历清算组备案、公示、国税注销、地税注销、海关进出口许可证或登记证注销、工商、质检部门代码证注销、公安等近 10 道程序。实践中还存在国税与地税注销的衔接问题，如某企业注销先办理国税注销再办理地税注销，注销地税时地税部门要求提供国税纳税证明，但注销国税后根本无法提供纳税证明，税务部门的管理缺乏对接。外资企业注销还涉及商务部门、外汇管理局等，一般需 1 年时间。实践中很多企业宁愿按照法律规定连续两年不年审而被工商吊销营业执照，也不选择正常注销程序。

第四，企业经营成本上涨、债务负担重，融资难、融资贵问题仍然突出。央行数据显示，2014 年 10 月份，社会融资总量为 6627 亿元，同比减少 2018 亿元；其中人民币贷款为 5483 亿元，较去年同期减少 423 亿元，比市场预期的 6400 亿元少 1000 亿元左右。“融资难、融资贵”问题依然突出，其症结在于我国以间接融资为主的融资结构，直接融资不发达；金融体系资金供给与实体经济资金需求不匹配，银行很难满足数以千万计小微企业信贷需求。企业的生产经营过度依赖银行信贷。

企业经营成本压力依然较大，部分行业企业盈利水平有所下降。对于小微企业，用工成本上升已经成经营中最困难的问题。根据 2014 年 8 月规模以上工业企业经营数据[①]显示，全国规模以上工业企业主营业务成本率连续第六个月上升，企业运营的负担越来越重。管理费用、销售费用和财务费用三费支出受约束于一般物价、人力成本和社会融资成本，处于易升难降的状态。营业收入下滑明显，单月营收由 7 月的 9.9% 下滑至 8 月的 5.6%，8 月工业经济出现了快速下行。企业利润下滑更为明显，8 月利润同比增幅由 7 月的 13.5% 下降为 -0.6%，20 个月以来首次进入负增长区间。

① 来源：申银万国证券研究报告。

企业信贷飙升，融资成本和债务负担越来越重。截至2013年底我国企业债务占GDP的比重超过了120%，达历史高位，相比之下美国约为72%，加拿大约为53%，德国仅为49%左右。根据美国标准普尔（Standard & Poor）报告预计，截至2013年底，中国非金融企业债务规模达到14.2万亿美元，超过了世界上其他任何国家。2013年，企业贷款加权平均利率由年初的6.78%升至年末的7.2%，企业当年利息支出超过3万亿元，占其当年新增贷款规模的40%左右。

小微企业经营能力偏弱，面对经济周期的抗压性亦相对较差，资金压力更大。国家工商总局《全国小微企业发展报告》显示，截至2013年年底，全国小微企业1169.87万户，占各类企业总数的76.57%。据博鳌亚洲论坛2014年年会期间发布的《小微金融发展报告2014》显示，仅43.1%的参访企业表示享受到了小微企业税收优惠政策。根据中金公司的研究报告，9月央行货币政策放松以来，企业债收益率明显下降，大企业和城投公司融资成本降低。但与此相对，中小企业融资成本仍然较高。以票据直贴利率为代表的中小企业融资成本尚未明显下降，影子银行利率仍高位徘徊。

第五，资本市场服务能力滞后于实体经济发展的需求。我国资本市场“先天不足”，市场化、法制化、国际化程度不高，直接融资比重偏低，资本市场层次、结构和基础设施建设均有待完善。在以制造业等为主的传统产业发展壮大的过程中，银行等间接融资渠道发挥了不可替代的重要作用；但是，随着国民经济的转型和各类新型产业的兴起，新兴企业高风险高收益的特征对直接融资提出了更为强烈的需求，迫切需要资本市场提供更为便捷多元的融资渠道。原有的发行、退市等制度在一定程度上造成了资本市场上市公司“严进宽出”的局面，导致资本市场价格信号发生扭曲。资本市场规模小，结构不均衡，股票和债券比例失调，多层次资本市场体系尚未健全。金融支付工具很不完善，实践中私募债、定向可转债、优先股、权证等仍运用得较少。企业从事并购活动非现金支付仍以股份支付为主，由此造成现金压力过大。在“走出去”过程中，企业也面临融资渠道单一、融资速度慢、难以匹配项目投资的时间要求等问题。

第六，地方保护、行业垄断等影响市场公平秩序的现象依然存在。地方保护的一种形式是限定对象，以行政命令或下发文件的形式，用强制手段来扶持本地企业和产品。以新能源汽车行业为例。自 2010 年 5 月国家相关部门出台《关于开展私人购买新能源汽车补贴试点的通知》后，各地针对新能源车的补贴基本是“当地政府只补贴当地企业”。国内各个示范城市在采购新能源汽车时，基本都从本地利益考虑，优先采购地方企业的产品。此外，由于目前公交车市场存在各城市相对独立的情况，市场被分割成众多区域，而且存在一定的封闭性。没有统一的全国市场给公司的市场推广带来很多困难。地方保护的另一种形式是设置壁垒。对进入本地市场的企业实行“以投资换市场”，要求跨地区经营的企业必须在当地组建独立法人机构，导致企业投资分散、效率低下，同时造成重复建设、资源浪费。市场秩序不公还体现在价格的恶性竞争，部分行业市场监督不规范，中小企业竞争压力大，不少企业不得不卷入“价格战”。

在一些领域，不同市场主体平等使用生产要素、公平竞争的环境还没有形成。垄断让民企和国企同样面临准入问题。如石油、铁路、电网等领域高度垄断，不仅民企，其他国企也很难进入。能源、电力行业鼓励民营企业进入，民营企业获准进入资源开采上游，参与下游管网和储运设施建设，也可参与电厂和电网投资和建设。但现实中，由于上下游存在垄断和政策歧视，民营企业根本不具备议价能力，也很难获得专门资质。航空业，民营企业虽然已经获得市场准入，但与之相关的航油到航材的市场并没有放开，又限制飞行员的市场流动，形成了市场的实质进入壁垒。

1.2　2015 年企业发展环境展望

1.2.1　2015 年全球经济继续复苏

总体而言，对于 2015 年的全球宏观经济，各方基本达成共识，预计全球经济将继续复苏。世界银行（World Bank）在 2014 年 6 月的《全球经济展望》（Global Economic Prospects）中预测 2015 年全球经济增长为 3.4%；而国际货币基金组织（IMF）在 2014 年 10 月的《世界经济展望》（World Economic Outlook）中的预测略高，认为 2015 年全球经济增长将达到 3.8%；OECD 则认为 2015 年全球经济增长率预计为 3.7%，2016 年恢复至 3.9%。OECD 的具体预测如表 1.8 所示。

表1.8　　　　OECD对全球经济缓慢复苏的相关预测（%）

	2002～2011 平均值	2012	2013	2014 预测值	2015 预测值	2016 预测值
			GDP实际增长率			
全球	3.8	3.1	3.1	3.3	3.7	3.9
OECD国家	1.7	1.3	1.4	1.8	2.3	2.6
美国	1.7	2.3	2.2	2.2	3.1	3.0
欧元区	1.1	-0.7	-0.4	0.8	1.1	1.7
日本	0.7	1.5	1.5	0.4	0.8	1.0
非OECD国家	7.1	5.2	5.0	4.8	5.1	5.3
中国	10.6	7.7	7.7	7.3	7.1	6.9
			通胀率			
全球	2.1	2.0	1.3	1.6	1.5	1.8
			全球贸易实际增长率			
全球	5.6	3.0	3.3	3.0	4.5	5.5

资料来源：OECD Economic Outlook 96（PRELIMINARY VERSION），November 2014.

对于2015年的世界经济形势，2014年底召开的中央经济工作会议做出了精辟的论断，“世界经济仍处在国际金融危机后的深度调整期，明年世界经济增速可能会略有回升，但总体复苏疲弱态势难有明显改观，国际金融市场波动加大，国际大宗商品价格波动，地缘政治等非经济因素影响加大。要趋利避害、顺势而为，防范各类风险”。

（1）从三大主要变量的角度来展望2015年的全球经济

展望2015年的全球宏观经济，究竟应该从哪几个角度来分析考虑？中金公司构建了一个三大主要变量的分析框架①，笔者认为较有参考价值。

①变量一：全球央行货币政策走向。2015年，全球央行的政策格局和走向仍将是影响市场最主要的变量之一。整体来看，在可预见的未来，全球范围内不存在通胀压力，主要央行的宽松态势仍将延续。虽然美联储已于2014年10月29日宣布退出QE3，但预计美联储的宽松政策在2015年仍将延续。为了进一步改善就业市场并缩窄负的产出缺口，市场普遍预期美联储可能会在2015

① 参看中金公司：《2015年展望：宽松依旧，看好美日增长与中印改革》，2014年10月27日。

年中后期加息，而中金公司则预测美联储会比市场预期的更晚一些才会首次加息；欧洲央行为应对日益严重的通缩和增长停滞威胁，或进一步加大宽松力度（如直接购买政府债券）；而日本央行仍将不遗余力地推进宽松政策。

②变量二：欧元区和中国增长前景。欧元区和中国经济的增长前景是2015年全球市场面临的另一个主要不确定性。相比美国经济的较好复苏，欧元区能否走出通缩和衰退阴影，重拾上行动能，以及中国经济在结构性改革的推动下寻求新平衡，对全球市场来说也至关重要。

③变量三：地缘政治和其他突发风险。需要关注的主要地缘政治和突发风险有：乌克兰局势以及欧美对俄罗斯制裁的影响；伊斯兰国（IS）对伊拉克和中东地区稳定的威胁；若油价持续下行，对中东地区（特别是主要产油国）政局稳定可能带来的冲击；Ebola 病毒是否会失控并大规模传播；东亚局势（朝鲜半岛、中日关系、香港占中等）及中国南海争端；2015 年 5 月英国大选（事关是否在 2017 年举行有关英国欧盟去留问题的公投）。

因此，从这三大主要变量来考虑，基本可以判断 2015 年全球宽松态势仍将延续（美联储加息或晚于预期，而欧央行将加大宽松力度）；尽管复苏的步伐或有不同，但全球经济复苏的大趋势仍然成立。

（2）各主要经济体 2015 年经济增长预期

国务院发展研究中心宏观经济分析小组认为，世界经济仍处于危机后的大调整阶段，由于内部结构差异明显，各区域发展状况更趋分化，但总体有望维持低增长态势。一是美国经济增长稳定。虽然劳动参与率短期不会明显改善，但美国的失业率已稳步下降到5. 9%；受能源成本下降、消费和投资增长企稳、国际资本回流等因素支撑，美国经济有望维持稳定增长态势，预计 2015 年达到3%左右。二是欧盟经济降中趋稳。受高失业、低通胀和结构问题牵制，欧盟经济复苏乏力。宽松货币政策和欧元贬值，以及西班牙等南欧经济企稳，2015 年欧盟经济有望止跌回稳。三是日本经济低位增长。消费税率提升引发经济增长大幅波动的效应减弱，2014 年 10 月以后再次提高消费税率的可能性在增加，预计 2015 年日本 GDP 增长 1. 2%左右，略高于 2014 年。四是总体来看新兴市场国家增长小幅回升。受发达经济体需求带动，新兴市场经济增速将略有回升，但由于自身潜在增长率和大宗商品价格下降，以及资金外流等影响，回升势头依然脆弱①。

市场研究机构的预测有所类似。例如瑞银证券认为，美国（2014/15/16年：2.3%/2.9%/2.8%）引领全球复苏，欧元区（2014/15/16 年：0.8%/1.2%/1.6%）和日本（2014/15/16 年：1.1%/1.2%/1.0%）艰难前行，新兴经济体（2014/15/16 年：4.5%/4.4%/4.7%）则受累于中国需求放缓和大宗商品价格下跌②。

OECD 对发达国家的主要经济指标预测则如表 1.9 所示。

表 1.9　OECD 对 2015、2016 年全球发达国家主要经济指标的预测（%）

	2015 年 GDP 实际增长率	2016 年 GDP 实际增长率
美国	3.1	3.0
欧元区	1.1	1.7
日本	0.8	1.0
OECD 全部国家	2.3	2.6
	2015 年通胀率	2016 年通胀率
美国	1.2	1.7
欧元区	0.6	1.0
日本	1.8	1.6
OECD 全部国家	1.5	1.8
	2015 年失业率	2016 年失业率
美国	5.6	5.3
欧元区	11.1	10.8
日本	3.5	3.5
OECD 全部国家	7.0	6.8
	2015 年全球贸易增长率	2016 年全球贸易增长率
世界	4.5	5.5
	2015 年政策利率	2016 年政策利率
美国	0.5	1.5
欧元区	0.0	0.0
日本	0.1	0.1

资料来源：OECD Economic Outlook 96（PRELIMINARY VERSION），November 2014.

① 国务院发展研究中心宏观经济分析小组的宏观经济分析报告，2014 年 10 月。
② 瑞银证券：《“单引擎”时代的全球宏观新趋势》，2014 年 11 月 11 日。

但是，值得注意的是，新兴市场国家的分化恐将进一步加剧。中金公司从加息可能引发资本流出的冲击（经常账户赤字）、对美国增长、中国增长的敞口、地缘风险和改革红利等方面将新兴市场划分为五类①。具体来看，即更多受益于美国经济持续复苏的市场，如墨西哥；对中国增长敞口较大、受中国需求变化影响更为敏感的市场，如巴西、韩国、中国台湾、南非、及中东产油国等；受地缘政治风险影响的市场，如俄罗斯和中东地区；经常账户和财政"双赤字"严重，因此受美联储加息和美元升值影响更大的市场，如南非，土耳其等；以及可能会受益于一系列结构性改革红利的市场，如中国和印度。总体而言，相对更看好中国和印度市场在改革红利推动下的增长潜力和上行空间；其他主要金砖国家（如俄罗斯、巴西和南非）在结构性问题或地缘风险的困扰下，预计仍然困难重重；亚洲新兴市场的外汇储备和经常账户质量明显好于中东、非洲和拉美地区，因此未来受到加息预期可能引发资本外流的冲击也相对较小；除此之外，更多依赖大宗商品的国家（中东产油国、巴西、俄罗斯等）在原材料价格和需求可能维持疲弱的拖累下，也难有较好表现。

OECD 对新兴经济体主要国家 GDP 增长的预测如表 1.10 所示。

表 1.10 OECD 对主要新兴经济体 2015 ~ 2016 年 GDP 实际增长率的预测（%）

	2015 年预测	2016 年预测
中国	7.1	6.9
印度	6.4	6.6
巴西	1.5	2.0
俄罗斯	0.0	2.0
南非	2.2	2.9
墨西哥	3.9	4.2
印度尼西亚	5.4	6.0

资料来源：OECD Economic Outlook 96（PRELIMINARY VERSION），November 2014.

（3）美国量化宽松政策退出后的展望

2014 年 10 月 29 日，美联储在召开的 FOMC 会议上，如市场预期的那样结束了为期两年多的 QE3。对于美国量化宽松政策的退出，其影响究竟如何？市场

---

① 参看中金公司：《2015 年展望：宽松依旧，看好美日增长与中印改革》，2014 年 10 月 27 日。

普遍关注三个方面：一是在美国量化宽松政策退出后，美国货币政策是否依然宽松？二是量化宽松政策对美国经济的复苏起到了推动作用，量化宽松政策结束后，美国经济是否依然会继续复苏？三是退出量化宽松后，美国将于何时加息？

对美国量化宽松政策退出后这三个市场普遍关心的问题，有市场研究机构得出以下结论①。

①退出 QE 的美国，仍旧有超级宽松货币政策。即便 QE3 结束了，预计美国在 2015 年的货币环境仍称得上是超级宽松。主要有三个原因：一是银行流动性极度充裕，目前美联储 4.4 万亿美元的总负债中，2.7 万亿是银行超额存款准备金；二是利率将继续维持在目前 0～0.25% 的超低水平，预计美联储最快到 2015 年底才会加息；三是首次加息后，美联储才会考虑收缩资产负债表（停止债券的再投资），QE3 结束只是意味着美国货币环境不会进一步宽松（资产负债表不再扩张），而非货币政策的收紧。

②没有 QE 的美国，照样稳步复苏。除了上述仍旧宽松的货币政策外，还有三个因素支持美国经济在 2015 年继续稳步复苏：一是居民部门去杠杆已经基本结束，这意味着新一轮信贷扩张的开始，这也是支持美国经济持续复苏最重要的因素之一；二是劳动力市场的改善已经非常明确：过去 6 个月月均新增非农就业人数 23.3 万，过去 1 年月均新增 22 万，都已经显著超过 2005～2006 年经济繁荣时期的水平；三是财政政策稳定，2015 年财政紧缩力度较 2014 年显著下降且为过去五年以来最小，2016 年可能实现小幅财政扩张。

③预计美联储不会过早加息。QE3 结束后，美联储首次加息的时间点将是未来一年市场的焦点。由于历史上美联储在治理通胀上的成绩远胜于应对经济衰退，有观点认为②在 QE 退出历史舞台后，未来美联储货币政策其仍将延续平波缓进的格调：宁可去面对晚加息带来的通胀问题，也不愿因过早紧缩货币政策而加大经济重回衰退的风险。对此，笔者表示赞同。中金公司预计美联储最快在 2015 年底才会加息，主要是因为：一是通胀压力有限，最近半年美国 CPI 通胀一直维持在 2% 上下小幅波动，在全球大宗商品价格持续下降的背景

---

① 参看中金公司：《没有 QE 的美国——美联储 10 月 FOMC 会议点评》，2014 年 10 月 30 日。

② 参看国信证券：《美联储 10 月议息会议点评——关注 10 月议息会议声明中的“三点转变”》，2014 年 10 月 30 日。

下，未来美国通胀大幅攀升的可能性小；二是近期房贷利率上升，房地产复苏势头有所放缓，在这种背景下加息有风险；三是美联储对首次加息非常谨慎，在没有看到经济持续一段时间的稳定复苏之前，美联储很可能维持当前利率不变。

总体而言，市场普遍看好美国经济的复苏前景。例如，有市场研究机构较为看好美国的复苏状况，认为全球经济有可能步入“单引擎”格局，其背后的基本面因素是：美国会继续受益于积压需求释放、复苏不确定性下降、金融条件宽松、财政政策回归中性，实现内需驱动的内生性增长。而其他发达和新兴经济体则继续面临资产负债表调整压力或政策面的限制。而更深层次的原因来自于：第一，周期性因素。相比其他主要央行，金融危机以来美联储维持货币宽松的决心和魄力更大，财政紧缩的幅度和压力也相对好于其他经济体。因此美国私人部门得以更快、更彻底地调整其资产负债表。第二，结构性因素。相比其他经济体，美国在人口年龄结构、劳动力市场灵活度等方面明显更为有利；在技术创新方面（3D 打印、云计算等）也占据优势地位；同时还受益于页岩油气开发导致的国内能源成本下降①。

此外，美国经济强劲复苏使得美元恢复强势，美元未来对别国货币升值的趋势明显，大宗商品价格承压。需要注意的是，强势美元会加剧大宗商品价格的下跌（例如 2014 年 11 月以来，国际原油价格已经受到冲击而大幅下跌），使得以资源、能源为主要出口商品的国家和相关企业损失巨大。俄罗斯就是一例，下文将详细分析。

（4）俄罗斯经济在油价下跌情况下雪上加霜

由于经济衰落的俄罗斯依赖油气出口，而且背负着沉重外债，油价下跌严重打击俄罗斯经济。加上由于乌克兰事件导致欧美对俄罗斯的制裁，俄罗斯严重依赖的油气出口收入的经济将遭受更大的考验②。

市场普遍认为，如果油价继续下跌达到 80 美元/桶，俄罗斯可能很难避免经济衰退的命运；如果油价进一步跌破这一水平，对该国可能有灾难性的打击。

由于俄罗斯的出口与财政收入均严重依赖于石油与天然气等初级能源资源

① 瑞银证券：《“单引擎”时代的全球宏观新趋势》，2014 年 11 月 11 日。

② 本小节主要参考引用了中国银河证券研究部：《油价下跌打击俄罗斯经济》，国际经济周报第 175 期，2014 年 10 月 26 日；以及相关媒体报道。

的出口，在西方加紧对俄罗斯的经济制裁与国际油价下跌的双杀下，俄罗斯面临出口下降、经济衰退、财政困难、通胀高企与汇率暴跌的困难局面。

根据俄罗斯海关的统计，在 2013 年，原油、石油产品和天然气占出口收入总额达到 68%。石油和天然气是俄罗斯联邦政府主要的财政收入来源。根据俄罗斯财政部的计算，2013 年俄罗斯 52% 的财政收入来自矿产开采税和石油天然气出口关税。

据俄罗斯联邦储蓄银行的计算，油价在 104 美元时，俄罗斯才能维持收支平衡。如果油价跌破 80 美元，俄罗斯可能将不得不削减开支。从俄罗斯的出口数据可以计算出，国际油价每下跌 10 美元，俄罗斯的石油和天然气出口额将减少 324 亿美元，相当于俄罗斯国内生产总值的 1.6%，而政府收入则相应减少约 190 亿美元的损失。如果油价在未来维持在每桶 80 美元的水平，则俄罗斯的财政赤字在 2015 年增长到国内生产总值的 2%，通货膨胀率可能上升到 9%，GDP 则有 2% 的萎缩。

同时，俄罗斯外债规模巨大，远超其外汇储备。在经济制裁与能源价格暴跌导致出口下降的情况下，加上西方禁止俄罗斯企业在欧美资本市场的融资活动，俄罗斯违约的风险急剧上升，卢布汇率暴跌。截至 2013 年底，俄罗斯外债规模已达 7320.46 亿美元。在未来数个月中，还将面对 1150 亿美元的债务到期偿还。

在受欧美制裁影响的影响下，俄罗斯正在承受卢布贬值和资本流出的压力。据统计，2014 年初至 10 月份，俄罗斯已经花费约 550 亿美元外汇储备，其中的大多数都用于购买卢布以支持它的价值。目前，俄罗斯国库中只有 4520 亿美元国际储备①，倘若资本外流持续，俄罗斯外储消耗还会进一步加快。受到经济制裁与油价暴跌的影响，俄罗斯一方面是收入、美元储备储蓄减少，另一方面是巨额的债务压力。卢布在 2014 年初至 10 月份对美元汇率下跌了约 20%，2014 年 8 月的 1 美元可兑换 35 卢布，到 10 月 1 美元只可兑换 41 卢布②。目前卢布的汇率已经跌到 1998 年俄罗斯债务违约以来最低水平。而如果

---

① 俄罗斯的国际储备包括外汇储备、黄金储备、在国际货币基金组织的储备头寸和特别提款权。

② 2014 年 10 月 28 日莫斯科街头的汇率电子显示屏显示，1 美元兑换 42 卢布。参看 2014 年 10 月 31 日的《第一财经日报》头版《俄国际储备降至 4 年低点》所附照片。

未来国际油价进一步下跌至50美元/桶以下，不但卢布的汇率很可能持续下跌，而且俄罗斯债务违约的风险将急剧上升。俄罗斯可能再次出现类似1998年的货币贬值和债务违约。1998年时，为了捍卫汇率，俄罗斯被迫动用了数额庞大的外汇储备，甚至在央行放弃对卢布的支撑之前，该国剩余的外储已经不足100亿美元。面对窘迫的经济状况，当时俄罗斯政府宣布400亿债务违约，卢布在那一年年底前暴跌了71%。

2014年10月30日，俄罗斯央行公布的数据显示，俄罗斯的国际储备降至4年来的最低点。截至10月24日，俄罗斯比一周前（10月17日）减少47亿美元，降至4391亿美元，是自2010年3月以来俄国际储备的最低点。2014年以来，俄罗斯的国际储备一直保持下降趋势。分析人士认为，这与西方因乌克兰问题对俄制裁、大量资本撤离俄罗斯、油价下跌等因素有关①。

另外，据媒体报道，除卢布贬值提高了俄罗斯银行业的偿债成本外，西方国家的轮番制裁也严重限制了俄罗斯银行业获得外国融资的能力，从而导致俄银行业陷入债务危机。俄罗斯央行公布数据显示，俄罗斯银行业在2015年面临约500亿美元的偿债压力，即使俄银行业有充足的美元偿还2015年到期的债务，到2016年仍有850亿美元的债务到期。目前，俄罗斯银行业的外债总额高达1920亿美元，自1998年俄罗斯金融危机以来上涨了10倍。而彭博社提供的数据显示，截至2014年9月，俄罗斯企业获得美元融资的成本已经升至16个月以来的最高水平。俄罗斯企业则担心由于制裁措施导致外部借贷市场对俄罗斯关闭大门，银行和企业需要购买硬通货来偿还外债，如果西方国家延长制裁时间，俄罗斯国内市场因美元和欧元的短缺会使卢布进一步贬值，从而令美元更加炙手可热。因此，自受到欧美制裁而失去从西方获得融资途径后，俄罗斯企业已开始寻找机遇与亚洲公司以美元和欧元以外的货币开展业务往来②。

然而，对于俄罗斯而言，坏消息仍然不断传来。2014年11月27日（欧洲时间），在奥地利维也纳结束了部长级会议的石油输出国组织（欧佩克）宣布：不削减石油产量。该消息一出，国际油价应声跌至每桶75美元以下，创4

① 2014年10月31日的《第一财经日报》头版《俄国际储备降至4年低点》。

② 参看《卢布贬值愈发严重 俄企爆发债务危机》，第一财经日报，2014年11月13日，A07版。

年来新低。到2014年12月11日跌破60美元大关，当日美国NYMEX 2015年1月原油期货价格收盘下跌至59.95美元/桶；布伦特1月原油期货价格跌至63.68美元/桶。

油价暴跌使得严重依赖油气出口的俄罗斯经济亦遭重挫，卢布几近崩盘。截至2014年12月11日，卢布兑美元已跌至1美元兑55.5卢布。外媒认为，油价下跌、卢布贬值正使得俄罗斯经济陷入严重的衰退风险之中。

2014年12月4日，俄罗斯总统普京发表了长篇国情咨文，发出了强硬的信号。在这篇西方媒体看来极富挑衅意味但被39次掌声打断的咨文中，普京表示，目前俄罗斯正面临困难问题，需要民族团结。他说，俄罗斯反对在乌克兰的武装冲突，西方国家在乌克兰问题上观点不正确，俄罗斯不接受制裁。普京直言，美国直接或者间接地影响了俄罗斯同邻国之间的关系。普京表示，一些国家试图以南斯拉夫剧本解体俄罗斯，对俄分离主义的支持很明显来自境外；俄罗斯永远不会选择自我孤立和寻找敌人的道路，希望在西方和东方进行平等合作。普京强调，莫斯科在乌克兰问题上不会盲目屈服于西方，任何一个国家都无法取得对俄罗斯的军事优势，但俄罗斯不打算卷入代价高昂的军备竞赛，俄国防能力将得到保障①。

在俄罗斯经济困难并受到西方制裁的情况下，俄罗斯经济状况走向值得密切关注，但可以预期的是，中俄经济间的往来与合作有望进一步升温。相关企业可积极关注，但也应注意防控风险。

1.2.2 2015年国内经济迈入新常态

(1) 新常态将给中国带来新的发展机遇

习近平总书记已经明确指出"中国经济呈现出新常态"。新常态之"新"，意味着不同以往；新常态之"常"，意味着相对稳定。2015年中国经济发展阶段性转换、增长速度换挡的特征会非常明显，一方面经济增速会放缓，由于增长空间收窄会影响一些已有产业特别是传统产业的增长。另一方面新常态也会给经济发展带来更大的发展机遇，会形成更多新的经济增长点，经济动力会更加多元，经济活力会进一步释放。

---

① 根据相关媒体报道整理，可参看观察者网 http://www.guancha.cn/。

新常态意味着 2015 年的中国经济不会再回归到几年前高增长的态势，经济增速将从高速增长转为中高速增长。这次不是景气循环周期的下行区间，而是经济增长阶段的根本性转换。中国经济有望在 6% ~8% 的“中高速挡”运行，尽管与过去相比，这个增长速度偏低，但相对于其他经济体，我们仍是一种较高的增长速度，这种增长速度对国内就业压力不是很大，也有利于推进结构调整和改善生态环境。

中央经济工作会议明确指出了我国经济发展新常态的九大趋势性特征：

①从消费需求看，过去我国消费具有明显的模仿型排浪式特征，现在模仿型排浪式消费阶段基本结束，个性化、多样化消费渐成主流。

②从投资需求看，经历了 30 多年高强度大规模开发建设后，传统产业相对饱和，但基础设施互联互通和一些新技术、新产品、新业态、新商业模式的投资机会大量涌现。

③从出口和国际收支看，国际金融危机发生前国际市场空间扩张很快，出口成为拉动我国经济快速发展的重要动能，现在全球总需求不振，我国低成本比较优势也发生了转化，同时我国出口竞争优势依然存在，高水平引进来、大规模走出去正在同步发生。

④从生产能力和产业组织方式看，过去供给不足是长期困扰我们的一个主要矛盾，现在传统产业供给能力大幅超出需求，产业结构必须优化升级，企业兼并重组、生产相对集中不可避免，新兴产业、服务业、小微企业作用更加凸显，生产小型化、智能化、专业化将成为产业组织新特征。

⑤从生产要素相对优势看，过去劳动力成本低是最大优势，引进技术和管理就能迅速变成生产力，现在人口老龄化日趋发展，农业富余劳动力减少，要素的规模驱动力减弱，经济增长将更多依靠人力资本质量和技术进步，必须让创新成为驱动发展新引擎。

⑥从市场竞争特点看，过去主要是数量扩张和价格竞争，现在正逐步转向质量型、差异化为主的竞争。

⑦从资源环境约束看，过去能源资源和生态环境空间相对较大，现在环境承载能力已经达到或接近上限，必须顺应人民群众对良好生态环境的期待，推动形成绿色低碳循环发展新方式。

⑧从经济风险积累和化解看，伴随着经济增速下调，各类隐性风险逐步显性化，风险总体可控，但化解以高杠杆和泡沫化为主要特征的各类风险将持续一段时间。

⑨从资源配置模式和宏观调控方式看，全面刺激政策的边际效果明显递减，既要全面化解产能过剩，也要通过发挥市场机制作用探索未来产业发展方向，必须全面把握总供求关系新变化，科学进行宏观调控。

“这些趋势性变化说明，我国经济正在向形态更高级、分工更复杂、结构更合理的阶段演化，经济发展进入新常态，正从高速增长转向中高速增长，经济发展方式正从规模速度型粗放增长转向质量效率型集约增长，经济结构正从增量扩能为主转向调整存量、做优增量并存的深度调整，经济发展动力正从传统增长点转向新的增长点。认识新常态，适应新常态，引领新常态，是当前和今后一个时期我国经济发展的大逻辑。”

中央经济工作会议要求，面对我国经济发展新常态，观念上要适应，认识上要到位，方法上要对路，工作上要得力。要深化理解、统一认识，把思想和行动统一到中央认识和判断上来，增强加快转变经济发展方式的自觉性和主动性。要坚持发展、主动作为。经济发展进入新常态，没有改变我国发展仍处于可以大有作为的重要战略机遇期的判断，改变的是重要战略机遇期的内涵和条件；没有改变我国经济发展总体向好的基本面，改变的是经济发展方式和经济结构。

对于各级政府而言，“要更加注重满足人民群众需要，更加注重市场和消费心理分析，更加注重引导社会预期，更加注重加强产权和知识产权保护，更加注重发挥企业家才能，更加注重加强教育和提升人力资本素质，更加注重建设生态文明，更加注重科技进步和全面创新”。

而对于广大企业家，则要认真学习领会中央对经济发展新常态趋势性特征的研判，主动转型升级，积极努力创新，走创新驱动、绿色低碳、智能制造、满足个性、差异竞争之路并加大“走出去”力度将是一个大的方向。

（2）改革将会使 2015 年的经济发展释放更多红利

中央经济工作会议指出，2015 年是全面深化改革的关键之年，是全面推进依法治国的开局之年，也是全面完成“十二五”规划的收官之年，做好经济工作意义重大。中央经济工作会议要求，“要加快推进改革开放。要敢于啃硬骨头，敢于涉险滩，敢于过深水区，加快推进经济体制改革。要围绕解决发展面临的突出问题推进改革，推出既具有年度特点、又有利于长远制度安排的改革举措，继续抓好各项改革方案制定。要加快行政审批、投资、价格、垄断行业、特许经营、政府购买服务、资本市场、民营银行准入、对外投资等领域改革，使改革举措有效转化成发展动力”。预计这些改革既会带来对经济存量的调整，也会带来更多的增量空间。

以能源领域改革为例，2015 年将会深入推进政企分开，分离自然垄断业务和竞争性业务，放开竞争性领域和环节，推动能源投资主体多元化。推进石油、天然气、电力等领域价格改革，有序放开竞争性环节价格，天然气井口价格及销售价格、上网电价和销售电价由市场形成，输配电价和油气管输价格由政府定价。重点推进电网、油气管网建设运营体制改革，逐步建立公平接入、供需导向、可靠灵活的电力和油气输送网络。同时，加快电力体制改革步伐，推动供求双方直接交易，构建竞争性电力交易市场。另外会推动能源法制定和电力法、煤炭法修订工作，强化能源监管，健全监管组织体系和法规体系，创新监管方式，提高监管效能，维护公平公正的市场秩序，为能源产业健康发展创造良好环境。

（3）对外开放与合作将会有大的进展

中央经济工作会议要求，“面对对外开放出现的新特点，必须更加积极地促进内需和外需平衡、进口和出口平衡、引进外资和对外投资平衡，逐步实现国际收支基本平衡，构建开放型经济新体制。要完善扩大出口和增加进口政策，提高贸易便利化水平，巩固出口市场份额。要改善投资环境，扩大服务业市场准入，进一步开放制造业，推广上海自由贸易试验区经验，稳定外商投资规模和速度，提高引进外资质量。要努力提高对外投资效率和质量，促进基础设施互联互通，推动优势产业走出去，开展先进技术合作，稳步推进人民币国际化”。

预计未来 10 年中国对外投资将达 1. 25 万亿美元，中国很快会成为净对外投资国。2015 年是实施“一带一路”战略、推进自贸区合作的重要一年。“一带一路”理念一旦变成现实，将构建起世界跨度最长、最具发展潜力的经济走廊。它涵盖44亿人口，GDP规模达到21万亿美元，分别占世界的63%和29%。该区域是世界经济最具活力的地区，沿途多为新兴市场与发展中国家，多数国家后发优势强劲，发展空间大，处于上升期。我国与该地区经贸合作密切，占我国对外贸易的1/4强，近10年贸易年均增长达到19%。中国已决定出资400亿美元成立丝路基金，为“一带一路”沿线国基础设施建设、资源开发、产业合作等有关项目提供投融资支持，这些都将为国内企业国际化发展带来重大机遇。

“一带一路”作为一项重要的中长期国家发展战略，其要解决中国过剩产能的市场、资源的获取、战略纵深的开拓和国家安全的强化及贸易主导这几个重要的战略问题。同时，与东亚一些国家双边或多边的自贸区合作也会有重大进展，自贸区会倒逼国内在投资审批、服务业开放、产业政策等方面的进一步改革，更有利于建设公平竞争、激发活力的市场环境。

执行“一带一路”首先要做的是互联互通建设，互联互通，不仅是修路架桥，不光是平面化和单线条的联通，而是基础设施、制度规章、人员交流三位一体，是政策沟通、设施联通、贸易畅通、资金融通、民心相通五大领域齐头并进。这是全方位、立体化、网络状的大联通，是生机勃勃、群策群力的开放系统。通过“一带一路”建设，无论是“东出海”还是“西挺进”，都将使我国与周边国家形成“五通”。“一带一路”战略合作中，经贸合作是基石。遵循和平合作、开放包容、互学互鉴、互利共赢的丝路精神，中国与沿线各国在交通基础设施、贸易与投资、能源合作、区域一体化、人民币国际化等领域，必将迎来一个共创共享的新时代。

河南、陕西、甘肃、青海、宁夏、新疆、重庆、四川、云南、广西等西部9省（区、市）与江苏、浙江、广东、福建、海南等东部5省将参与其中。对这些产业而言，文化、旅游、贸易、金融、交通、基建将首先受益，“丝绸之路经济带”构想给新疆的交通设施建设提供了新机遇。“一带一路”将着力打造中新经济走廊、新亚欧大陆桥经济走廊、中伊土经济走廊等，届时会为企业的发展提供契机。

（4）中国对外贸易仍将平稳增长

回顾2014年及前几年我国的贸易状况，不难发现我国出口商品结构近年来显示出明显改善的趋势：技术含量与产品附加值较高的机电产品和高新技术产品出口增速与比重提升，而劳动密集型产品（如服装、纺织、家具等）和“高能耗、高排放、资源型”产品出口增速与比重下降。

展望 2015 年，伴随着国内产业进一步转型升级和节能减排、绿色发展的进一步落实，不难预期，机电产品和高新技术产品出口增速与比重有望进一步提高，而劳动密集型产品与“高能耗、高排放、资源型”产品出口增速与比重可能进一步下降。

而在出口地区方面，主要考虑两大因素。一是全球经济复苏不均衡的因素，面对美国较强复苏、欧日复苏缓慢、新兴经济体发展日趋分化的复苏格局，对于经济复苏较强的地区，我国对其的出口有望走强。二是北京 APEC 会议取得的成果因素，即主要是跟随“一带一路”战略的推行，加之亚洲基础设施投资银行和丝路基金成立带来的资金保障，“一带一路”沿线的国家和地区对与基础设施建设相关的建材、机电产品及工程机械类的需求将会显著上升，有利于我国相关企业的出口。

OECD 对我国未来两年的贸易状况预测如表 1.11。

表 1.11　　OECD 对中国对外贸易状况的预测

	2012	2013	2014	2015	2016
	贸易量（亿美元）				
中国的货物与服务出口	22483	24250	25538	27650	29750
中国的货物与服务进口	20165	21896	22666	24040	25810
	增长率（%）				
中国的货物与服务出口	5.3	8.6	6.2	7.9	6.9
中国的货物与服务进口	6.3	10.7	5.5	5.5	6.6

资料来源：OECD Economic Outlook 96（PRELIMINARY VERSION），November 2014.

（5）宏观政策会保持相对稳定

在宏观政策方面，中央将努力保持经济稳定增长。中央经济工作会议明确指出，“关键是保持稳增长和调结构之间平衡，坚持宏观政策要稳、微观政策要活、社会政策要托底的总体思路，保持宏观政策连续性和稳定性，继续实施积极的财政政策和稳健的货币政策。积极的财政政策要有力度，货币政策要更加注重松紧适度。要促进‘三驾马车’更均衡地拉动增长”。尤其是“积极的财政政策要有力度，货币政策要更加注重松紧适度”显示出中央对宏观经济管理更趋成熟。

预计 2015 年投资仍会面临较大下行压力，制造业投资会继续小幅降低，但一些重大基础设施和公共领域项目的启动对拉动投资、改善公共服务会有重要意义。在经济进入中高速发展初期，由于有效需求的不足，2015 年投资增速会下降。但由于 2015 年国家启动了若干基础设施和公共领域项目，这会弥补部分有效需求不足带来的投资下滑，对保持宏观经济的稳定起到了一定作用。

基础设施投资加大和房地产投资的回升，会消化一定规模的资本品领域的产能，再加上对外投资的增加，产能过剩的矛盾在 2015 年不会进一步加重。新执行的信贷政策，对四季度和 2015 年房地产销售增长，特别是一、二线城市会有积极作用，也有利于改善房地产开发企业的资金状况；国际战略的逐步落实也会增加对外投资。基础设施投资、房地产投资与对外投资共同作用，会在一定程度上缓解产能过剩。但产能过剩的压力仍会较长期存在，化解产能过剩的宏观政策不会有大的调整。

随着经济增长放缓和劳动生产率增长减速，住房、汽车消费带动的增长效应逐步减弱，我国居民消费支出呈稳中趋降态势。合理刺激消费，形成新的消费热点，预计会成为 2015 年需求宏观政策的侧重点。

执笔：贾涛　张永伟

第二章 国有企业改革与发展

2014 年被视为中国全面深化改革元年，国有企业改革被认为是其中重要内容。由于改革进入攻坚期以及对国有企业的认识还存在较多分歧，这一年国有企业改革整体上进展较为缓慢，总体上处于思想碰撞和方案设计阶段。但频繁的交流、耐心的沟通乃至热烈的争论以及地方国企改革方案的陆续出台，为国有企业改革顶层设计方案的出台奠定了基础。有理由相信，在 2015 年，国有企业改革将取得实质性进展。而同时，国有企业经营绩效下滑势头在 2014 年表现得更为清楚，在中国经济进入新常态的背景下，这一状况需要引起各方重视。

2.1　国有企业和国有资产的总量与结构

本部分主要根据国家统计局、国务院国资委和财政部等部委的公开资料，从总体状况、行业布局和地区分布等三个维度对国有企业和国有资产进行分析，并与往年情况做一比较。

2.1.1　国有企业和国有资产的总体状况

中国关于国有企业的统计主要有国务院国资委和财政部两个渠道，两者由于统计口径等有所不同而略有差异，但差距不大。

（1）国有企业基本情况

根据国务院国资委的统计资料，截至 2012 年底，全国各级国有及国有控股企业共 151820 户，其中中央企业有 48183 户，地方国有企业 103637 户；至 2012 年底，全国国有企业从业人数约为 3900.5 万人，其中中央企业 1819.5 万人，地方国有企业 2068.7 万人。

根据财政部发布的《2013 年全国国有企业财务决算情况》，截至 2013 年底，全国独立核算的国有法人企业 15.5 万户，同比增长 5.8%。其中中央企业 5.2 万户，同比增长 7.2%；地方国有企业 10.4 万户，同比增长 5.1%。

2013 年，全国国有企业年末职工人数 3698.4 万人，同比增长 0.7%。其中中央企业 1762.9 万人，同比增长 1.3%；地方国有企业 1935.5 万人，同比增长 0.2%。

表 2.1　　近年国有企业总量情况对比

	全国国有企业户数（户）	就业人数（万人）
2013（财政部数据）	155000	3698.4
2012（国资委数据）	151820	3889.3
2011（国资委数据）	144715	3908
增长率（2013,%）	2.09	-4.91
增长率（2012,%）	4.91	-0.48

从表 2.1 可以看出，与 2011 年相比，2012 年我国国有企业的户数增加、就业人数略有下降。虽然 2013 年我们只有财政部数据，但由于其与国资委统计数据差别不大，大致也可以比较：与 2012 年相比，2013 年我国国有企业户数略增、就业人数下降近 5%。

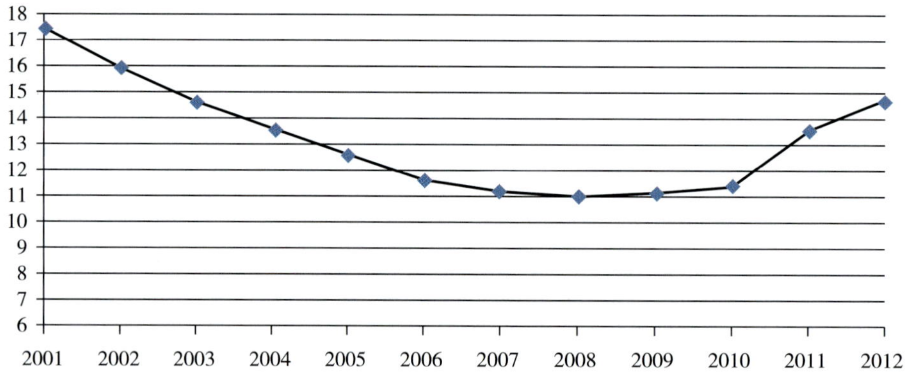

图 2.1　2001～2012 年国有企业户数统计（单位：万户）

资料来源：国务院国资委公开数据。

（2）国有资产总体情况

根据国务院国资委的相关统计，至 2012 年底，全部 151820 户国有企业的总资产合计为 148.08 万亿元，净资产为 59.33 万亿元，年末国有资产总量为 55.32 万亿元。按照合并数来看，全部国有企业 2012 年底的总资产为 100.22 万亿元，净资产为 34.09 万亿元，年末国有资产总量为 25.18 万亿元。

表 2.2　　2012 年底全国国有企业资产负债表　　单位：万亿元

	总资产	负债	资产负债率（%）	所有者权益	年末国有资产总量
全国合并	100.23	66.14	65.99	34.09	25.18
全国合计	148.08	88.75	59.93	59.33	55.32

资料来源：中国国有资产监督管理年鉴。

表 2.3　　近年国有资产总量情况对比

	总资产（万亿元）	净资产（万亿元）	负债率（%）	国有资产总量（万亿元）
2013（财政部数据）	104.10	37.00	64.46	29.60
2012（国资委数据）	100.23	34.09	65.99	25.18
2011（国资委数据）	85.38	29.17	65.8	21.99
增长率（2013,%）	3.86	8.54	-2.34	17.57
增长率（2012,%）	17.40	16.87	0.30	14.49

从表 2.3 可以看出，近两年，我国国有总资产和净资产均保持增长，但增幅趋缓；负债情况有所好转，2013 年负债率下降；国有资产总量增加，且增长较快。

由图 2.1、图 2.3 可以看出，2001~2007 年，我国国有企业户数呈现明显下降态势，而同期实现利润逐年增长；从 2009 年开始，国有企业户数开始稳步增加，盈利也持续增长，但增幅不如上一时期明显。从 2001~2012 年，国有资产总量呈现稳步增长趋势。到 2012 年，国有资产总量规模较 2001 年增长

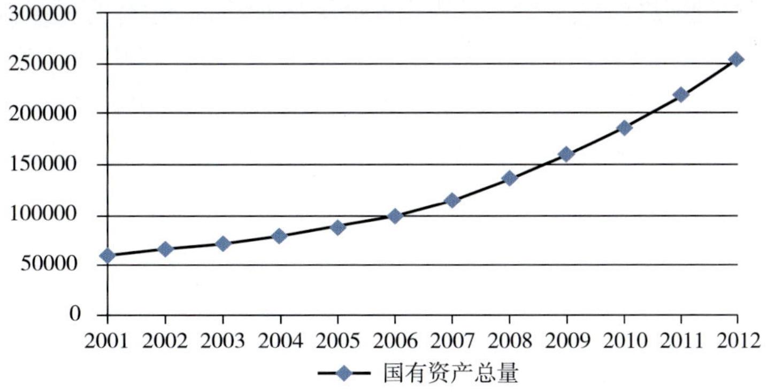

图 2.2　2001~2012 年国有资产总量统计（单位：亿元）

资料来源：历年《中国财政年鉴》。

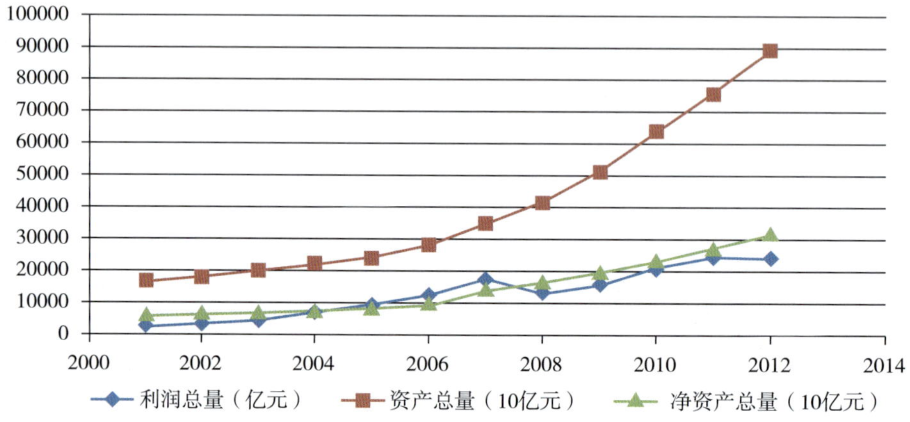

图 2.3　2001～2012 年国有企业资产基本情况统计

资料来源：历年《中国财政年鉴》。

322%。从资产和盈利状况来看，从2001年开始，国有企业总资产和净资产呈稳步增长态势。到2012年，国有企业资产总量从2001年的166709.6亿元增长到894890.1亿元。2001～2007年国有企业利润总额呈现明显的年度稳增态势；但由于全球经济危机影响，2008年利润总额略有下降，到2009年有所回升，并开始持续增长。

（3）规模状况

表 2.4　2012 年全国国有企业按规模分析（1）

	户数	户数占比（%）	年末从业人员人数（万人）	从业人员占比（%）	年末国有资产总量（亿元）	国有资产总量占比（%）
大型	9011	5.94	2304.1	59.07	251739.3	45.50
中型	27650	18.21	1049.9	26.92	103474.5	18.70
小型	53718	35.38	436.3	11.19	90707	16.40
微型	61441	40.47	110.2	2.83	107297.3	19.40
合计	151820	100	3900.5	100	553218.1	100

结合表2.4和图2.4，按照国资委的大中小微型国有企业的规模划分来看，截至2012年底，我国大型国企的户数为9011户，占比为5.94%，但从业人员占比却超过全部国有企业从业人员的一半，达到59.07%；国有资产占了全国国有资产的将近一半。在中型、小型和微型企业三类企业中，中型国有企业户

数占比最少，不到20%，国有资产总量占比和小型、微型企业相近，分别为18.70%、16.40%和19.40%；中小微三类国有企业中，中型企业从业人员的占比最高，为26.92%，而小型企业、微型企业分别为11.19%和2.83%。微型企业超过6万家，且小型和微型企业占全部国有企业的75.85%，从业人数占比为14.02%，与2011年相应数据持平，这表明小微型企业在国有企业中不仅占比多，而且还比较稳定。

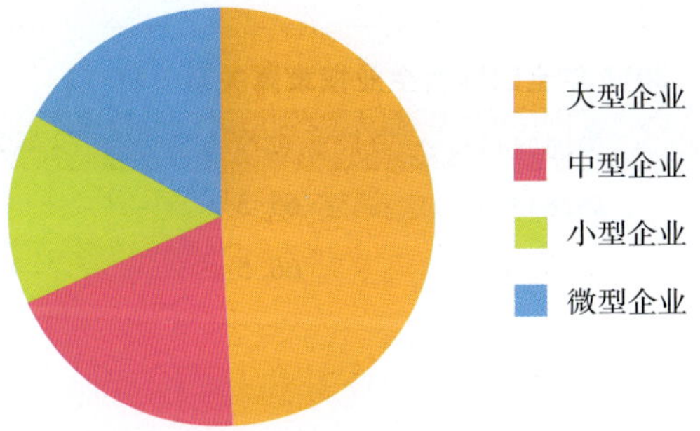

图2.4　2012年末不同规模类型企业国有资产总量分布

表2.5　　2012年底全国国有企业按规模分析（2）

	资产总计（万亿元）	负债合计（万亿元）	资产负债率（%）	所有者权益（净资产，万亿元）
大型	72.90	45.40	62.3	27.50
中型	28.54	17.45	61.1	11.09
小型	21.96	12.40	56.5	9.56
微型	24.69	13.50	54.7	11.18

从表2.5可以看出，国有企业规模越大，资产负债率越高。一定程度上说明我国的金融机构在国有企业之中也存在着规模偏好。

（4）中央企业和地方国有企业

按隶属关系分，我国国有企业可以分为中央国有企业和地方国有企业两大类。其中中央企业48183户，占比为31.74%；从业人员1819.5万人，占比为46.80%；2012年末国有资产总量为11.23万亿元，比地方国有企业少2.73亿元，占全国的46.80%。地方国有企业103637户，年末从业人员达到2068.7万人，年末国有资产总量为139471.7亿元，占全国国有资产总量的55.40%，详见表2.6和表2.7。

表2.6　2012年全国国有企业按隶属关系分析（1）

	户数	户数占比（%）	年末从业人员人数（万人）	从业人员占比（%）	年末国有资产总量（亿元）	国有资产总量占比（%）
中央	48183	31.74	1819.5	46.80	112288	44.60
地方	103637	68.26	2068.7	53.20	139471.7	55.40
合计	151820	100	3888.2	100	251759.7	100

表2.7　2012年全国国有企业按隶属关系分析（2）

	资产总计（亿元）	负债合计	资产负债率（%）	所有者权益（净资产，亿元）
中央	433121.1	282843.5	65.3	150277.6
地方	569149.9	378550	66.5	190599.8

2.1.2　国有企业和国有资产的行业分布

中国国有企业和国有资产的行业布局非常受社会关注。本部分主要对此进行分析和比较。

（1）按产业作用分类的国有企业

对于国资委统计的151820户国有企业而言，国资委按产业作用划分为基础性行业、一般生产加工行业和商贸服务及其他行业，详见表2.8和表2.9。从户数分布来看，基础性行业占总户数的28.66%，与2011年的28.22%基本一致。从国有资产总量来看，基础性行业国有资产总量占比超过了一半，占到55.79%；而一般生产加工行业占比为12.03%，商贸服务和其他行业占比为32.18%。从资产分布来看基础性行业的资产总量最高，其次是商贸服务及其他行业；同时，基础性行业的资产负债率最低。

表2.8　2012年按产业作用分类的国有企业分析（1）

	户数	户数占比（%）	年末从业人员人数（万人）	从业人员占比（%）	年末国有资产总量（亿元）	国有资产总量占比（%）
基础性行业	43516	28.66	1972.6	50.57	308642.5	55.79
一般生产加工行业	29117	19.18	1146.4	29.39	66548.5	12.03
商贸服务及其他行业	79187	52.16	781.6	20.04	178027	32.18
合计	151820	100	3900.6	100	553218	100

表 2.9　　2012 年按产业作用分类的国有企业分析（2）

	资产总计（亿元）	负债合计（亿元）	资产负债率（%）	所有者权益（净资产，亿元）
基础性行业	714285.7	388416.6	54.4	325869.1
一般生产加工行业	173065	96033.8	55.5	77029.1
商贸服务及其他行业	593448.5	403034.1	67.9	190414.4

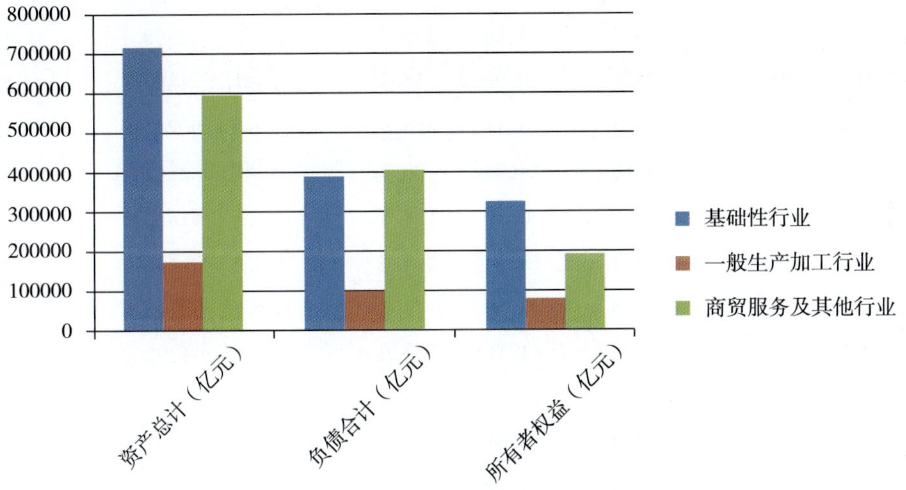

图 2.5　按产业作用分类的国有企业（2012 年）

（2）细分为十五类的国有企业行业分布

考察国有企业的行业分布，更为具体的行业分类可以从表 2.10 中看出，截至 2012 年底，农林牧渔业国有企业户数为 6294 家，占比为 4.15%，从业人员 341.5 万人，占比 8.76%，国有资产总量占比仅为 0.63%。这表明，农林牧渔业在国民经济中所占比重很小，工业占据大部分比重，无论从工业企业户数来看（占全部国有企业的 27.20%），还是从业人员占比（47.17%），以及行业国有资产占全部国有资产比重（38.08%）来看，均表明国有经济在工业中处于重要地位。

表 2.10　　2012 年全国国有企业行业分析（1）

项目	户数（户）	户数占比（%）	年末从业人员人数（万人）	人员占比（%）	年末国有资产总量（亿元）	该行业国有资产占全部国有资产比重（%）
全国合并	151820		3889.3		251759.7	
全国合计	151820	100	3900.5	100	553218.1	100
农林牧渔业	6294	4.15	341.5	8.76	3480.6	0.63
工业	41296	27.20	1839.9	47.17	210669.5	38.08
建筑业	8897	5.86	335.7	8.61	27538.7	4.98
地质勘查及水利业	1405	0.93	15.7	0.40	1886.4	0.34
交通运输业	9281	6.11	453.9	11.64	90244.6	16.31
仓储业	7463	4.92	30.7	0.79	2511.9	0.45
邮电通信业	760	0.50	128.5	3.29	41520.5	7.51
批发和零售、餐饮业	23591	15.54	244.5	6.27	26134	4.72
房地产业	13193	8.69	73.1	1.87	32148.4	5.81
信息技术服务业	1799	1.18	23.9	0.61	1292.2	0.23
社会服务业	23644	15.57	211.4	5.42	94042.2	17.00
卫生体育福利业	772	0.51	10	0.26	501.1	0.09
教育文化广播业	5124	3.38	41.3	1.06	3877.9	0.70
科学研究和技术	7079	4.66	67.5	1.73	4725.9	0.85
金融业	995	0.66	80.6	2.07	12543.6	2.27
其他	227	0.15	2.4	0.06	100.5	0.02

（3）工业中国有企业分布

表 2.11　　2012 年全国工业国有企业分析（1）

项目	户数（户）	户数占比（%）	年末从业人员人数（万人）	人员占比（%）	年末国有资产总量（亿元）	该行业国有资产占全部国有资产比重（%）
工业	41296	100	1839.9	100	210669.5	100
煤炭工业	2713	6.57	343.5	18.67	19647.5	9.33
石油和石化工业	731	1.77	171.9	9.34	54304.1	25.78
冶金工业	2757	6.68	220.8	12.00	25316.5	12.02
建材工业	2677	6.48	64.1	3.48	3881.5	1.84

续表

项目	户数（户）	户数占比（%）	年末从业人员人数（万人）	人员占比（%）	年末国有资产总量（亿元）	该行业国有资产占全部国有资产比重（%）
化学工业	3018	7.31	116.1	6.31	6931.8	3.29
森林工业	177	0.43	2	0.11	18.5	0.01
食品工业	2155	5.22	34.1	1.85	1112.2	0.53
烟草工业	154	0.37	23.6	1.28	11555.2	5.48
纺织工业	747	1.81	23	1.25	384.7	0.18
医药工业	823	1.99	31.3	1.70	1728	0.82
机械工业	7503	18.17	283.4	15.40	19331.9	9.18
其中：汽车工业	1247	3.02	97.7	5.31	9374.6	4.45
电子工业	1751	4.24	57.5	3.13	3422	1.62
电力工业	6279	15.20	211.5	11.50	42715.7	20.28
市政公用工业	4461	10.80	77.5	4.21	7481.6	3.55
其他工业	3839	9.30	88.9	4.83	3249.5	1.54

从表2.11统计中可以看出国有工业企业各行业中的户数、从业人员和国有资产的分布。同时，按照国有资产在各行业中占比由高到低排序，详细情况见表2.12。

表2.12　2012年全国工业国有企业分析（2）

项目	年末国有资产总量（亿元）	该行业国有资产占全部国有资产比重（%）
工业	210669.5	100
石油和石化工业	54304.1	25.78
电力工业	42715.7	20.28
冶金工业	25316.5	12.02
煤炭工业	19647.5	9.33
机械工业	19331.9	9.18
烟草工业	11555.2	5.48
市政公用工业	7481.6	3.55
化学工业	6931.8	3.29
建材工业	3881.5	1.84

续表

项目	年末国有资产总量（亿元）	该行业国有资产占全部国有资产比重（%）
电子工业	3422	1.62
其他工业	3249.5	1.54
医药工业	1728	0.82
食品工业	1112.2	0.53
纺织工业	384.7	0.18
森林工业	18.5	0.01

从表 2.12 中可以看出，截至 2012 年底，从行业分析的角度看，工业企业中国有资产占比最高的前五大行业分别是石油和石化工业、电力工业、冶金工业、煤炭工业、机械工业，该五大行业占据了整个工业国资比重的 76.59%。该五大行业关系到国计民生，具有重要战略意义的能源、原材料和装备工业等。而烟草工业、市政公用工业等分别占据更加重要的作用。

此外，工业各行业中国有企业资产负债情况的相关统计见表 2.13。

表 2.13　　2012 年全国工业国有企业分析（3）

项目	资产负债率（%）	资产总计（亿元）	负债合计（亿元）	所有者权益（净资产，亿元）
工业	**56.5**	**535788.7**	**302778.4**	**233008.2**
森林工业	84.4	186.3	157.3	29
食品工业	69.8	4459.8	3111.3	1348.6
纺织工业	66.4	1582.9	1051.7	531.1
化学工业	63.9	24142.4	15435	8707.4
电力工业	63.3	122047.1	77234.4	44812.7
建材工业	63.1	13686.7	8641	5045.7
冶金工业	61.3	72635.6	44500.4	28135.2
煤炭工业	61.1	55468.2	33906.8	21561.4
市政公用工业	56.6	19220.9	10887.5	8333.5
电子工业	55.4	10072.3	5584	4486
机械工业	54.3	54248.2	29467.6	24780.6
其他工业	52.9	8895	4707.1	4187.9
石油和石化工业	47.2	108288.7	51122.7	57166.1
医药工业	46.2	4492.3	2075.6	2416.7
烟草工业	13.6	13393.8	1816.7	11577.1

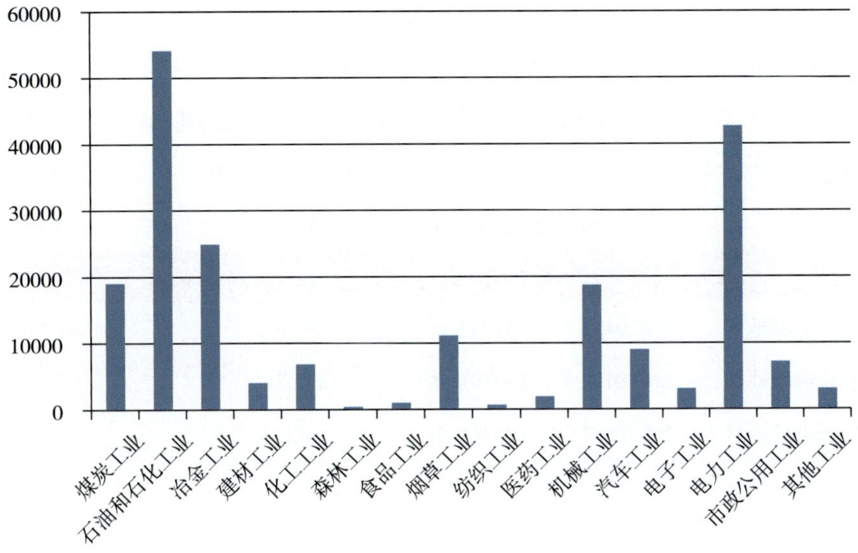

图 2.6　2012 年末工业类企业国有资产总量情况统计（单位：亿元）

从表 2.13 中可以看出，全国工业国有企业的资产负债率在 56.5%，而对各个行业进行考察，资产负债率有一定的行业特点，其中森林工业的资产负债率最高，达到了 84.4%，烟草工业的在 13.6%。这也从一定程度上反映出企业的经营状况：森工国企经营较为困难；而烟草行业由于特殊的行业属性，历来财务状况良好。

2.1.3　国有企业和国有资产的地区分布

（1）按区域划分的国企分布

从区域分布来看，截至 2012 年底，全国国有企业中一半以上集中在东部沿海地区，而中部内陆地区和西部边远地区各占 1/4 左右。不过，西部边远地区的国有企业数量增加明显，这与我国持续坚持西部大开发的政策、西部地区后发优势呈现和产业梯度转移等不无关系，见表 2.14。

表 2.14　　2012 年国有企业的区域分布（1）

	户数（户）	户数占比（%）	年末从业人员人数（万人）	从业人员占比（%）	年末国有资产总量（亿元）	国有资产总量占比（%）
（一）东部沿海地区	81129	55.27	1725.6	44.60	335414.9	64.11
（二）中部内陆地区	31141	21.22	1138.3	29.42	79564.9	15.21
（三）西部边远地区	34510	23.51	1005.4	25.98	108210.4	20.68

从表 2.15 中有关资产负债的相关统计可以看出，2012 年底我国东、中、西部地区国有企业的资产负债率基本持平，均在 60% 左右，从所有者权益即净资产的分布来看，东部沿海地区的国有企业净资产总和为 36.11 万亿元，远高于西部地区的 11.40 万亿元和中部地区的 8.59 万亿元。

表 2.15　　2012 年国有企业的区域分布（2）　　单位：亿元

	资产总计	负债合计	资产负债率（%）	所有者权益（净资产）
（一）东部沿海地区	898204.2	537085.8	59.8	361116.2
（二）中部内陆地区	216284.2	130391.2	60.3	85893
（三）西部边远地区	287315.7	173281.3	60.3	114034.4

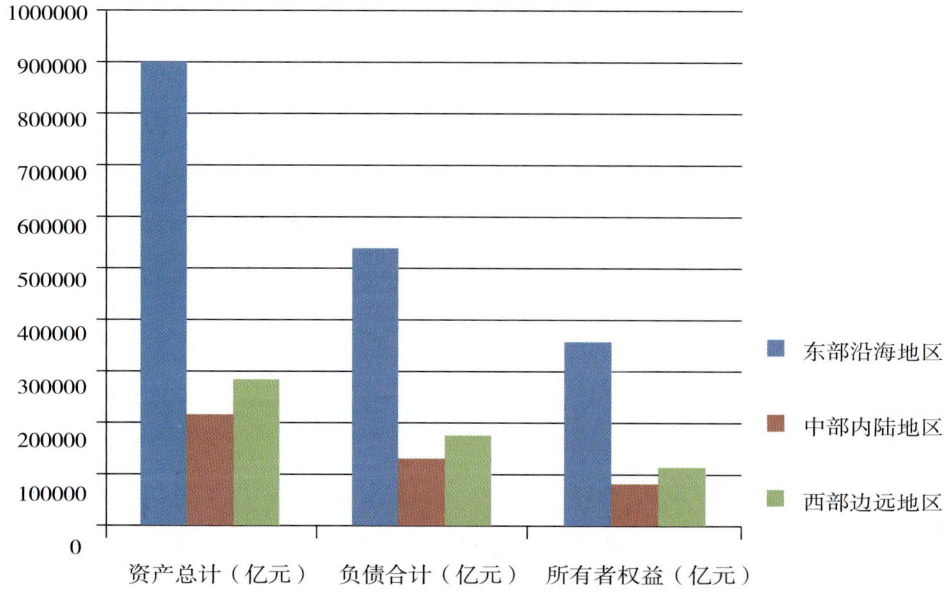

图 2.7　2012 年国有企业资产状况的区域分布

（2）各省（市、自治区）的国企分布

根据国资委的相关统计，地方国有企业共计 103637 家，其在全国各省（市、自治区）的分布如表 2.16 所示。从表中可以看出，截至 2012 年底，国有资产总量最高的三个省份是江苏、上海和浙江，而海南、宁夏和西藏排在最后三位。总体来看，与 2011 年、2010 年相比变化不大。

表 2.16　　2012 年地方国有企业在各省（市、自治区）的分布（1）

	户数（户）	户数占比（%）	年末从业人员人数（万人）	人员占比（%）	年末国有资产总量（亿元）	国有资产占比（%）
地方小计	103637		2068.7		139471.7	
北京市	6688	6.453294	115	5.559047	6093.7	4.36913
天津市	4158	4.012081	42.9	2.073766	6422.2	4.604662
河北省	2592	2.501037	74.9	3.620631	2578.9	1.849049
山西省	5355	5.167074	143.8	6.951225	2823	2.024067
内蒙古自治区	843	0.813416	37.7	1.822401	2036.7	1.460296
辽宁省	3157	3.046209	81.9	3.959008	4135.8	2.965333
其中：大连市	638	0.61561	10.8	0.522067	1329	0.952881
吉林省	917	0.884819	35.4	1.71122	1248.7	0.895307
黑龙江省	2770	2.672791	87.5	4.229709	1052.5	0.754633
上海市	10667	10.29266	162.1	7.835839	12953.2	9.287332
浙江省	7056	6.808379	77.6	3.751148	10167.7	7.290153
其中：宁波市	782	0.754557	6.7	0.323875	1841.6	1.320411
江苏省	5242	5.058039	81.3	3.930004	14719.4	10.55368
安徽省	2767	2.669896	88	4.253879	5929.9	4.251687
福建省	4511	4.352693	58	2.803693	4306.8	3.087938
其中：厦门市	1190	1.148239	14.2	0.686421	1196.7	0.858024
江西省	1654	1.595955	45.5	2.199449	3628.7	2.601746
山东省	5328	5.141021	154.5	7.468458	5569.3	3.99314
其中：青岛市	890	0.858767	20.9	1.010296	1154.4	0.827695
河南省	4062	3.91945	111.4	5.385024	2692.7	1.930643
湖北省	2499	2.411301	46.8	2.26229	4342.2	3.11332
湖南省	2106	2.032093	48	2.320298	3561.4	2.553493
广东省	8136	7.850478	120.1	5.805578	8006.5	5.740591
其中：深圳市	1151	1.110607	19.2	0.928119	1781.7	1.277463
海南省	713	0.687978	6.7	0.323875	929.4	0.666372
广西壮族自治区	3488	3.365593	51.6	2.49432	3609.9	2.588267
贵州省	2236	2.157531	49	2.368637	3126.5	2.241673
四川省	3580	3.454365	66.6	3.219413	6988.3	5.010551

续表

	户数（户）	户数占比（%）	年末从业人员人数（万人）	人员占比（%）	年末国有资产总量（亿元）	国有资产占比（%）
重庆市	2588	2. 497178	59. 7	2. 88587	8979. 9	6. 43851
云南省	2848	2. 748053	54. 1	2. 615169	4066. 5	2. 915645
陕西省	3362	3. 244015	76	3. 673805	4068. 2	2. 916864
甘肃省	1462	1. 410693	40. 5	1. 957751	2372. 1	1. 700775
青海省	551	0. 531663	11. 4	0. 551071	1049. 7	0. 752626
西藏自治区	403	0. 388857	2. 4	0. 116015	92. 3	0. 066178
宁夏回族自治区	477	0. 46026	7	0. 338377	387. 9	0. 278121
新疆维吾尔自治区	1421	1. 371132	31. 3	1. 513028	1531. 9	1. 098359

表 2. 17　2012 年地方国有企业在各省（市、自治区）的分布（2）　单位：亿元

项目	资产总计	负债合计	所有者权益（净资产）	资产负债率（%）
地方小计	569149. 9	378550	190599. 8	66. 5
北京市	30345. 3	20851	9494. 3	68. 7
天津市	30427. 8	20610. 1	9817. 7	67. 7
河北省	13256. 5	9025. 9	4230. 5	68. 1
山西省	17113. 4	12339. 6	4773. 8	72. 1
内蒙古自治区	6607. 1	3963. 1	2644	60
辽宁省	14637. 8	9356. 9	5280. 9	63. 9
其中：大连市	3776. 2	1963. 2	1813	52
吉林省	3951. 5	2374. 5	1577	60. 1
黑龙江省	3789. 6	2446. 6	1343	64. 6
上海市	96414. 6	75312. 7	21101. 9	78. 1
浙江省	29447	17295. 7	12151. 3	58. 7
其中：宁波市	6028. 2	3894. 2	2134. 1	64. 6
江苏省	44109	26195. 1	17913. 9	59. 4
安徽省	19882. 7	11516. 2	8366. 5	57. 9
福建省	16897. 4	11089	5808. 4	65. 6

续表

项目	资产总计	负债合计	所有者权益（净资产）	资产负债率（%）
其中：厦门市	5038.8	3490.2	1548.6	69.3
江西省	10016.3	5560.4	4455.9	55.5
山东省	27347.2	18636.7	8710.5	68.1
其中：青岛市	5457	3771.8	1685.2	69.1
河南省	15211.8	10695	4516.9	70.3
湖北省	14776.6	10151.9	4624.8	68.7
湖南省	10839.3	6268.1	4571.3	57.8
广东省	32334.7	20329.4	12005.3	62.9
其中：深圳市	5594.5	2804.7	2789.8	50.1
海南省	2501.9	1403.1	1098.7	56.1
广西壮族自治区	14038.1	9391.4	4646.7	66.9
贵州省	10237.1	6243.8	3993.3	61
四川省	24445.2	15513.4	8931.8	63.5
重庆市	27634.7	17622.8	10012	63.8
云南省	15755.2	10141.1	5614.2	64.4
陕西省	17878.2	12191.4	5686.9	68.2
甘肃省	7587.5	4464.3	3123.2	58.8
青海省	3510.8	2128.5	1382.3	60.6
西藏自治区	360.1	170.9	189.2	47.5
宁夏回族自治区	3005.2	2397	608.2	79.8
新疆维吾尔自治区	4790.3	2864.6	1925.7	59.8

从表2.17中可以看出，各省国有企业资产负债率最高的前三位是宁夏（79.8%）、上海（78.1%）和山西（72.1%）；相对而言，资产负债率最低的则是大连（52%）、深圳（50.1%）和西藏（47.5%）。

2.2 2014年国有改革与发展状况

2.2.1 国有企业经营状况

（1）2013年全年情况①

相较于2012年②，2013年我国国有企业运营状况总体有所好转，但行业间差别较大。交通行业、电子行业、汽车行业、施工房地产行业等行业实现利润同比增幅较大，有色行业、煤炭行业、化工行业、机械行业等行业实现利润同比则有较大降幅。

①户数和职工人数情况。

2013年，全国独立核算的国有法人企业15.5万户，同比增长5.8%。中央企业5.2万户，同比增长7.2%。其中，中央部门企业9988户，同比增长8.2%；国资委监管企业3.8万户，同比增长7.6%；财政部监管企业3614户，同比增长0.8%。地方国有企业10.4万户，同比增长5.1%。其中，省级4.2万户，同比增长5%；地市级1.6万户，同比下降4%；县级及以下4.5万户，同比增长9%。

2013年，全国国有企业年末职工人数3698.4万人，同比增长0.7%。中央企业1762.9万人，同比增长1.3%。其中，中央部门企业167.7万人，同比增长0.7%；国资委监管企业1274.3万人，同比增长1.5%；财政部监管企业320.9万人，同比增长0.5%。地方国有企业1935.5万人，同比增长0.2%。其中，省级988.4万人，同比下降1.6%；地市级324.2万人，同比下降6%；县级及以下622.8万人，同比增长7%。

---

① 此部分主要数据来源：财政部，《2013年全国国有企业财务决算情况》。财政部统计的全国国有及国有控股企业，包括94个中央部门所属企业、113家国资委监管企业、5家财政部监管企业和36个省（自治区、直辖市、计划单列市）的地方国有及国有控股企业。以上均不含国有金融类企业。

② 2012年，全国国有企业营业总收入42.54亿元，同比增长10.1%；其中，中央企业25.39万亿元，同比增长10.4%；地方国有企业17.15万亿元，同比增长9.7%。全国国有企业利润总额2.43万亿元，同比略有减少，下降1.6%。其中，中央企业1.60万亿元，同比增长5.1%；地方国有企业0.83万亿元，同比下降12.3%。全国国有企业净利润总额为1.79万亿元，同比下降3.3%。其中，中央企业1.16万亿元，同比增长3.8%；地方国有企业0.63万亿元，同比下降14%。

②营业总收入和实现利润情况。

相较2012年，2013年我国国有企业营业收入总体相对稳定，增速略低于2012年全年。地方国有企业营业收入增速好于去年，并高于中央企业营业收入增速。虽然，营业收入增速略低于2012年，但盈利情况明显转好，实现利润增速均高于2012年同期水平。

2013年我国国有企业营业收入47.1万亿元，同比增长10.8%。其中，中央企业营业收入27.8万亿元，同比增长8.7%。地方国有企业营业收入19.5万亿元，同比增长13.8%。2013年全年利润总额为2.6万亿元，同比增长5.3%。中央企业和地方企业利润总额分别为1.7万亿元与8868.7亿元，同比增长分别为4.6%与6.7%。全国国有企业净利润为1.9万亿元，同比增长4.4%。其中，中央企业实现净利润1.2万亿元，同比增长3.4%。地方国有企业实现净利润6737.2亿元，同比增长6.2%。

③资产、负债和所有者权益情况。

2013年，我国国有企业资产总额增长较快，地方国有企业资产总额增速近两倍于中央企业。在资产增长模式方面，中央企业与地方国有企业各有不同：中央企业的负债总额增速较快；地方国有企业的所有者权益则有较高的增长。

2013年全国国有企业资产总额104.1万亿元，同比增长16.3%。其中，中央企业资产总额为48.6万亿元，同比增长11.9%；地方国有企业55.5万亿元，同比增长20.4%。全国国有企业负债总额67.1万亿元，同比增长16.7%。中央企业负债总额为32万亿元，地方国有企业负债总额35.1万亿元，分别增长13.1%与20.1%。全年全国国有企业所有者权益37万亿元，同比增长15.7%。其中，中央企业所有者权益16.6万亿元，同比增长9.8%；地方国有企业所有者权益20.4万亿元，同比增长21%。

④上交税费情况。

2013年，全国国有企业上交税费3.8万亿元，同比增长5.4%。中央企业上交2.8万亿元，同比增长6%；地方国有企业1.1万亿元，同比增长3.7%。

（2）2014年1~8月情况

2014年我国国有企业的经营仍旧面临着较大困难，营业收入、实现利润总额等多项经济效益指标增幅呈下降态势，增速均低于 2013 年同期。从行业层面来看，今年年初国有交通、钢铁、有色等行业面亏损。4 月起，国有交通行业扭亏为盈。6 月，国有钢铁行业摆脱了亏损的态势。截至 8 月末，国有有色金属行业仍处于全行业亏损状态。国有企业摆脱经营困境、改善经营情况仍旧任重道远。

①营业总收入和实现利润情况。

2014 年前 8 个月，我国国有企业经营状况逊于 2013 年，多项指标增速均低于2013 年同期水平。2014 年1 ~8 月，我国国有企业累计营业总收入311778 亿元，同比增长 5. 5%，累计营业总成本 300775. 4 亿元，同比增长 5. 7%，累计实现利润总额 16441. 1 亿元，同比增长 8%。2014 年 8 月末，销售利润率为 5. 27%，高于上年同期 0. 09 个百分点，见图 2. 8。

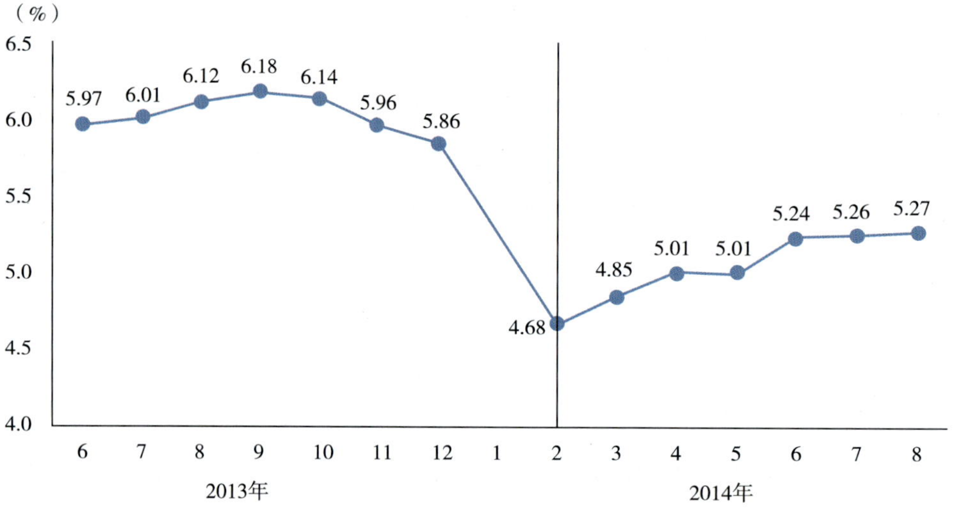

图 2. 8　国有企业销售利润率变化（%）

资料来源：根据财政部有关数据整理。

2014 年 8 月末，我国国有企业总体的资产回报率与资本回报率分别为 1. 66% 与 4. 78%，比上年同期均有下降，分别下降了 0. 09 个百分点与 0. 26 个百分点，显示 2014 年我国国有企业的资产与资本的利用效率差于 2013 年同期，见图 2. 9。

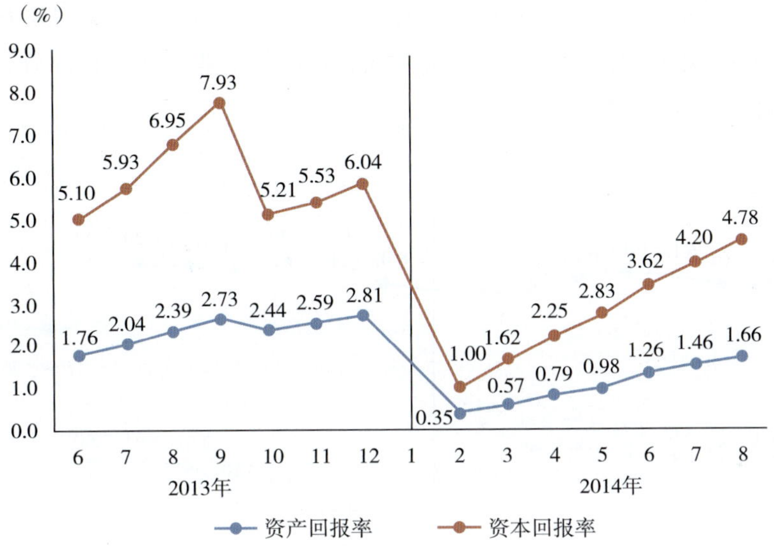

图 2.9　国有企业资产回报率与资本回报率①（%）

资料来源：根据财政部有关数据整理。

②地方国有企业盈利能力仍旧与中央企业差距较大。

经营总体状况方面，2014 年 1 ~ 8 月，中央企业累计营业收入 190899 亿元，同比增长 4.6%，低于总体水平；地方国有企业累计营业收入 120879 亿元，同比增幅高于中央企业，同比增长 7%。中央企业累计营业总成本 181355.2 亿元，地方国有企业累计营业总成本 119420.3 亿元，同比增长分别为 4.4% 与 7.5%。营业总成本中，财务费用增长最快，中央企业同比增长 22.4%，地方国有企业同比增长 16.7%。中央企业累计实现利润为 12092.8 亿元，同比增长 8.6%；地方国有企业累计实现利润为 4348.3 亿元，同比增长 6.3%。

盈利能力方面，地方国有企业与中央企业的差距较为明显。2014 年 8 月末，中央企业的销售利润率 6.33%，地方国有企业的销售利润率仅为 3.60%，相差近 3 个百分点。中央企业的资产回报率为 2.33%，近两倍于地方国有企业

① 由于计算资产回报率与资本回报率时使用了累计实现利润，同一年份中随着累计实现利润的增加，资产回报率与资本回报率一般也会随之增加。因此，同一指标同一年份之间不可比，但不同指标间同一时点相对大小可比，同一指标不同年份的相同时点可比。后文相同。

0. 92%的资产回报率。地方国有企业的资本回报率也较低，仅为2. 63%。而中央企业同期的资本回报率6. 77%，超过地方国有企业4. 14个百分点，分别见图2. 10、图2. 11、图2. 12。

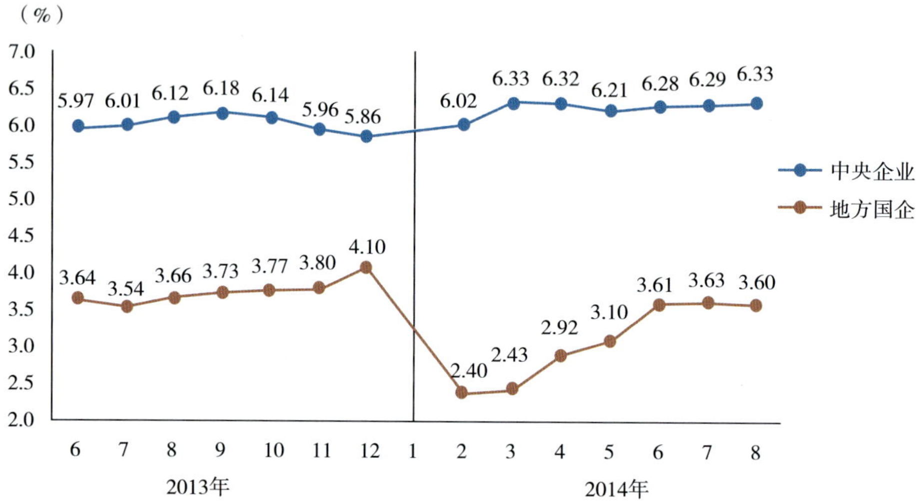

图 2. 10　中央企业与地方国有企业销售利润率对比（%）

资料来源：根据财政部有关数据整理。

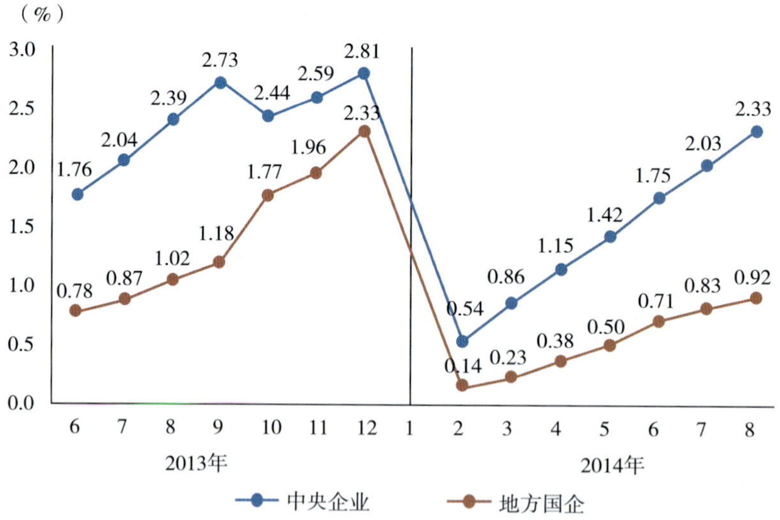

图 2. 11　中央企业与地方国有企业资产回报率对比（%）

资料来源：根据财政部有关数据整理。

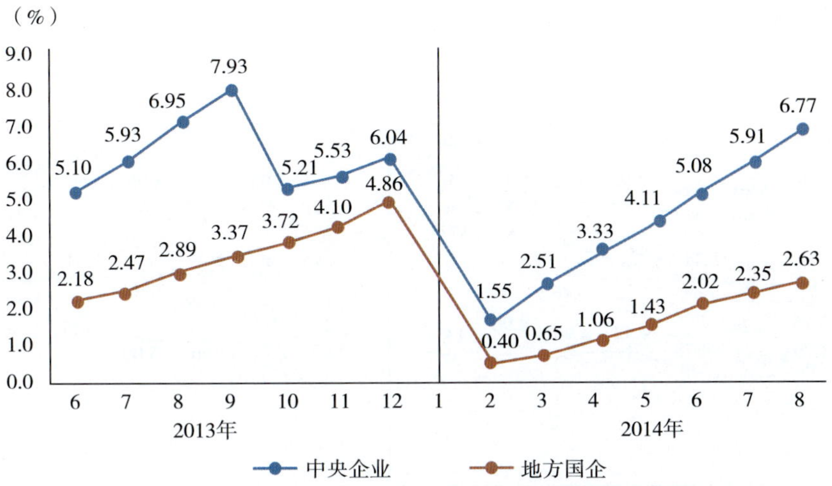

图 2.12　中央企业与地方国有企业资本回报率对比（%）

资料来源：根据财政部有关数据整理。

累计资产总额方面，地方国有企业与中央企业均保持了 10% 以上的较快增速，但比 2013 年同期均有所放缓。2014 年 8 月末，中央企业累计总资产为 519713.1 亿元，同比增长 10.7%；地方国有企业累计资产总额 470842.1 亿元，同比增长 13.4%。值得注意的是，2014 年中央企业的资产增长模式与 2013 年不同，所有者权益的增长比率高于负债增长率 0.7 个百分点；而 2013 年同期，中央企业所有者权益的增长率要比负债增长率低 2.4 个百分点。

③国有企业与外商企业、私营企业盈利能力差异显著。

与外商企业和私营企业相比，国有企业在盈利能力方面较差，资本回报率、资产回报率与销售利润率等盈利性指标均较低。以我国工业行业为例，2014 年 8 月末，我国工业行业中私营企业的资本回报率为 14.04%，资产回报率为 6.53%，销售利润率为 5.39%；外商及港澳台投资工业企业的资本回报率为 11.04%，资产回报率为 4.84%，销售利润率为 5.70%；然而，我国国有企业同期的资本回报率与资产回报率仅为私营工业企业或外商及港澳台投资工业企业的二分之一左右，分别为 6.77% 与 2.79%，而销售利润率与另两类相似，为 5.66%。国有控股工业企业比国有工业企业稍好，但资本回报率与资产回报率仍明显低于私营工业企业以及外商及港澳台投资工业企业，为 7.63% 和 2.89%。但国有控股工业企业的销售利润率较好，为 6.01%，见图 2.13、图

2. 14、图 2. 15。

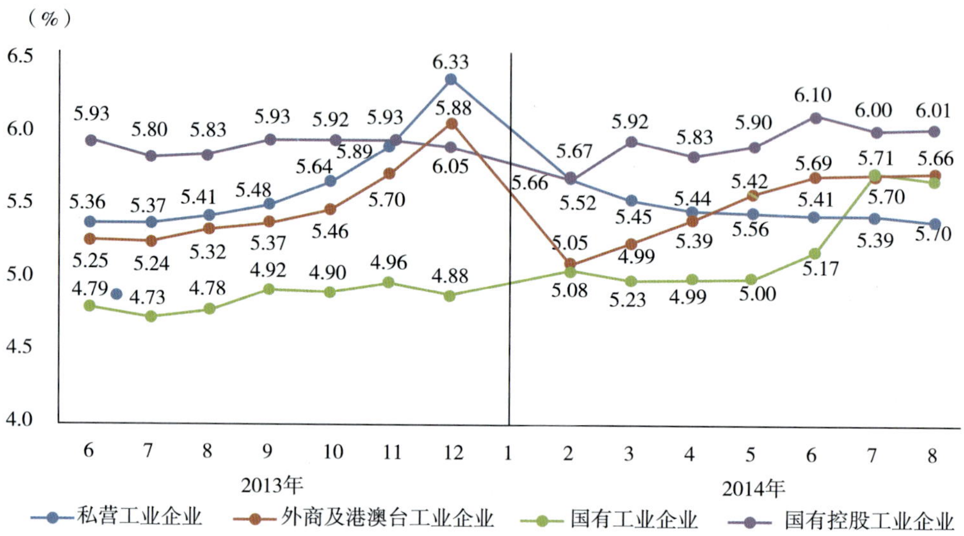

图 2. 13　不同所有制工业企业销售利润率对比（%）

资料来源：根据统计局有关数据整理。

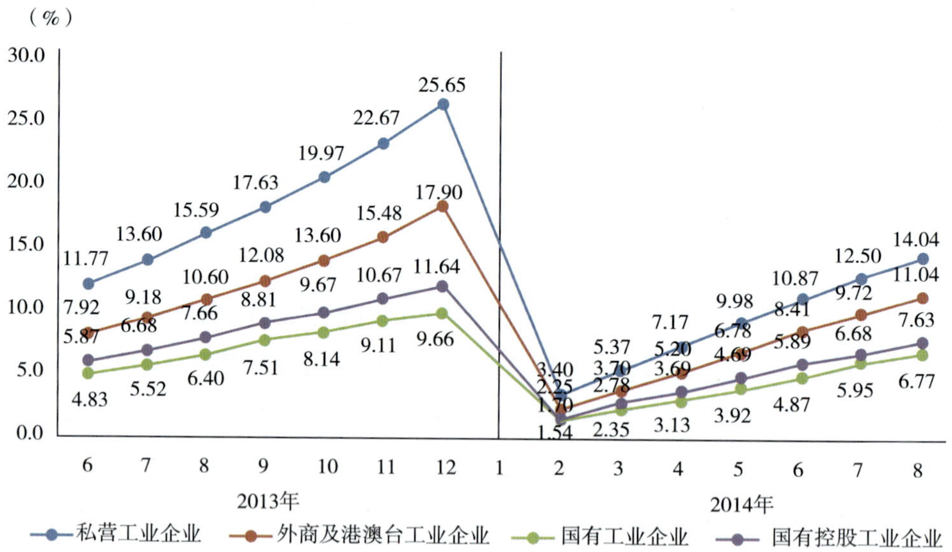

图 2. 14　不同所有制工业企业资本回报率对比（%）

资料来源：根据统计局有关数据整理。

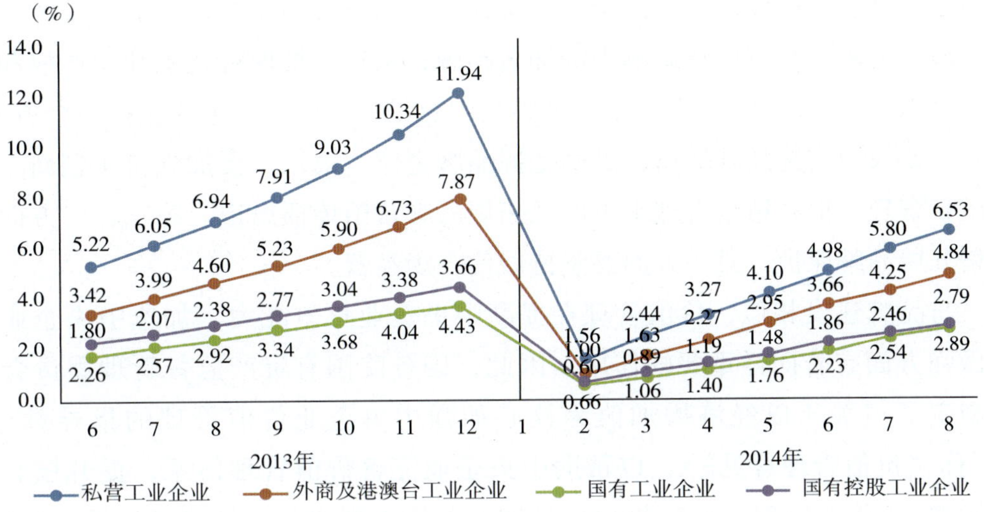

图 2.15 不同所有制工业企业资产回报率对比（%）

资料来源：根据统计局有关数据整理。

2.2.2 改善国有企业经营状况和提升国有企业竞争力的有关举措

2014 年初至今，国资委等相关部门的工作重点主要是提升国有企业竞争力和改善国有企业经营状况，主要采取了强化品牌建设、提升价值管理以及增强内部治理等诸多举措。

（1）提升国有企业竞争力

品牌建设与价值管理在提升企业竞争力方面有着不可忽视的作用。为提升中央企业品牌建设、加强中央企业价值管理，国资委 2014 年 1 月下发了《关于加强中央企业品牌建设的指导意见》与《关于以经济增加值为核心加强中央企业价值管理的指导意见》。

《关于加强中央企业品牌建设的指导意见》（下称《品牌建设意见》）指明加强品牌建设是成为世界一流企业、获得新竞争优势的重要措施与必由之路。更重要的是，国际化的品牌更是实施中国企业“走出去”战略的重要手段。作为参与国际竞争的主力军，中央企业“要通过积极打造国际知名品牌，带动我国成熟的产品、技术和标准走出国门、走向世界，在更宽领域和更高层次与跨国公司开展竞争合作，努力构建与经济实力相匹配的品牌实力”。《品牌建设意见》指出，中央企业加强品牌建设的目标是“到 2020 年末，涌现一批品牌战略明晰、品牌管理体系健全、品牌建设成果显著的企业；形成一批产品优质、服务上乘、具有广泛影响力的知名品牌；培育一批拥有自主知识产权和国际竞争力的自主品牌”。中央企业加强品牌建设的主要内容主要包括三个方面。第一，要大力实施品牌战略，准确把握品牌定位。第二，要加强自主创新、增强质量管理、提高精致管理水平以及拓展品牌营销传播渠道。第三，一方面要严格开展品牌保护，另一方面要坚持诚信合规经营。

与品牌建设相似，价值管理在提高中央企业竞争能力、加速中央企业做大做强方面有着同样重要的作用。因此，国务院国有资产监督管理委员会研究制定了《关于以经济增加值为核心加强中央企业价值管理的指导意见》（下称《价值管理意见》），以帮助中央企业完善价值管理体系，提升核心竞争能力。《价值管理意见》提出要从四个方面不断完善价值管理体系。首先，要建立经济增加值诊断体系。第二，要完善以经济增加值为核心的考核体系。第三，要探索建立经济增加值激励约束机制。第四，要建立健全经济增加值监控体系。

（2）提升国有企业内部治理、加强企业安全生产

2014 年，国务院国资委与多家央企共同在建设、完善现代企业制度方面继续努力。国务院国资委副主任孟建民在出席多家中央企业关于建设规范董事会工作会议时指出，“中央企业建设规范董事会是贯彻落实党中央、国务院关于深化国有企业改革指示精神的重大举措，符合中央企业稳定发展的内在规律和要求，有利于释放企业活力，适应市场化、国际化新形势，推进中央企业完善现代企业制度。各公司应当以建设规范董事会为契机，充分发挥外部董事和内部董事的组合优势，促进公司持续、稳定、健康发展”。

同时，国资委加强了中央企业负责人经营业绩考核方面的工作。国务院国有资产监督委员会于 1 月份就下发了《国资委关于认真做好 2014 年度中央企业负责人经营业绩考核工作的通知》，指出 2014 年要进一步深化经济增加值考核、加大对标考核工作力度、逐步完善分类考核、建立健全考核工作信息化平台。中央企业积极配合考核工作，国务院国有资产监督委员会于 7 月份公布了 2013 年度中央企业负责人经营业绩考核结果，有 46 家中央企业入榜 A 级企业名单。

2014 年，全国范围内发生了多起安全生产事故，如江苏昆山“8.2”爆炸事故和 8 月 4 日中国石油天然气集团公司兰州石化公司火灾等事故。国务院国资委高度重视，接连颁布了《关于进一步加强安全生产工作的紧急通知》（下称《通知》）与《中央企业安全生产考核实施细则》（下称《实施细则》）。《通知》要求各中央企业汲取安全事故教训，高度重视安全生产。《实施细则》主要是对《中央企业安全生产监督管理暂行办法》的附件六《中央企业生产安全责任事故降分降级处理细则》进行了修订，主要内容分为五个方面：一是从严制定较大以上生产安全事故的扣分和降级标准，加大了生产安全责任事故的扣分力度。二是加大对重复发生事故的处罚力度。三是对生产作业过程中应预见的风险，未采取必要的防范措施，导致在地质灾害、自然灾害中造成人员伤亡的以及在非生产作业环节发生责任事故的企业，参照同级别的生产安全事故进行处理。四是对组织机构不健全、不按照规定设置安全总监、安全投入不到位的企业，发生较大及以上生产安全责任事故的，按照同类事故上限进行处理。五是要求中央企业制定完善本企业的安全生产考核相关制度，将安全生产考核与企业负责人年薪、企业年度薪酬总额挂钩。

（3）减轻国有企业社会负担

2014 年，国务院国有资产监督委员会继续推进央企分离移交“三供一业”、分离企业办社会职能工作，为中央企业轻装上阵创造发展环境。多家中央企业分离移交“三供一业”工作取得了实质性进展。

2.2.3　国有企业改革的新进展

（1）薪酬制度改革[①]

党的第十八届中央委员会第三次全体会议通过的《中共中央关于全面深化改革若干重大问题的决定》中明确指出要“合理确定并严格规范国有企业管理人员薪酬水平、职务待遇、职务消费、业务消费”。2014 年 8 月 29 日中共中央政治局召开会议，审议通过了《中央管理企业负责人薪酬制度改革方案》与《关于合理确定并严格规范中央企业负责人履职待遇、业务支出的意见》（下称《意见》）。

---

① http：//politics. people. com. cn/n/2014/0830/c1024 – 25569328. html。

《意见》是对中央企业负责人履职工作保障和必要业务支出进行系统规范的总体要求，按照依法依规、廉洁节俭、规范透明的原则，对中央企业负责人公务用车、办公用房、培训、业务招待、国内差旅、因公临时出国（境）、通信等设置上限标准，明确禁止性规定，进行严格规范，对促进国有企业持续健康发展和形成合理有序收入分配格局有重要意义。

（2）“四项改革”试点

2014 年 7 月 15 日，国务院国有资产监督管理委员会召开新闻发布会，通报了将在中央企业开展的改组国有资本投资运营公司、发展混合所有制经济、董事会授权以及派驻纪检组“四项改革”试点工作。国有资本投资运营公司试点，主要是探索以管资本为主的加强国有资产监管体制模式。混合所有制试点，主要是探索发展混合所有制经济的有效路径。董事会授权试点，主要是探索完善国有企业公司法人治理结构的工作机制。派驻纪检组试点，主要是探索对国企负责人重点监督的纪检监察方式。为推动四项改革措施，国务院国资委选取了其监管的 6 家公司作为试点：国家开发投资公司、中粮集团有限公司将开展改组国有资本投资公司试点；中国医药集团总公司、中国建筑材料集团公司将开展发展混合所有制经济试点；新兴际华集团有限公司、中国节能环保集团、中国医药集团总公司、中国建筑材料集团公司将开展董事会行使高级管理人员选聘、业绩考核和薪酬管理职权试点；另外，将选择 2 ~ 3 家开展派驻纪检组试点。

（3）各地国资国企改革①

2014 年是国有企业改革的重要一年。为深入贯彻落实党的十八大和十八届三中全会精神，各地在国有企业改革方面都做出了新的尝试、迈出了新的步伐。截至 2014 年 9 月，全国共有 17 个省份颁布了国资国企改革意见，力争推动未来三到五年的国资国企改革，优化国资布局结构、提升国企效率、改善健全国资国企监管机制、强化各类改革配套政策。地方国资国企改革方案中，相关措施主要有：

---

① 本部分内容参考了各地颁布的国资国企改革方案。

①多种途径发展混合所有制经济。

多数省份的国资国企改革方案中，均强调积极发展混合所有制经济，运用多种途径综合利用各种所有制资本，取长补短、相互促进、共同发展。总结各地提出的意见，发展混合所有制经济主要分为三个方面。

第一，要大力推行国有企业产权多元化。通过增资扩股、资产重组、改制上市等方式积极引入多元化的投资主体，促进中央企业与非公企业与地方国企的合资合作，提升国有资产效率，达到保值增值的目的。

第二，深化国有企业股份制改革，提升国有资本证券化率。加大竞争性领域的国有企业股份制改造力度，鼓励具备上市条件的优势企业整体上市或核心业务上市，支持上市企业通过增发、配股、发行可转债等方式扩大融资规模，提升国有资本证券化率。

第三，探索混合所有制企业员工持股的有效途径。允许混合所有制经济实行企业员工持股，形成资本所有者和劳动者利益共同体。

②完善国资管理体制、提高国资管理效率。

多地改革方案中提出完善国资管理体制。首先，探索以管资本为主的国资监管模式。组建国有资本运营公司、改组国有资本投资公司，国有资产监管机构对国有资本运营公司和投资公司履行出资人职责，并授权国有资本运营公司和国有资本投资公司管理经营所投资企业的国有资本，落实企业自主权，使企业真正成为市场主体。其次，做到政企政资分开，明确履行出资人职责的国有资产监管机构与监管范围。不承担国有资产出资人职责的党政机关应将经营性国有资产交由国有资产监管机构，推进经营性国有资产的统一管理。第三，按照不同类型的企业分类监管。各地改革方案中，国有企业普遍被分为三类：公共服务类、功能类与竞争类。公共服务类国有企业主要提供公共产品或服务，以实现社会效益为主要目标，兼顾企业经济效益。功能类国有企业主要承担政府的专项任务和重大项目，建设基础设施、保障民生、促进城市和社会发展。竞争类国有企业以市场化为导向、参与市场公平竞争、以实现效率最大化为主要目标。各类国有企业分类监管、分类制定考核指标与考核机制，提高国有资产监管的针对性和有效性。第四，完善国有资本经营预算制度。完善全部国有企业、分级管理的国有资本经营预算和收益分享制度，发挥国有资本经营预算的导向作用，充分发挥国有资本预算在改革发展、保障民生、科技创新与产业升级等方面的积极作用。

③加速完善现代企业制度。

各地方案都提出要推进企业加速完善现代企业制度，主要体现在以下三个方面：第一，健全公司法人治理结构。按照公司法与企业章程，明确董事会、股东大会、监事会以及管理层的权责，在企业内部形成协调运转、有效制衡的决策、执行和监督体系，提高企业管理水平。第二，完善企业选人用人机制。建立职业经理人制度，加大企业管理人员市场化选聘力度，更好发挥企业家作用；企业内人员能上能下、能进能出，健全企业管理人员与员工的考核指标与考核机制。第三，完善企业薪酬制度，根据经营管理绩效、风险和责任确定具有差异化的管理人员薪酬水平，企业人员薪酬能增能减；规范企业人员职务待遇、职务消费与业务消费。

④优化国资布局。

多地方案均提出要“优化国有资本布局，实现国有资本有进有退”。引导国有资本向关键领域集中，提升国有企业在产业格局和价值链中的位置；完善国有资本退出机制，推进国有资本有序退出不具备竞争优势、产能过剩及无法有效发挥作用的行业和领域，优化国有经济布局与结构；加快集团层面与竞争类企业的资源整合步伐，实现资源的优化配置，增强国有企业实力。

⑤强化改革保障机制，形成改革发展合力。

在多地国资国企改革方案中，均强调强化完善各类配套政策措施，强化改革保障机制，形成改革发展合力。其中，有两点值得注意。第一，将改革创新绩效纳入至部门绩效考核，作为个人职务晋升与奖励的依据之一；第二，建立改革容错机制，对于未能完成改革目标，但并未牟取个人利益、勤勉尽责的个人，依法免除相关责任，不做负面评价。上述配套政策措施，一方面激励了改革创新。另一方面，建立容错机制保护了改革积极性。

2.2.4 重要结论和简要评论

2014 年我国国有企业仍旧在经济增速下滑的背景下艰难前行。2014 年 1 ~ 8 月，全国国有企业的多项经济效益指标增幅持续显现出下降趋势，低于去年同期水平。

在宏观经济形势日益严峻的背景下，国有企业存在的问题更加突出，国有企业改革也显得格外重要与迫切。在中国全面深化改革元年，全国绝大多数省份推出了国资国企改革方案，勾勒出了本地未来3~5年国资国企的改革路径与方向，力争优化国有资本布局结构，提升国有企业经营效率与竞争能力，实现国有资产的保值增值。虽然各地的国资国企改革方案为各地国有企业的改革指明了方向，但仍需更加具体、细化的改革方案保障国有企业改革的成功实施。

2.3 综合性讨论

2014年是中国经济增长阶段转变的关键年和全面深化改革元年。可以预料的是，随着转变经济发展方式和全面深化改革两项工作的深入推进，国有企业所处的政策、行业与市场环境将发生巨变。过去由于所有制偏好形成的政策倾斜和行业保护将被大大削弱，而市场机制的作用将被大大加强。国有企业将面临前所未有的真正来自于市场竞争的挑战。

2.3.1 经济新常态给国有企业带来新的挑战与机遇

中国从高速增长到中高速增长意味既有增长模式难以持续，需要转向新增长模式；原先的政策经验难以继续奏效，需要构建新的经济政策体系。可以预料，中国过去行之有效的促增长的政策体系需要适应形势变化做出重大调整，如放弃国有资本对一些所谓“重要行业”的主导，实施国有经济布局与结构调整，实现与非国有经济的平等竞争、优胜劣汰，为经济增长创造“促进公平竞争、鼓励创新”的政策环境和市场环境。这将给国有企业带来系列新的挑战与机遇。

（1）一些国有企业可能会再度陷入经营困境

国有企业“重资产、顺周期、难调整”的发展特征，使其在经济调整期仍然存在着陷入新一轮困境的风险。随着经济增速放缓，特别是国有企业大量布局的重化工业的行业增速显著下滑，国有企业在经济增速转变阶段低效率的问题会再次显现，一些国有企业极有可能会重新陷入经营困境。特别是，随着全球经济格局开始重大调整、新技术革命与产业革命出现，消费模式变化、商业模式创新层出不穷，中国的经济结构将面临新一轮重大调整。在此关键阶段，如果国有资本管理体制改革不能获得实质性进展，垄断行业、投融资体制和行政管理体制等改革进程不能系统跟进与配套，国有企业不能及时完善现代企业制度、改善经营机制、提升管理水平的话，不仅集中于重化工业领域的国有企业将进退失据，分布在一般竞争性领域乃至金融领域的国有企业，都有可能在若干年后重陷困境。

（2）国有企业的效益问题越来越成为社会关注热点

总的来说，国企无效论或低效论在理论界是主流观点。而从实践上来看，相较而言，富有活力的民营企业更具效率优势。但是由于根深蒂固的规模化导向和所有制歧视，过去三十多年，中国政府在资源投入和行业干预等方面一直优先呵护大型国有企业；大型国有企业比中小民营企业更容易获取资源，更容易与政府形成紧密的政企关系。这种状况影响经济效率、妨碍创新创业，并产生严重道德风险，已引起越来越多的不满。整体而言，经济增速的下滑使得国有企业对经济增长的抑制作用越来越显现，也被越来越多的人所认识，整个社会对此越来越难以容忍。虽然过去 30 多年，国有企业在规模与实力、政企关系、公司治理等方面取得长足进步，但其效率相对不高、管理相对粗放等问题依然突出，其取得的成就与其拥有的资源、与广大民众的期望仍有差距。当前，进一步深化国有企业改革的呼声越来越强烈，这是国有企业难以回避的现实问题。

2.3.2 全面深化改革带给国有企业的挑战与机遇

经济潜在增长率的下降，使全面深化改革和转变经济发展方式的迫切性凸现出来。从全面深化改革的目标、导向和国有企业改革的基本取向来看，未来的政策环境将更加体现“所有制中性和维护公平竞争”等特点，市场环境将更具竞争性、更加复杂，绝大部分国有企业将回归至公平竞争的正常市场主体地位。这将使习惯了“搭顺风车”、“打顺风仗”和“吃偏饭”的国有企业，特别是其所获得的或明或暗的行政垄断地位、资源配置优先地位逐渐丧失，不得不面临真正参与公平市场竞争的挑战。

（1）国有企业改革方案的顶层设计审慎推进

十八届三中全会《决议》提出的国有企业改革顶层设计任务，当时为了发挥专业化优势和落实执行，以及防止部门利益和本位主义，由中央深化改革领导小组经济体制和生态文明改革专项小组按照业务范围和性质分配到相关部门，国资委、发展改革委、财政部和人社部等多个部委承担了不同的改革方案制定任务。各部门都积极制定相应改革方案。但在改革方案交流、研讨和设计过程中，中央深改组发现同时也应加强改革方案之间的协调。特别是到了2014年下半年以后，由于相关部门对一些关键问题存在不同认识，《深化国有企业改革指导意见》、《国有资产管理体制总体方案》和《国有资本投资和运营公司试点方案》等顶层设计迟迟难以出台。有鉴于此，中央深改组经济体制和生态文明改革专项小组于2014年10月20日成立了8个由不同部门负责人领队、多个部门人员参加的国有企业调研组，赴重庆、济南、黑龙江、湖北、上海等5省市和东风汽车等4家央企调研，了解地方国资国企改革情况，为中央深化改革领导小组决策提供参考。

2014年11月初，国务院成立了由马凯副总理为组长的国有企业改革领导小组；领导小组办公室设在国资委，国资委主任张毅兼任办公室主任；其人员构成来自国资委、发展改革委、工业和信息化部、财政部、人保部、人民银行、证监会、银监会等多个部门，主要职责是统筹研究和协调解决改革中的重大问题和难点问题，协调与促进国资国企改革。由此，国资国企改革的顶层设计有望加快步伐。

（2）打破行政性垄断和建立公平竞争市场环境的改革要求部分国企加快转型

十八届三中全会《中共中央关于全面深化改革若干重大问题的决定》等高层级的文件中集中体现了深化改革和转变经济发展方式等方面的最新思路。《决定》提出“经济体制改革是全面深化改革的重点，核心问题是处理好政府和市场的关系，使市场在资源配置中起决定性作用和更好发挥政府作用”，这意味着国有企业过去由于密切的政企关系而获得的政策倾斜和资源倾斜将被日趋弱化乃至不复存在；积极发展混合所有制经济的“三个允许”，将使国有经济和其他所有制经济形成你中有我、我中有你的格局，所有制概念将被淡化、藩篱被打破，这也意味着政策上的所有制歧视将被大大弱化；关于公有制经济和非公有制经济“两个都是”的论断有助于摆脱意识形态对理性思辨的桎梏；

“进一步破除各种形式的行政垄断”使国有企业过去获得的行政垄断地位面临挑战。更重要的是，在最高层级文件的思路指导下，国有资本投向的调整、产业政策自身及其对国有企业偏爱的弱化、垄断行业体制改革的深入推进，将使国有企业回归平等市场主体地位并退出不符合国家所有权政策的行业，更多地打破垄断、放松管制、放宽准入、开放市场、鼓励竞争。

执笔：项安波　张林　王茂林

第三章　中小企业发展

本章讨论的中小企业指的是根据工业和信息化部等四部门联合发布的《中小企业划型标准规定》所划分的中、小、微型企业群体。从所有制上来讲，如果不考虑少数大型民营企业，中小企业概念与民营企业基本重合。因此，在某种程度上，对中小企业的研究就是对民营企业的研究。

促进中小企业持续健康发展，是我国的一项长期战略。中小企业是促进就业、改善民生、稳定社会、发展经济、推动创新的基础力量，是构成市场经济主体中数量最大、最具活力的企业群体。新时期中小企业的发展状况，关系到我国经济社会结构调整与发展方式转变，关系到促进就业与社会稳定，关系到科技创新与转型升级。当前，我国中小微企业占全国企业总数的99.7%，其中小型、微型企业占97.3%，提供城镇就业岗位超过80%，创造的最终产品和服务相当于国内生产总值的60%，上缴利税占50%。我国发明专利的65%、企业技术创新的75%以上和新产品开发的80%以上，都是由中小企业完成的。

3.1　中小企业发展情况

3.1.1　总量规模与结构

截至2014年10月底，全国实有各类市场主体6748.24万户，同比增长13.85%，注册资本（金）129.97万亿元，增长32.54%。企业1756.72万户，同比增长18.40%，注册资本（金）124.53万亿元，增长32.47%。内资企业1711.06万户，增长18.88%，注册资本（金）110.85万亿元，增长35.51%。其中，私营企业1485.62万户，增长22.83%，注册资本（金）54.9万亿元，增长46.78%；外商投资企业45.66万户，增长2.68%，注册资本13.69万亿元，增长12.10%。个体工商户4866.76万户，同比增长11.85%，出资额2.83万亿元，增长21.38%。农民专业合作社124.75万户，同比增长34.79%，出资总额2.61万亿元，增长51.80%。截至2014年10月底的各类市场主体结构详见图 3.1。

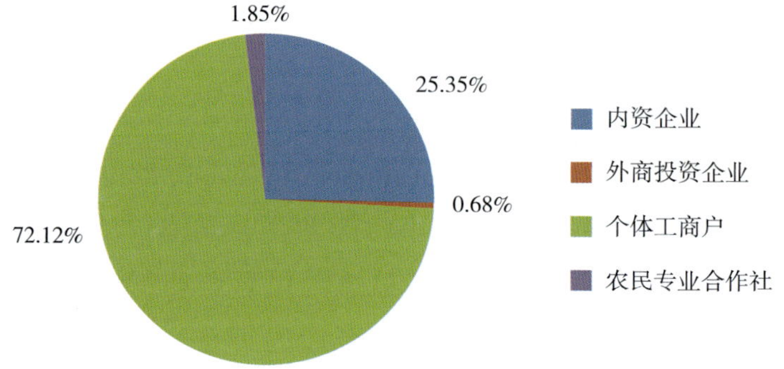

图 3.1　2014 年 10 月底全国各类市场主体实有户数结构图

资料来源：国家工商行政管理总局《2014 年 10 月全国市场主体发展报告》。

从年度增长情况来看，截至 2013 年底，全国实有各类市场主体 6062.38 万户，比上年底增长 10.33%，增速比上年同期提高 1.78 个百分点，为近五年最高；注册资本（金）101.2 万亿元，增长 18.21%。全国实有企业 1527.84 万户（含分支机构，下同），增长 11.80%，注册资本（金）96.88 万亿元，增长 17.37%。内资企业 1483.24 万户，增长 12.15%，注册资本（金）84.51 万亿元，增长 19.52%。其中私营企业 1253.86 万户，增长 15.49%，注册资本（金）39.31 万亿元，增长 26.42%。外商投资企业 44.6 万户，增长 1.21%，注册资本 12.36 万亿元，增长 4.56%。个体工商户 4436.29 万户，增长 9.29%，资金数额 2.43 万亿元，增长 23.12%。农民专业合作社 98.24 万户，增长 42.60%，出资总额 1.89 万亿元，增长 71.85%。截至 2013 年年底各类市场主体结构详见图 3.2。

个体工商户和私营企业方面，截至 2014 年 7 月底，全国个体私营经济从业人员实有 2.33 亿人，比 2013 年底增加 1410.81 万人，增长 6.45%。其中，第三产业个体私营经济从业人员增加最多，为 1134.35 万人，占增加总量的 80.40%。2013 年规模以上工业私营企业实现主营业务收入 329694.3 亿元，增长 15.4%，每百元主营业务收入中的成本为 86.3 元，利润率为 7.09%；利润 20876 亿元，增长 14.8%，其中，主营活动利润 23388.1 亿元，增长 3.8%。我国私营企业和个体工商户的 2002 ~ 2013 年纵向发展情况详见表 3.1 和表 3.2。

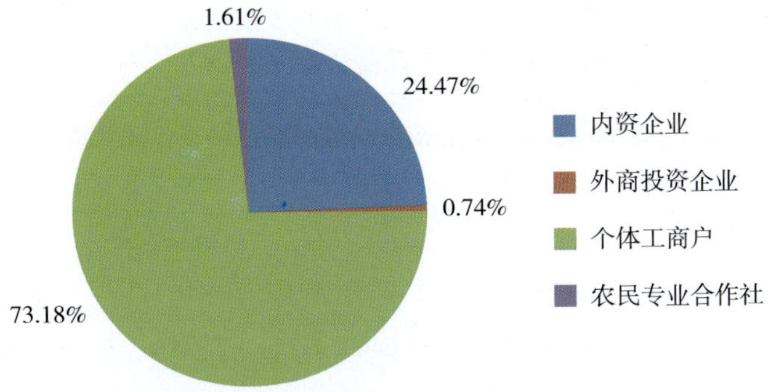

图 3.2　2013 年底全国各类市场主体实有户数结构图

资料来源：国家工商行政管理总局《2013 年全国市场主体发展报告》。

表 3.1　　2002～2013 年全国私营企业发展情况

年份	户数（万户）	增长率（%）	人数（万人）	增长率（%）	注册资金（万亿元）	增长率（%）
2002	263.83	20.0	3247.5	19.7	2.48	35.9
2003	328.72	24.8	4299.1	32.3	3.53	42.6
2004	402.41	22.4	5017.3	16.7	4.79	35.8
2005	471.95	17.3	5824.0	16.1	6.13	28.0
2006	544.14	15.3	6586.4	13.1	7.60	23.9
2007	603.05	10.8	7253.1	10.1	9.39	23.5
2008	657.42	9.0	7904.0	9.0	11.74	25.0
2009	743.15	13.0	8607.0	8.9	14.64	24.8
2010	845.51	13.8	9418	9.4	19.21	31.2
2011	967.68	14.45	10353.6	9.9	25.79	34.27
2012	1085.72	12.20	11296.1	9.1	31.10	20.59
2013	1253.86	15.49	12521.6	10.9	39.31	26.42
2014.10	1485.62	18.43	/	/	54.90	39.66

资料来源：国家工商行政管理总局：《2011 年上半年全国市场主体发展总体情况》《第八次全国私营企业抽样调查数据分析综合报告（摘要）》《2009～2010 年中国民营经济发展报告》《2011 年市场主体统计分析》《2012 年上半年全国市场主体发展报告》《2012 年全国市场主体发展报告》《2013 年上半年全国市场主体发展报告》《2013 年全国市场主体发展报告》《2014 年 10 月全国市场主体发展报告》。

表 3.2　　2002～2013 年个体工商户发展情况

年份	注册资金总额（亿元）	增长率（%）	注册户数（万户）	增长率（%）	人数（万人）	增长率（%）
2002	3782.4	10.1	2377.5	-2.3	4742.9	-0.39
2003	4187.0	10.7	2353.2	-1.0	4299.1	-9.4
2004	5057.9	20.8	2350.5	-0.1	4587.1	6.7
2005	5809.5	14.9	2463.9	4.8	4900.5	6.8
2006	6468.8	11.4	2595.6	5.3	5159.7	5.3
2007	7350.8	13.6	2741.5	5.6	5496.2	6.5
2008	9006.0	22.52	2917.3	6.4	5776.4	5.1
2009	11900	20.55	3197.4	9.6	6585.4	14.01
2010	13400	12.61	3453.3	8.0	7097.67	7.78
2011	16200	20.84	3756.47	8.79	7945.28	11.94
2012	19800	22.19	4059.27	8.06	8626.3	8.6
2013	24300	23.12	4436.29	9.29	9335.7	8.2
2014.10	28300	16.46	4866.76	9.70	/	/

资料来源：《2008～2009 年中国民营经济发展报告》《2011 年市场主体统计分析》《2012 年全国市场主体发展报告》《2013 年上半年全国市场主体发展报告》《2013 年全国市场主体发展报告》《2014 年 10 月全国市场主体发展报告》。

在工业企业方面，2013 年底，全国规模以上中小工业企业 34.31 万户，占全部规模以上工业企业总数的 97.33%；资产总计 44.27 万亿元，占 52.04%。2013 年，规模以上中小工业企业主营业务收入 61.93 万亿元，占全部规模以上工业企业的 60.17%，同比增长 13.9%；利润 3.82 万亿元，占 60.73%，同比增长 15.8%。其中，规模以上中型工业企业个数为 53817 个，同比下降 0.09%；资产合计 20.11 万亿元，同比增长 8.88%；主营业务收入 23.93 万亿元，同比增加 9.59%；利润总额 1.52 万亿元，同比下降 1.27%。而规模以上小型工业企业为 28.93 万户，同比增长 3.16%；资产合计 24.15 万亿元，同比增长 18.36%；主营业务收入 38 万亿元，同比增加 16.46%；利润总额 2.30 万亿元，同比增加 7.55%。中小企业的活力和竞争优势进一步显现。2003～2013 年全国规模以上中小型工业企业主要经济指标见表 3.3、表 3.4。

表 3.3　2003~2013 年全国规模以上中型工业企业主要经济指标比较

年份	企业单位数（户）	工业总产值（亿元）	资产合计（亿元）	主营业务收入（亿元）	利润总额（亿元）	全部从业人员年平均人数（万人）
2003	21647	47065.22	58854.47	47157.78	2687.05	1917.63
2005	27271	76436.36	83738.56	75549.23	4210.33	2216.49
2006	30245	95383.60	98633.78	94575.71	5759.09	2394.27
2007	33596	121698.67	118284.42	118919.85	8214.80	2579.80
2008	37204	149810.20	141042.71	146074.77	9410.43	2789.17
2009	38036	159373.96	157956.50	155050.42	11368.03	2787.73
2010	42906	203925	191195	200997	17347	3082.4
2011	52236	199366	162942	195163	15310	2946.2
2012	53866	/	184741.97	218356.88	15400.33	/
2013	53817	/	201141	239304	15205	/

注：全国规模以上工业企业统计范围 1998~2006 年为全部国有及年主营业务收入在 500 万元及以上非国有工业企业；2007~2010 年为年主营业务收入在 500 万元及以上的工业企业；2011 年为年主营业务收入在 2000 万元及以上的工业企业。

资料来源：《中国统计年鉴》。

表 3.4　2003~2013 年全国规模以上小型工业企业主要经济指标比较

年份	企业单位数（个）	工业总产值（亿元）	资产合计（亿元）	主营业务收入（亿元）	利润总额（亿元）	全部从业人员年平均人数（万人）
2003	172591	46291.76	43675.98	43461.46	1814.26	2524.27
2005	242061	83918.78	65967.36	79306.13	3790.78	3097.04
2006	269031	108865.95	78804.07	102715.32	5141.21	3241.95
2007	300262	142620.42	96021.81	135701.24	7528.54	3472.10
2008	385721	188170.91	125976.71	181207.61	10633.13	4077.88
2009	393074	213124.98	142612.35	206771.30	12276.54	3999.92
2010	406224	264719	165430	258730	18072	4154.4
2011	256319	288178	165790	283400	19439	2957.3
2012	280455	/	204060.83	326270.12	21339.89	/
2013	289318	/	241517	379973	22950	/

注：全国规模以上工业企业统计范围 1998~2006 年为全部国有及年主营业务收入在 500 万元及以上非国有工业企业；2007~2010 年为年主营业务收入在 2000 万元及以上的工业企业；2011 年为年主营业务收入在 2000 万元及以上的工业企业。

资料来源：《中国统计年鉴》。

小微型企业占据了中小企业的主要部分。截至2013年年底，全国小型、微型企业1169.87万户，占到企业总数（1527.84万户）的76.57%；如果将4436.29万户个体工商户纳入统计后，小型、微型企业所占比重达到94.15%。

3.1.2 规模特点

从户均注册资金规模和从业人员规模来看，2013年底，全国私营企业户均资金规模为323.51万元，相比2012年底增长了12.9%。2013年底，全国私营企业户均从业人员为17.46人，相比2011年底增长了63.18%（见表3.5）。

表3.5　全国私营企业户均规模及就业人数

年份	户数（万户）	注册资金（亿元）	户均资金规模（万元）	从业人员（万人）	户均就业规模（人）
2005	471.95	6130.07	129.89	4893.27	12.20
2011	967.68	257900	266.51	10353.60	10.7
2012	1085.72	311000	286.45	11296.1	10.4
2013	1253.86	393100	323.51	12521.6	9.99

资料来源：国家工商行政管理总局：《2011年上半年全国市场主体发展总体情况》《第八次全国私营企业抽样调查数据分析综合报告（摘要）》《2009～2010年中国民营经济发展报告》《2011年市场主体统计分析》《2012年上半年全国市场主体发展总体情况》《2012年全国市场主体发展总体情况》《2013年全国市场主体发展总体情况》。

在个体工商户方面，2013年个体工商户户均资金规模为5.48万元，相比2012年底增长了12.3%（见表3.6）。

表3.6　全国个体工商户户均规模及就业人数

年份	户数（万户）	注册资金（亿元）	户均资金规模（万元）	从业人员（万人）	户均就业规模（人）
2005	2463.96	5809.5	2.36	5831.62	2.37
2011	3756.47	16200	4.31	7945.3	2.12
2012	4059.27	19800	4.88	8628.3	2.13
2013	4436.29	24300	5.48	9335.7	2.10

资料来源：国家工商行政管理总局：《2011年上半年全国市场主体发展总体情况》《第八次全国私营企业抽样调查数据分析综合报告（摘要）》《2009～2010年中国民营经济发展报告》《2011年市场主体统计分析》《2012年全国市场主体发展总体情况》《2013年全国市场主体发展总体情况》。

3.1.3 区域发展分布

2013年，全国新登记注册企业250.27万户，比上年同期增长27.63%，其中私营企业 232.73 万户，增长 29.98%。个体工商户新登记注册 853.02 万户，增长 16.39%。

全国各省（市、自治区）私营企业分布的统计数据表明，全国私营企业最多的7个省，总数量达到了 678.6 万户，占总数的 54.12%。其中，广东第一，153.0 万户；江苏第二，145.1 万户；上海第三，93.9 万户；浙江第四，93.6 万户；山东第五，75.3 万户；北京第六，67.3 万户；四川第七，50.4 万户。数量最少的7个省，分别是西藏1.3 万户、青海2.6 万户、宁夏5.6 万户、甘肃 11.7 万户、海南 13.3 万户、新疆 13.4 万户、内蒙古 16.6 万户，这 7 个省加起来只有 64.5 万户。进一步统计分析表明，各省私营企业户数与各省 GDP 的相关系数[①]高达 0.89，表明各省的私营企业户数与其 GDP 呈现高度相关关系，私营企业户数的增长对 GDP 的发展可能起到了重要的作用。

从万人拥有私营企业户数来看，数量最多的7个省（市、自治区）为：上海 389 户，北京 318 户，江苏 183 户，浙江 170 户，海南 149 户，广东 144 户，天津 129 户。万人拥有私营企业户数最少的 7 个省（市、自治区）为：西藏 42 户，河南 43 户，青海 45 户，甘肃 45 户，湖南 46 户，云南 49 户，黑龙江 53 户。进一步统计分析表明，各省万人拥有私营企业户数与各省人均 GDP 的相关系数为 0.77，表明各省的万人拥有私营企业户数与其 GDP 增长呈现较高的相关关系，万人拥有企业户数可能是各省 GDP 的一个重要预测指标，见表 3.7。

从全国各地个体工商户分布的情况分析来看，全国个体工商户最多的 6 个省，总数量达到了 1893.1 万户，占总数的 42.67%。其中，广东第一，399.0 万户；江苏第二，379.3 万户；山东第三，312.2 万户；四川第四，274.9 万户；湖北第五，268.5 万户；浙江第六，259.2 万户。户数最少的 6 个省，分别是西藏 11.3 万、青海 15.4 万、宁夏 24.4 万、天津 27.6 万、海南 30.9 万、上海 36.8 万，总数量为 146.4 万，还不如前六个省中一个省的户数多。

---

① 相关系数，又叫线性相关系数，一般用字母 r 表示，用来度量两个变量间的线性关系。其计算公式为：$r = \frac{\sum XY - \frac{\sum X \sum Y}{N}}{\sqrt{\left(\sum X^2 - \frac{(\sum X)^2}{N}\right)\left(\sum Y^2 - \frac{(\sum Y)^2}{N}\right)}}$，下同。

表 3.7　　2013 年全国各地区私营企业分布情况

地区	户数（万户）	就业人数（万人）	城镇就业人数（万人）	乡村就业人数（万人）	常住人口数（万人）	GDP（亿元）	万人拥有私营企业数（户）	户均就业人数（人）	私营企业就业数占人口数比重（%）	人均GDP（万元）
全国	**1253.9**	**12521.6**	**8242.3**	**4279.2**	**136072**	**568845**	**92**	**10**	**0.09**	**4.18**
广东	153	1218.4	1043	175.4	10644	62164	144	8	0.11	5.84
江苏	145.1	1918.8	1236.1	682.7	7939	59161.8	183	13	0.24	7.45
上海	93.9	734.8	395.4	339.5	2415	21602.	389	8	0.3	8.94
浙江	93.6	1222.6	671.6	551	5498	37568.5	170	13	0.22	6.83
山东	75.3	792.6	428.5	364.1	9733	54684.	77	11	0.08	5.62
北京	67.3	527.9	355.7	172.2	2115	19500.6	318	8	0.25	9.22
四川	50.4	418.5	238.4	180.1	8107	26260.	62	8	0.05	3.24
湖北	46.3	409.5	206.1	203.5	5799	24668.5	80	9	0.07	4.25
福建	40.2	419.1	344.1	75	3774	21759.	107	10	0.11	5.77
河南	40.1	329.4	168.5	160.9	9413	32155.9	43	8	0.03	3.42
河北	40	204.3	109	95.3	7333	28301.	55	5	0.03	3.86
辽宁	39.1	435.7	337	98.7	4390	27077.7	89	11	0.1	6.17
重庆	35.6	449.5	346.6	102.9	2970	12656.	120	13	0.15	4.26
安徽	35.4	323.2	222.7	100.5	6030	19038.9	59	9	0.05	3.16
湖南	30.5	464.8	370.4	94.4	6691	24501.	46	15	0.07	3.66
广西	28.3	259.6	129.9	129.7	4719	14378	60	9	0.06	3.05
陕西	27.2	217	149	68	3764	16045.	72	8	0.06	4.26
江西	26.3	330.8	164.9	165.9	4522	14338.5	58	13	0.07	3.17
云南	22.9	322	268.2	53.8	4687	11720.	49	14	0.07	2.5
山西	22	216.2	124.5	91.7	3630	12602.2	61	10	0.06	3.47
黑龙江	20.4	217.3	159.8	57.5	3835	14382.	53	11	0.06	3.75
贵州	19.5	161.7	84.5	77.2	3502	8006.8	56	8	0.05	2.29
天津	19	101.8	91.8	10	1472	14370.	129	5	0.07	9.76
吉林	18	199	165.7	33.3	2751	12981.5	65	11	0.07	4.72
内蒙古	16.6	195.8	124.8	71	2498	16832.	66	12	0.08	6.74
新疆	13.4	116.8	89.9	26.9	2264	8360.2	59	9	0.05	3.69
海南	13.3	94.4	71.9	22.5	895	3146.	149	7	0.11	3.52

续表

地区	户数（万户）	就业人数（万人）	城镇就业人数（万人）	乡村就业人数（万人）	常住人口数（万人）	GDP（亿元）	万人拥有私营企业数（户）	户均就业人数（人）	私营企业就业数占人口数比重（%）	人均GDP（万元）
甘肃	11.7	118.2	77.5	40.7	2582	6268	45	10	0.05	2.43
宁夏	5.6	49.5	31.9	17.5	654	2565.1	86	9	0.08	3.92
青海	2.6	26.1	12.7	13.3	578	2101.1	45	10	0.05	3.64
西藏	1.3	26.5	22.4	4.1	312	807.6	42	20	0.08	2.59

资料来源：根据《中国统计年鉴2014》数据计算整理。

从万人拥有个体工商户个数来看，数量最多的6个省（市、自治区）为：江苏477.74户、浙江471.44户、湖北463.01户、内蒙古440.02户、吉林415.44户、辽宁388. 38户。数量最少的6户省（市、自治区）分别是上海152.37户、天津187.47户、河南211.51户、河北225.43户、广西263.40户、青海266.53户。见表3.8。

表3.8　　2013年全国各地区个体工商户分布情况

地区	个体户数（万户）	个体就业人数（万人）	城镇（万人）	乡村（万人）	常住人口数（万人）	GDP（亿元）	万人拥有个体工商户数（户）	户均就业人数（人）
全国	**4436.3**	**9335.7**	**6142.3**	**3193.5**	**136072**	**568845**	**326**	**2.1**
广东	399	822.3	627.1	195.1	10644	62163.9	374.86	2.06
江苏	379.3	624.2	442.5	181.7	7939	59161.75	477.74	1.65
山东	312.2	709.8	333.5	376.3	9733	54684.3	320.75	2.27
四川	274.9	536.5	275.6	260.9	8107	26260.77	339.09	1.95
湖北	268.5	746.5	417	329.6	5799	24668.4	463.01	2.78
浙江	259.2	538.1	336.9	201.2	5498	37568.49	471.44	2.08
河南	199.1	400.5	290.7	109.8	9413	32155.8	211.51	2.01
湖南	182.7	332.2	282.5	49.7	6691	24501.67	273.07	1.82
辽宁	170.5	402.7	275.7	127	4390	27077.6	388.38	2.36
安徽	167.8	381.9	301.2	80.7	6030	19038.87	278.28	2.28
河北	165.3	391.5	321.2	70.3	7333	28301.4	225.43	2.37
云南	150.8	298.2	133.6	164.5	4687	11720.91	321.77	1.98

续表

地区	个体户数（万户）	个体就业人数（万人）	城镇（万人）	乡村（万人）	常住人口数（万人）	GDP（亿元）	万人拥有个体工商户数（户）	户均就业人数（人）
江西	137.3	341.7	203.5	138.2	4522	14338.5	303.62	2.49
黑龙江	133.9	314	232.5	81.5	3835	14382.93	349.15	2.35
广西	124.3	249.2	167.8	81.4	4719	14378	263.4	2.01
吉林	114.3	274.1	195.4	78.7	2751	12981.46	415.44	2.4
重庆	111.5	197	159.1	37.9	2970	12656.69	375.42	1.77
内蒙古	109.9	271.7	216.7	55	2498	16832.38	440.02	2.47
福建	109.9	221.2	141.7	79.5	3774	21759.64	291.2	2.01
贵州	106.1	185.2	85.6	99.5	3502	8006.79	302.95	1.75
陕西	104.9	249.7	151.9	97.9	3764	16045.21	278.69	2.38
山西	100.1	209.1	107.6	101.5	3630	12602.24	275.77	2.09
甘肃	77.4	145.6	89	56.6	2582	6268.01	299.75	1.88
北京	66.4	112.4	64.8	47.6	2115	19500.56	313.98	1.69
新疆	64.6	110.3	86.3	24	2264	8360.24	285.3	1.71
上海	36.8	46.6	30.9	15.6	2415	21602.12	152.37	1.27
海南	30.9	58.1	47.2	10.9	895	3146.46	345.14	1.88
天津	27.6	50.5	40.5	10	1472	14370.16	187.47	1.83
宁夏	24.4	46.4	24.8	21.6	654	2565.06	372.98	1.9
青海	15.4	40.5	37.2	3.3	578	2101.05	266.53	2.63
西藏	11.3	28	22.1	5.9	312	807.67	362.13	2.48

资料来源：《中国统计年鉴 2014》。

从区域分布来看，截至 2013 年底，东部地区实有个体工商户 2081.48 万户，比上年同期增长 7.54%，占个体工商户总数的 46.92%，比上年同期减少 0.76 个百分点；中部地区 1413.59 万户，增长 10.54%，占 31.86%，比上年同期扩大 0.36 个百分点；西部地区 941.22 万户，增长 11.41%，占 21.22%，比上年同期扩大 0.40 个百分点（详见图 3.3）。

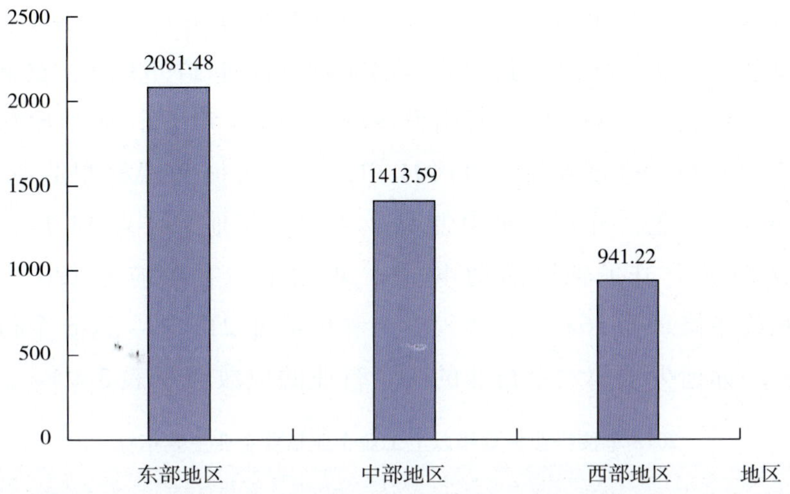

图 3.3　2013 年全国个体工商户实有户数区域分布（单位：万户）

3.1.4　产业与行业分布

个体工商户在第一产业和第三产业增长较快。截至 2013 年底，个体工商户在第一产业实有 93.36 万户，比上年同期增长 22.44%，占个体工商户总数的 2.11%，比上年同期扩大 0.23 个百分点；第二产业 324.36 万户，增长 2.08%，占 7.31%，比上年同期减少 0.52 个百分点；第三产业 4018.57 万户，增长 9.64%，占 90.58%，比上年同期扩大 0.29 个百分点，见图 3.4。

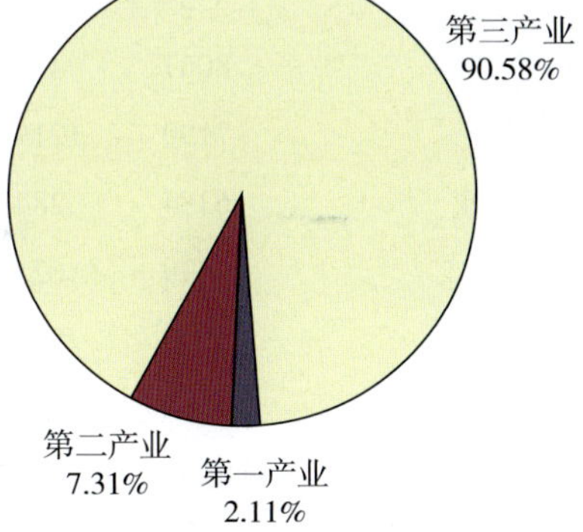

图 3.4　2013 年全国个体工商户实有户数产业分布

从规模以上工业企业私营企业所在行业分布情况来看，全国最多的 6 个行业，总数量达到了 94769 户，其中非金属矿物制品业 17953 户，农副食品加工业 14255 户，纺织业 13844 户，通用设备制造业 13150 户，化学原料和化学制品制造业 12884 户，金属制品业 11404 户，电气机械和器材制造业 11279 户。户数最少的 7 个行业，分别是烟草制品业 4 户，其他采矿业 11 户，石油和天然气开采业 13 户，开采辅助活动 40 户，水的生产和供应业 120 户，金属制品、机械和设备修理业 164 户、燃气生产和供应业 211 户。这 6 个行业加起来只有 563 户，远远少于前六个行业的一个行业的户数（见表 3. 9）。

表 3. 9　　　　2013 年按行业分规模以上工业企业私营企业主要指标

行业	企业单位数（户）	资产总计（亿元）	主营业务收入（亿元）	利润总额（亿元）
总计	194945	174771. 08	329694. 32	20876. 17
非金属矿物制品业	17953	14556. 36	26251. 87	1934. 75
农副食品加工业	14255	9990. 76	27814. 30	1662. 96
纺织业	13844	9785. 92	18721. 37	1093. 97
通用设备制造业	13150	9822. 41	18144. 26	1226. 08
化学原料和化学制品制造业	12884	13198. 13	26361. 70	1714. 83
金属制品业	11404	8925. 39	17052. 21	1056. 40
电气机械和器材制造业	11279	12625. 96	21302. 61	1297. 85
橡胶和塑料制品业	9270	6413. 77	12935. 52	855. 52
专用设备制造业	8359	7011. 72	12430. 80	901. 22
纺织服装、服饰业	8067	4247. 79	8982. 06	554. 42
黑色金属冶炼和压延加工业	7199	12142. 95	24003. 30	964. 13
木材加工和木、竹、藤、棕、草制品业	6384	2843. 66	8215. 46	587. 69
汽车制造业	5599	6213. 90	10235. 46	585. 84
煤炭开采和洗选业	4540	5252. 20	6224. 62	460. 82
计算机、通信和其他电子设备制造业	4360	4982. 96	7135. 62	447. 29
皮革、毛皮、羽毛及其制品和制鞋业	4359	2207. 33	5583. 74	403. 20
造纸和纸制品业	4229	2916. 94	5391. 97	328. 85
有色金属冶炼和压延加工业	4121	6397. 55	13979. 54	633. 97
食品制造业	3985	3208. 95	6432. 47	462. 55

续表

行业	企业单位数（户）	资产总计（亿元）	主营业务收入（亿元）	利润总额（亿元）
文教、工美、体育和娱乐用品制造业	3772	2398. 25	5392. 25	307. 67
酒、饮料和精制茶制造业	2839	2330. 52	4450. 37	365. 38
家具制造业	2730	1840. 14	3354. 18	224. 37
医药制造业	2705	3475. 25	5704. 18	465. 92
铁路、船舶、航空航天和其他运输设备制造业	2572	3091. 65	4911. 65	304. 79
黑色金属矿采选业	2535	3027. 21	5766. 38	684. 25
印刷和记录媒介复制业	2321	1465. 69	2427. 09	163. 55
非金属矿采选业	2265	1097. 20	2806. 96	228. 04
仪器仪表制造业	1777	1847. 01	2986. 58	228. 82
化学纤维制造业	1320	2058. 98	2887. 77	105. 66
石油加工、炼焦和核燃料加工业	1081	4933. 37	5706. 60	194. 91
有色金属矿采选业	1056	1097. 33	2141. 67	178. 21
其他制造业	844	405. 55	977. 99	61. 22
废弃资源综合利用业	704	685. 41	1546. 55	86. 84
电力、热力生产和供应业	620	1618. 69	597. 64	49. 32
燃气生产和供应业	211	266. 06	362. 84	20. 93
金属制品、机械和设备修理业	164	150. 03	256. 83	16. 48
水的生产和供应业	120	140. 24	114. 12	9. 22
开采辅助活动	40	34. 18	34. 42	4. 31
石油和天然气开采业	13	34. 10	38. 71	2. 30
其他采矿业	11	7. 89	16. 65	1. 00
烟草制品业	4	21. 70	14. 00	0. 64

资料来源：《中国统计年鉴 2014》。

3. 2　年度政策措施及重大事件

3. 2. 1　九部门联合发布《关于促进劳动密集型中小企业健康发展的指导意见》

2013 年 12 月 31 日，工业和信息化部、国家发展和改革委员会、财政部、人力资源和社会保障部、商务部、海关总署、国家税务总局、国家工商行政管理总局、中国银行业监督管理委员会九部门联合发布《关于促进劳动密集型中小企业健康发展的指导意见》（工信部联企业〔2013〕542号），共出台了八项政策措施：一是创造公平竞争、平等准入的市场环境，引导民间投资发展劳动密集型企业；二是全面落实税费优惠政策和行政性事业性收费减免政策，切实降低企业税费负担；三是适当提高培训费补贴标准，按规定给予社会保险补贴，加大财政政策扶持力度；四是鼓励金融机构提高贷款规模，合理确定企业贷款利率，有效缓解融资困难；五是鼓励企业积极参与政府采购，到境外参展办展，营造良好的市场环境；六是对创办三年内租用经营场地的企业给予租金补贴，鼓励企业从东部向中西部转移；七是加强公共服务，实施平台网络建设工程，增强社会各类机构服务能力；八是加强指导协调，集聚资源，细化政策，促进劳动密集型企业健康发展。

《关于促进劳动密集型中小企业健康发展的指导意见》指出，大力发展劳动密集型中小企业是缓解就业压力、增加居民收入、改善生活条件的重要途径，是促进社会和谐、稳定发展的重要保障。不断优化劳动密集型中小企业发展环境，提高企业创新能力和管理水平，引导劳动密集型企业重点或优先在中小城市发展，对实现城乡居民收入倍增目标和促进新型城镇化发展具有重要的积极作用。《关于促进劳动密集型中小企业健康发展的指导意见》要求，各级各部门要把轻工、纺织、机械、电子、批发和零售业、住宿和餐饮业、居民服务业、养老服务业、现代服务业等行业中百万元固定资产就业人数13人以上（含13人）、人均年营业收入45万元以下（含45万元）的企业作为当前引导扶持重点，努力营造良好的政策环境和社会氛围，促进劳动密集型企业转型升级和健康发展。

3.2.2 取消企业注册资本登记，降低创办企业门槛

《注册资本登记制度改革方案》（下称《方案》）于2014年2月18日公布。《方案》提出，将通过改革公司注册资本及其他登记事项，进一步放松对市场主体准入的管制，降低准入门槛。取消有限责任公司最低注册资本3万元的登记条件、企业年检制度改为年度报告制度、经营场所登记由地方政府规定等多项措施。

据新修订的《公司法》和《方案》，公司、公司股东（发起人）在注册资

本管理方面增加了一系列权利：一是自主约定注册资本总额，取消有限责任公司最低注册资本 3 万元、一人有限责任公司最低注册资本 10 万元、股份有限公司最低注册资本 500 万元的限制，也就是说理论上可以“一元钱办公司”；二是自主约定公司设立时全体股东（发起人）的首次出资比例，也就是说理论上可以“零首付”；三是自主约定出资方式和货币出资比例，对于高科技、文化创意、现代服务业等创新型企业可以灵活出资，提高知识产权、实物、土地使用权等财产形式的出资比例，克服货币资金不足的困难；四是自主约定公司股东（发起人）缴足出资的期限，不再限制两年内出资到位，提高公司股东（发起人）资金使用效率。在登记注册环节，改革后，公司实收资本不再作为工商登记事项。在进行公司登记时，也无需提交验资报告。注册资本登记制度上述改革使得注册公司门槛和创业成本得到最大限度的降低。

这一系列改革举措有力地激发了各方面的投资热情，对中小企业、小微企业等新兴企业的发展起到了巨大的推动作用，2014 年全国新增企业注册数量创近几年新高。仅私营企业数量同比就增加 22.83%。

3.2.3　四部委出台《中小企业发展专项资金管理暂行办法》

2014 年 4 月 11 日，财政部、工业和信息化部、科技部和商务部于联合印发了《中小企业发展专项资金管理暂行办法》（财企〔2014〕38 号）。十几年来，科技部对中小科技型企业、工信部对中小工业企业、商务部对中小商贸流通企业等分别设立了多个专项扶持资金，分别出台了《中小企业发展专项资金管理办法》《中小企业信用担保资金管理办法》《地方特色产业中小企业发展资金管理办法》《科技型中小企业创业投资引导基金管理暂行办法》等多项与中小企业发展相关专项资金管理办法。多年来存在着资金分散管理，中小企业多头申报，标准不一等多方面问题。随着《中国企业发展专项资金管理暂行办法》的颁布，这些文件被同时废止。

中小企业发展专项资金，是指中央财政预算安排，用于支持中小企业特别是小微企业科技创新、改善中小企业融资环境、完善中小企业服务体系、加强国际合作等方面的资金。专项资金综合采用无偿资助、股权投资、业务补助或奖励、代偿补偿、购买服务等支持方式，鼓励创业投资机构、担保机构、公共服务机构等支持中小企业，充分发挥财政资金的引导和促进作用。2014 年财政部对各归口管理部门的中小企业发展专项资金总规模已达 115 亿元。

在解决中小企业融资难融资贵的问题方面，专项资金安排专门支出，运用业务补助、增量业务奖励等方式，对中小企业信用担保机构、再担保机构给予支持。在中小企业服务体系建设和作用发挥方面，专项资金扩展了支持方式，除安排专门支出支持平台建设外，还采用服务后补贴的方式，鼓励中小企业服务平台积极广泛地发挥服务作用。具体规定了对服务平台或机构实施的服务场地改造、软硬件设备及服务设施购置等提升服务能力的建设项目，按照不超过项目总投资额 30% 的比例给予补助，每个建设项目补助额度最高不超过 500 万元。对服务平台或机构开展的中小企业服务，综合考虑其服务中小企业数量、收费标准、客户总体满意度等因素，按照不超过年度实际运营成本 40% 的比例给予奖励，每个项目奖励额度最高不超过 500 万元等。

3.2.4 国务院派出督查组专项督查小微企业健康发展政策落实情况

2014 年 4 月 18 日国务院主要领导同志作出重要批示，对《关于进一步支持小型微型企业健康发展的意见》（国发〔2012〕14 号）进行督查，督促各地加大政策贯彻落实和支持力度，优化小微企业发展环境，推动小微企业健康发展。国务院派出 7 个督查组，对天津、山西、辽宁、吉林、浙江、福建、山东、河南、湖北、广东、广西、重庆、四川、陕西等 14 个省（区、市）支持小微企业健康发展政策落实情况开展专项督查。

督查内容和重点包括五个方面：①制定出台贯彻落实国发 14 号文件的有关政策措施情况。本地区是否制定出台贯彻落实国发 14 号文件的具体政策措施；本地区对支持小微企业健康发展有关工作进行年度考核情况。②加大对小微企业的财税支持力度情况。落实支持小微企业发展的各项税收优惠政策情况；完善财政资金支持政策情况；政府采购支持小微企业发展情况；减免部分涉企收费并清理取消各种不合规收费情况。③缓解小微企业融资困难情况。落实支持小微企业发展的各项金融政策情况；加快发展小金融机构情况；拓展小微企业融资渠道情况；加强对小微企业的信用担保服务情况。④促进小微企业创新发展、结构调整和集聚发展情况。支持小微企业技术改造情况；提升小微企业创新能力情况；提高小微企业知识产权创造、运用、保护和管理水平情况；支持创新型、创业型和劳动密集型的小微企业发展情况；统筹安排小微企业产业集群发展用地情况；改善小微企业集聚发展环境情况。⑤加强对小微企业的公共服务情况。加强小微企业人力资源开发情况；鼓励高校毕业生到小微企业就业情况；推进中小企业服务体系建设情况；加强对小微企业的指导协调和统计监测情况。

国务院督查组将重点督查上述五个方面，同时还将实地走访小微企业，听取部分小微企业的意见和建议，开展问卷调查。对地方落实国家支持小微企业发展政策不到位、存在偏差的，国务院督查组将督促整改。

3.2.5　APEC 中小企业工商论坛以及 APEC 第 21 次中小企业部长会议

亚太经合组织是亚太地区级别最高、规模最大、影响最广的经济合作机制。APEC 中小企业部长会议为促进 APEC 各经济体改善贸易投资环境、促进中小企业成长与繁荣发挥了重要作用。2014 年 9 月 2 日，以“创新与可持续发展”为主题的 APEC 中小企业工商论坛（APEC SME BUSINESS FORUM 2014）在南京召开，就如何提升中小企业创新能力、改善中小企业创新政策环境、推动中小企业创新发展等各成员经济体共同关注的问题，进行探讨并最终向中小企业部长们传达了工商界的建议与期望，助力推动 APEC 地区中小企业创新发展。

2014 年 9 月 5 日，APEC 第 21 次中小企业部长会议在南京召开，发表了《关于促进中小企业创新发展的南京宣言》和《第 21 次 APEC 中小企业部长会议部长联合声明》。会议围绕“创新与可持续发展”主题，针对“增强中小企业创新能力”、“改善中小企业创新政策环境”、“推动中小企业创新发展”等三个议题讨论交流，达成了一系列重要共识。

3.2.6　国务院常务会议部署扶持小微企业推动大众创业万众创新政策

2014 年 9 月 17 日召开的国务院常务会议，部署了进一步扶持小微企业发展推动大众创业万众创新。会议指出，小微企业是发展的生力军、就业的主渠道、创新的重要源泉。在推进简政放权，继续实施好现有小微企业支持政策的同时，重点推出以下新政策。

一是进一步加大简政放权力度。加快清理不必要的证照和资质、资格审批，为小微企业降门槛、除障碍。二是加大税收支持。在 2013 年对月销售额不超过 2 万元的小微企业、个体工商户和其他个人暂免征收增值税、营业税的基础上，从 2014 年 10 月 1 日至 2015 年底，将月销售额在 2 万 ~3 万元的也纳入暂免征税范围。对小微企业从事国家鼓励类项目，进口自用且国内不能生产的先进设备，免征关税。三是加大融资支持。采取业务补助、增量业务奖励等措施，引导担保、金融和综合外贸服务等机构为小微企业提供融资服务。鼓励银行业金融机构单列小微企业信贷计划，鼓励大银行设立服务小微企业专营机构。推动民间资本依法发起设立中小银行等金融机构取得实质性进展。四是加大财政支持。对吸纳就业困难人员就业的小微企业，给予社会保险补贴。政府以购买服务等方式，为小微企业免费提供技能培训、市场开拓等服务。高校毕业生到小微企业就业，由市、县公共就业人才服务机构免费保管档案。五是加大中小企业专项资金对小微企业创业基地的支持，鼓励地方中小企业扶持资金将小微企业纳入支持范围。六是加大服务小微企业的信息系统建设，方便企业获得政策信息，运用大数据、云计算等技术提供更有效服务。

3.2.7 财政部和税务总局印发《关于进一步支持小微企业的增值税和营业税政策的通知》

2013 年 12 月 24 日，财政部印发《关于小微企业免征增值税和营业税的会计处理规定》的通知（财会〔2013〕24 号），根据《财政部 国家税务总局关于暂免征收部分小微企业增值税和营业税的通知》（财税〔2013〕52 号），深入贯彻实施《小企业会计准则》，解决执行中出现的问题，规定小微企业在取得销售收入时，应当按照税法的规定计算应交增值税，并确认为应交税费，在达到《通知》规定的免征增值税条件时，将有关应交增值税转入当期营业外收入。小微企业满足《通知》规定的免征营业税条件的，所免征的营业税不作相关会计处理。小微企业对本规定施行前免征增值税和营业税的会计处理，不进行追溯调整。

2014 年 9 月 25 日，财政部和税务总局印发《关于进一步支持小微企业的增值税和营业税政策的通知》（财税〔2014〕71 号），规定自 2014 年 10 月 1 日至 2015 年 12 月 31 日，对月销售额 2 万元至 3 万元的增值税小规模纳税人和营业税纳税人，暂免征收增值税和营业税，政策范围涵盖小微企业、个体工商户和其他个人。

此次出台的政策，在效果上相当于将现行增值税和营业税起征点由月销售额2万元（年销售额24万元）提高到3万元（年销售额36万元），并将适用范围从现行的个体工商户和其他个人扩展到小微企业。从国际上看，这一免税标准已经不低。根据OECD的报告，在OECD开征增值税的33个成员国（只有美国没有开征增值税）中，智利、墨西哥、西班牙和土耳其4国没有设置起征点，即只要发生应税交易都要纳税；其他29个设有起征点的国家，起征点标准平均为年销售额3.95万美元，折合成人民币约为24万元，而低于24万元标准的成员国有19个之多。

3.2.8　国务院印发《关于扶持小型微型企业健康发展的意见》

2014年10月31日，国务院印发《关于扶持小型微型企业健康发展的意见》（以下简称《意见》），从资金支持、财税优惠、创业基地建设、促进企业信息互联互通等方面提出10方面的政策措施。

一是充分发挥现有中小企业专项资金的引导作用，鼓励地方中小企业扶持资金将小型微型企业纳入支持范围。二是认真落实已经出台的支持小型微型企业税收优惠政策，根据形势发展的需要研究出台继续支持的政策。小型微型企业从事国家鼓励发展的投资项目，进口项目自用且国内不能生产的先进设备，按照有关规定免征关税。三是加大中小企业专项资金对小企业创业基地（微型企业孵化园、科技孵化器、商贸企业集聚区等）建设的支持力度。鼓励大中型企业带动产业链上的小型微型企业，实现产业集聚和抱团发展。四是对小型微型企业吸纳就业困难人员就业的，按照规定给予社会保险补贴。自工商登记注册之日起3年内，对安排残疾人就业未达到规定比例、在职职工总数20人以下（含20人）的小型微型企业，免征残疾人就业保障金。五是鼓励各级政府设立的创业投资引导基金，积极支持小型微型企业。积极引导创业投资基金、天使基金、种子基金投资小型微型企业。符合条件的小型微型企业可按规定享受小额担保贷款扶持政策。六是进一步完善小型微型企业融资担保政策。大力发展政府支持的担保机构，引导其提高小型微型企业担保业务规模，合理确定担保费用。进一步加大对小型微型企业融资担保的财政支持力度，综合运用业务补助、增量业务奖励、资本投入、代偿补偿、创新奖励等方式，引导担保、金融和外贸综合服务企业等为小型微型企业提供融资服务。七是鼓励大型银行充分利用机构和网点优势，加大小型微型企业金融服务专营机构建设力度。引导中小型银行重点支持小型微型企业和区域经济发展。引导银行业金融机构针对小型微型企业创新产品和服务，单列小型微型企业信贷计划。大力推进具备条件的民间资本依法发起设立中小型银行等金融机构。八是高校毕业生到小型微型企业就业的，其档案可由当地市、县一级的公共就业人才服务机构免费保管。九是建立支持小型微型企业发展的信息互联互通机制。依托工商行政管理部门的企业信用信息公示系统，在企业自愿申报的基础上建立小型微型企业名录，集中公开各类扶持政策及企业享受扶持政策的信息。通过信息公开和共享，利用大数据、云计算等现代信息技术，推动政府部门和银行、证券、保险等专业机构提供更有效的服务。加强对小型微型企业的跟踪调查与监测分析。十是大力推进小型微型企业公共服务平台建设，加大政府购买服务力度，为小型微型企业免费提供管理指导、技能培训、市场开拓、标准咨询、检验检测认证等服务。

3.2.9 国务院实施普遍性降费措施，预计减负 400 亿元

2014 年 11 月 15 日，国务院总理李克强主持召开国务院常务会议，决定实施普遍性降费，进一步为企业特别是小微企业减负添力。会议强调，大力减轻企业特别是小微企业负担，降低大众创业成本，加快万众创新步伐，要在着力落实好定向减税政策的同时，实施普遍性降费。会议决定，凡没有法律法规依据或未经批准设立的行政事业性收费和政府性基金项目，一律取消；对收费标准超成本的要切实降低；对确需保留的补偿非普遍性公共服务成本的收费，严格实行收支两条线管理。同时，减免涉及小微企业、养老、医疗和高校毕业生就业等的收费和基金。会议部署了四项具体减费举措：①取消或暂停征收依法合规设立但属于政府提供普遍公共服务或体现一般性管理职能的收费，包括企业、个体工商户注册登记费等 12 项收费。②对小微企业免征组织机构代码证书费等 42 项行政事业性收费。从 2015 年 1 月 1 日至 2017 年底，对月销售额或营业额不超过 3 万元的小微企业，自登记注册之日起 3 年内免征教育费附加、文化事业建设费等 5 项政府性基金。③对安排残疾人就业未达到规定比例、在职职工总数不超过 20 人的小微企业，自登记注册之日起 3 年内免征残疾人就业保障金。④对养老和医疗服务机构建设减免土地复垦费、房屋所有权登记费等 7 项收费。继续对高校毕业生、登记失业人员、残疾人和复转军人自主择业

创业，免收管理、登记和证照类行政事业性收费。此次四项具体减费举措，预计每年将减轻企业和个人负担400多亿元。

3.2.10　国务院多措并举疏通金融“双渠道”化解中小企业融资成本高顽疾

2014年11月19日国务院召开常务会议，以金融改革为突破口，从完善差异化信贷政策，健全多层次资本市场体系两大方向出发，提出包括存贷比弹性、民营银行、股票发行注册制、利率市场化等新的十项金融举措，即面向小微企业的新的“金十条”举措，力图疏通中小企业直接融资和间接融资的“双渠道”，进一步缓解融资成本高问题。

在具体的“金十条”内容中，“一、二、六、九条”内容尤其受到关注。一条指出，增加存贷比指标弹性，改进合意贷款管理，完善小微企业不良贷款核销税前列支等政策，增强金融机构扩大小微、“三农”等贷款的能力；二条是，加快发展民营银行等中小金融机构，支持银行通过社区、小微支行和手机银行等提供多层次金融服务，鼓励互联网金融等更好向小微、“三农”提供规范服务；六条是，抓紧出台股票发行注册制改革方案，取消股票发行的持续盈利条件，降低小微和创新型企业上市门槛。建立资本市场小额再融资快速机制，开展股权众筹融资试点。九条是，加快利率市场化改革，建立市场利率定价自律机制，引导金融机构合理调整“虚高”的贷款利率。

首先，改革存贷比、发展民营银行、利率市场化等几条措施，将利于疏通企业间接融资的“主渠道”。中小企业面临资金难题时，绝大部分还是希望能从银行贷款。此次提出的加快利率市场化、增加存贷比指标弹性、改进商业银行绩效考核机制，以及发展民营银行等措施，都是从银行自身进行政策松绑和改革，提升银行向企业特别是中小企业贷款的动力。同时，加快发展民营银行等中小金融机构，鼓励互联网金融等措施，也将利于中小微企业融资。民营银行相较于传统银行更具灵活性和针对性，在支持中小企业方面更具有优势和动力。再次，推进IPO注册制，将同时为中小企业搭起直接融资“辅渠道”。此次会议提出，抓紧出台股票发行注册制改革方案，取消股票发行的持续盈利条件，降低小微和创新型企业上市门槛。中小企业尤其是科技类、创新型企业上市的节奏将加快。

3.3 中小企业当前面临的困难与特点

目前我国中小企业发展总体尚可，但是小型微型企业比较困难。高成本和市场需求相对不足同时并存，已经成为当前和今后中小企业面临的主要矛盾。受经济下行压力影响，企业产成品存货和应收账款呈两位数增长，订单小幅回落，利润回落较快，亏损企业亏损额增加等。从中小企业融资和担保情况看，仍存在小微企业信贷风险升高，贷款难度加大，融资成本居高不下，资金周转不畅以及担保机构风险上升导致新增业务下滑等问题。

3.3.1 市场需求不足

国家统计局、中国物流与采购联合会发布的我国制造业采购经理指数（PMI）显示，制造业继续保持增长态势，微刺激初步见效。但是从分项数据看，尽管中央已经出台了一系列支持小微企业的措施，小型企业的经营情况依然不佳。数据显示，2014 年 9 月小型企业 PMI 为 48.6%，比 8 月下降 0.5 个百分点，继续处于收缩区间。整体来看，2014 年 4 月以来小型企业仅 7 月份 PMI 超过 50%，显示今年一年经营形势都不太乐观。与之相对的是，2014 年 9 月份大型企业 PMI 为 52%，比上月上升 0.1 个百分点，持续位于临界点以上；中型企业 PMI 为 50%，比上月上升 0.1 个百分点，位于临界点。中国中小企业协会发布的数据显示：2014 年一季度中国中小企业发展指数（SMEDI）为 95.9，比上年四季度上升 0.2 点，基本持平，略有上升；但二季度中国中小企业发展指数（SMEDI）为 94.1，比一季度下降 1.8 点；2014 年三季度持续下降，最终为 93.1，比二季度下降 1.0 点。其中分行业指数下降的面继续扩大，为 1 升 7 降，分项指数下降的面缩小，为 3 升 5 降。由于目前经济增长的内生动力仍然不强，经济下行压力进一步显现，受宏观经济环境影响，广大中小企业特别是小微企业，从总体上看，生产经营活力不足，中小企业发展指数由降转升的难度较大。

3.3.2 劳动力成本刚性上升

无论是沿海地区、还是中西部地区，职工工资普遍增长较快，平均达到 20% 至 30%。同时，结构性缺工突出，熟练技工和技术研发人员严重缺乏，人才流失频繁等因素，也在无形中推高了用工成本。另外，由于最低工资标准上调，相应社会保险和公积金的征缴基数也随之增长，增加了企业社会保险支出负担，工资上涨的速度已远超中小企业利润平均增速。

据国家统计局公布的不同岗位平均主要工资数据显示，全国城镇就业人员的平均工资从2001年的10834元提高到了2013年的45676元。2013年全国城镇私营单位就业人员年平均工资为32706元，同比名义增长13.8%，增幅回落3.3个百分点。扣除物价因素，2013年全国城镇私营单位就业人员年平均工资实际增长10.9%；全国城镇非私营单位就业人员年平均工资为51474元，同比名义增长10.1%，增幅回落1.8个百分点。扣除物价因素，2013年全国城镇非私营单位就业人员年平均工资实际增长7.3%。

2013年有27个省上调了最低工资标准；截至2014年10月27日，全国共有19个省市上调了最低工资标准，其中上海的月最低工资标准和小时最低工资标准为全国最高（详见表3.10）。

表3.10　2014年各省市上调最低工资标准一览表（截至2014年10月27日）

地区	月最低工资标准（元）	小时最低工资标准（元）	实施时间
上海	1820	17	2014年4月1日
深圳	1808	16.5	2014年2月1日
天津	1680	16.8	2014年4月1日
浙江	1650	13.5	2014年8月1日
江苏	1630	14.5	2014年11月1日
北京	1560	16.9	2014年4月1日
山东	1500	15	2014年3月1日
内蒙古	1500	12.2	2014年7月1日
河北	1480	15	2014年12月1日
山西	1450	16	2014年4月1日
云南	1420	12	2014年5月1日
四川	1400	14.6	2014年7月1日
河南	1400	13.5	2014年7月1日
江西	1390	13.9	2014年7月1日

续表

地区	月最低工资标准（元）	小时最低工资标准（元）	实施时间
甘肃	1350	13.7	2014 年 4 月 1 日
陕西	1280	12.8	2014 年 2 月 1 日
青海	1270	12.9	2014 年 5 月 1 日
重庆	1250	12.5	2014 年 1 月 1 日
贵州	1250	13	2014 年 7 月 1 日

3.3.3 融资成本居高不下

就融资难问题而言，主要指小、微企业，而非中型企业。创造中国近六成 GDP 的中小企业，目前仅占主要金融机构贷款的 16%。银监会数据显示，当前银行贷款不断向大客户集中。截至 2014 年 6 月底，贷款余额亿元以上的大客户在全国 17 家最大银行中，数量比重不足 0.5%，贷款余额比重却超过 50%。从直接融资看，中小企业板和创业板股票市场门槛较高，面向中小企业的债券类、信托类、票据类和短期融资券等金融产品创新不足，政策性创业引导基金规模小，中小企业集合债券、中小企业集合信托等融资成本高，综合融资成本往往高达 12% 至 15%。

3.3.4 减税清费需要政府转型打通政策最后一公里

通过对 18 个省份 5002 家中小微企业调研，北京国家会计学院完成的国内首份《中小企业税收发展报告》显示，就增值税而言，小微企业和大中型企业的税收负担（增值税/收入）比例大致相当；不过，在所得税率上，小微企业的税收负担明显高于大中型企业，且差距较 5 年前增加近一倍。税负负担、融资难已经成为国内小微企业发展的两大核心挑战，仅次于人工和原材料成本上升。对于税收优惠等政策，小微企业获取的最主要途径仍是“税务机关传递”（约占 33%）；优惠政策执行最为突出的问题是“优惠政策形式复杂，缺乏规范和统一”。

从税收的货币成本上来看，37.91% 的小微企业遵从成本在 5 万元以下；36.38% 企业在 5 万 ~10 万元；13.07% 企业在 10 万 ~20 万元；12.64% 企业在 20 万元以上。由于小微企业规模小，对税收法规和纳税事宜相对不熟悉，小微企业普遍反映税务部门在征管模式上存在问题，主要为纳税程序复杂、主观随意性强。越是经济不发达的地区，税收的随意性越高，一些可以很清晰的税收政策，部分地方税务部门往往长期不给明确标准，小微企业因此需要与税务部门进行大量沟通，个别地区税收的随意、不透明加大了小微企业的遵从成本。税收法规、政策的宣传、咨询服务，以及税收管理的力度，都偏重于大型企业、国有企业，忽视甚至歧视小型企业、民营企业，使中小企业得不到平等的税收服务待遇。税收处罚力度上则存在向民营中小企业倾斜的取向，导致中小企业的经营困境。

3.3.5 大企业拖欠中小企业货款问题严重

大企业利用优势地位拖欠小微企业账款的现象，在发达国家不同阶段也都曾出现过。在国务院发展研究中心近几年来的调查中，发现这个问题越来越严重。媒体今年也对湖南等部分省市大企业拖欠数百家中小供应商企业的现象进行了深入报道。工业和信息化部在贯彻对国发14号文件（《关于进一步支持小型微型企业健康发展的意见》）进行督查的调研中，也发现这个问题比较突出。在东北组的调研材料中，大企业拖欠货款，小微企业敢怒不敢言的问题反映比较多。

小微企业自身发展本就困难，而大企业具有优势，如果没有外部规范化的市场发展环境，小企业面对拖欠问题则很难解决。发达市场经济国家对大企业利用市场垄断优势地位侵犯小企业权益，如拖欠货款等，非常重视并立法进行惩处。如日本20世纪60年代就出台专门法律制止大企业拖欠小企业货款。我国正在对2003年出台的《中小企业促进法》进行修改。尽管小微企业被拖欠货款的现象比较复杂，属于市场主体间的经济活动，但是存在市场失灵的问题，法律应该就这个问题制定出详细可操作的立法执法细则。

3.4 政策建议

3.4.1 加快修订《中小企业促进法》，从重视扶持到营造公平发展环境

2013年7月1日，全国人大已经将2003年发布的《中华人民共和国中小企业促进法》列入修法计划，并开展了调研。国务院发展研究中心企业研究所

在全国人大修法咨询座谈会上提出：首先，立法思路上，国家对中小企业的发展政策应重点集中在小微企业，首先是否考虑修法名称改为《小微企业法》或《小企业法》。其次，立法内容上，应从"促进"转向营造公平发展环境，应从政府扶持中小企业发展，包括财政、税收、资金、融资、技术、市场支持服务等方面的扶持，转型为政府营造公平发展环境促进中小企业发展，包括降低市场准入门槛、消除政府采购歧视等市场环境，中小企业维权方面如制止大企业利用市场垄断优势地位拖欠小企业货款、消除基层行政部门对中小企业的吃拿卡要等执法环境等。在扶持方式上，由注重减税让利转向注重营造公平的发展环境。由直接为企业提供资金、项目支持转向注重培育社会中介组织，通过建立和完善服务支持体系，为企业提供社会化的公共服务。第三，要加强法规的可操作性，《中小企业促进法》总计 45 条，其内容原则性强，可操作性不强，没有一般法律所具有的法律责任和处罚措施。对于侵犯小微企业合法权益的行为缺乏具体的处罚措施，只发挥了部分扶持作用，没有发挥法律的保护作用。

对中小企业的法律保护不到位，是当前比政府扶持不到位更突出的问题。中小企业在财产、商业秘密、知识产权乃至人身安全等合法权益方面，目前缺乏有效的法律保护。政府执法水平不高，政府服务不够，产权保护不到位，严重影响了中小企业的经营环境。一项调查表明，90% 的企业主对自己的财富增加心有余悸，希望私有财产进一步受到法律保护。对于私有财产可能被侵害的原因，50% 的企业主认为在于法律保障不完备。

建议加快修法进程，并研究和制定操作性强的《实施细则》，放宽市场准入，拓宽融资渠道，公平市场环境，实行同等待遇，强化政府服务，改进政府监管，切实保护中小企业的合法权利和利益。

3.4.2 加强中小企业工作的领导和协调

发达国家对小企业政策非常重视，将其解决就业功能、提高居民收入、稳定经济的功能，置于提供税收来源、增加财政收入之前。1953 年，美国政府出台了《小企业法》，并依法成立了小企业管理局（Small Business Administration，SBA），作为美国联邦政府下属独立的办事机构。并设立中小企业法律总顾问，主要职责在于检查政府各个部门在制定政策和国会立法过程中是否侵犯小企业权益。小企业局长和小企业法律总顾问由总统直接任命。SBA 对于美国小企业创新创业发展发挥了巨大的积极作用，提供了大量的投融资服务、政府采购服务、商业咨询服务以及其他多种形式的服务等。

建议中国在组织机构上更加重视中小企业工作，建立统一的高级别的领导机构。整合目前分散在工业和信息化部、商务部、科技部中关于中小企业的职责，成立国家级的中小企业局。

3.4.3　建立中小企业统计制度

当前对中小企业统计监测来源于多个方面：一是统计局调查队系统开展的抽样调查，例如规模以下工业抽样调查、限额以下服务业企业抽样调查等；二是各地工信委、经贸委、中小企业局等主管部门开展的监测调查，例如工信部中小企业司建立的中国中小企业生产经营运行监测平台；三是政协等部门开展的一次性中小企业专项调查；四是行业协会、商业机构开展的商业调查。主要存在以下几个方面的问题：开展监测调查的途径、范围、内容不统一，调查结果不一致；调查连续性差；调查结果反馈不及时影响调查公信力。

建议建立中小企业统计制度，乃至制定相应的法律法规来保障实施的普遍性和权威性。《国务院关于进一步促进中小企业发展的若干意见》明确了建立中小企业统计监测制度的分工，即统计部门负责建立和完善对中小企业的分类统计、监测、分析和发布制度，加强对规模以下企业的统计分析工作。但小微企业量大面广，与居民就业、提高收入、纳税等都密切相关，建议在工信部门、商务部门、科技部门对中心工业企业、中小商贸流通服务业企业、科技型中小企业的支持统计部门调查之外，加大工商部门、税务部门对个体工商户等的统计监测工作力度。

3.4.4　加快金融业改革，切实放开银行业准入

由于中小企业并非优质的放贷对象，其在经营过程中与融资机构的信息不对称问题尤其突出。建议信用部门除利用传统征信体系建立覆盖面广、使用便利的信用数据库系统外，针对新时代互联网经济的特点，充分利用互联网平台、大数据等多种技术途径建立现代化的信用数据平台。同时鼓励社会化的机构如企业、非营利机构等开展信用数据库建设与查询服务等工作。基于淘宝网数百万家网上店铺商家的营业信息、货款信息的阿里小额贷款，做到了几千块

钱的小额贷款也能低成本盈利，凸显了互联网下大数据时代对小微企业经营者信用信息的精准把握。

但解决中小企业融资成本贵的根本途径是资金价格的市场化，即放开金融业的准入门槛，鼓励更多的市场主体进入金融业，尤其是民营企业。中国已经出现了一批拥有大数据领先优势、具有世界影响力的互联网企业，有条件稳步放开金融业门槛。配套的要建立存款保险制度，放开利率管制，实行利率市场化。只有出现多个细分市场的金融机构竞争的局面，资金的市场价格有望达到均衡的供需平衡价位，才能解决小微企业融资难融资贵的顽疾。

另一方面，也要办好政策性金融机构。应当多办几家专门为中小企业提供贷款的政策性银行。日本两家政策性金融公库、德国的中小企业政策金融机构等，对缓解中小企业融资问题起到了很好的效果。

3.4.5 完善公共服务平台建设政策

从科技部、工业和信息化部、商务部先后开展的中小企业服务平台建设工作，目前已经形成了政府扶持中介，中介促进中小企业发展的良好局面。实践中已经出现多个共性技术条件平台支持众多缺乏实验设备条件和技术基础的中小企业技术研发，出现多个专业技术检测平台服务周边缺乏大型专业仪器和技术基础的中小企业质量检测，建立起一批囊括政策法规信息服务、市场信息与拓展服务、融资担保贴息服务、管理提升咨询服务、财务报表、税务报税等服务的中小企业服务中心，为广大中小企业健康发展起到了良好的促进作用。

建议进一步完善中小企业公共服务平台建设的政策。一是在中央层面四部委发布《中小企业发展转向资金管理暂行办法》的基础上，将专项资金的使用思路进行调整，从重在对平台建设进行资助扶持阶段，转向促进各部门中小企业服务中心最大化发挥服务效果的运营阶段。二是在使用方式上，国务院发展研究中心企业研究所在2011年对工业和信息化部门600多家服务平台的系统调研已经揭示出，以间接资助方式直接资助服务需求方，即需要扶持的中小企业，让其自行以市场化方式选择服务机构，比政府采购方式采购特定服务机构的服务给中小企业，尤其是比直接补贴给服务供给方即各个服务平台来激励其提供服务，能够更好地发挥专项资金的使用绩效。三是在促进服务供给方的扩大和形成服务体系方面，科技部、工业和信息化部、商务部采用了多种所有制类型、多种注册方式的法人机构，作为资金资助的支点。系统的调研也表明，企业法人注册的服务机构，在服务面和服务效果上，要优于事业法人注册或行政法人注册的服务机构。因此，专项资金应更多以服务绩效奖励的方式，鼓励那些开展了大量服务的中介服务机构。如商务部门 2014 年开展的对中介服务机构以其实际发生的中小企业服务费用系列凭据，第三方专家小组审核后据实给以 30% 的成本补贴的做法，取得了较好的效果。四是加大对信誉较好的服务平台机构的宣传，如对已经取得工信部门五星级中小企业公共服务平台的机构，给予公共宣传，让广大中小企业知晓自己身边就有他们可以信赖的中小企业服务机构。

执笔：王继承

第四章 企业跨境投资

4.1　中国企业的海外投资

4.1.1　全球海外投资：趋势与政策

（1）全球投资趋势

①外国直接投资（FDI）总量增加，发达国家“回流”明显。

国际投资是拉动经济复苏的重要动力之一。2013 年全球外国直接投资（FDI）流入量上升了9%，从2012 年的1.33 万亿美元升到1.45 万亿美元。无论是发达经济体、发展中经济体还是转型经济体，所有主要经济体的FDI 流入量都出现增长。全球直接外资总量增加9%，达到25.5 万亿美元。跨国公司仍然是推动世界经济转型、产业升级的一个重要力量。联合国贸发会议（UNCTAD）预测，2014 年全球外国直接投资规模将增加至1.6 万亿美元，同比增长10.3%；2015 年将达到1.75 万亿美元，2016 年达到1.85 万亿美元[①]。但是，这些增长将主要来自发达经济体。超大型区域集团塑造直接投资新格局，目前正在谈判的三个主要区域集团在全球FDI 流量中所占的比例分别是：跨太平洋伙伴关系协定（TPP）32%、跨大西洋贸易和投资伙伴关系协定（TTIP）30%和区域全面经济伙伴关系（RCEP）24%[②]。

2013 年全球外国直接投资流出量增长了5%，从2012 年的1350 亿美元上升到2013 年的1450 亿美元[③]。跨国公司过去采取“离岸布局”，就是把价值链分散在不同的国家，选取价值利益最大的国家来布局；现在，为了发达国家制造业回归，跨国公司采取“近岸布局”。从2012 年开始发达国家的跨国公司通过资产重组、撤资等方式重新布局海外投资。2013 年的情况进一步证明西方

---

① UNCTAD：World Investment Report 2014，Overview －Global Investment Trends，P. xiii.

② UNCTAD：World Investment Report 2014，CHAPTER I Global Investment Trends，Table I. 1. FDI inflows to selected regional and interregional groups，average 2005 －2007，2008 －2013，P. 5.

③ UNCTAD：World Investment Report 2014，CHAPTER I Global Investment Trends，P. 5.

工作岗位在“回流”，至少世界顶级跨国公司看上去已不再将工作岗位转至海外了。

②流入发展中经济体的 FDI 趋缓。

2013 年，发展中经济体的外国直接投资流入量达到了一个新高度，即 7780 亿美元，占全球 FDI 流入量的 54%，保持了领先地位。FDI 的最大目的地仍是中国和亚洲其他发展中经济体①。在对外投资方面，发展中经济体仍然富有活力，继续稳步上升了 3%。发展中经济体和转型经济体对外投资达 5530 亿美元，占全球 FDI 流出量的 39%②。

③中国流向海外的 FDI 预计将超过流入中国的 FDI。

2013 年中国吸纳外国直接投资和对外投资实现双增长，然而，中国对外投资的增长速度比吸引外资快，未来两年将可能超过吸引外资，成为净对外投资国。2013 年中国全年吸收外资达 1240 亿美元，较上年增长 2.3%，居全球第二位，并且缩短了和全球第一的美国之间的差距③。主要原因是，中国企业不仅正在发达经济体大举收购资产，而且还在将生产转移至柬埔寨、缅甸和非洲等地，以利用这些地区较低的成本和优惠贸易协定。

中国对外投资的高速增长更加引人注目。2013 年中国对外投资达 1010 亿美元，较上年增长 15%，仅居美、日之后，为全球第三大对外投资国④。2014 年中国对外投资很可能超过吸引外资。截至 2013 年底，中国对外投资存量达 6604.8 亿美元，全球排名从 2012 年全球第 13 位上升至第 11 位⑤。

（2）国际投资政策

①各国国内政策。

2013 年，国家制订投资政策的导向依然是投资促进和自由化。2013 年，新出台的自由化、促进或便利措施中一半以上涉及投资鼓励措施；这些措施的目标是创造就业，然后是技术转让和促进出口，最主要的目标产业是信息技术和商业服务，然后是农业和旅游业。与此同时，国家监管或限制性投资政策的

---

① UNCTAD：World Investment Report 2014，CHAPTER II REGIONAL INVESTMENT TRENDS，P. 36.

② UNCTAD：World Investment Report 2014，CHAPTER I Global Investment Trends，P. 6.

③④ UNCTAD：World Investment Report 2014，CHAPTER II REGIONAL INVESTMENT TRENDS，P. 47.

⑤ 中国商务部、国家统计局、国家外汇管理局：《2013 年度中国对外直接投资统计公报》，2014 年 9 月 19 日。

比重进一步从25%上升到27%。例如，一些国家在针对跨国并购的准入方面也愈发挑剔，并开始限制战略性产业的外资进入。再如，有些国家对于跨国公司外迁和裁员规定了新的审批要求；此外，有些东道国也开始鼓励本国跨国公司的对外投资回流国内。

②国际投资协定的体系亟须改革。

2013年底，全球国际投资协定（IIAs）的数量接近3240个。碎片化的国际投资协定世界需要通过区域协定整合规则。但是，各国在国际投资协定的签署方面更加两极分化。一方面，谈判越来越活跃，所涉问题的深度和广度日益增加，现有的国际投资协定中被越来越多地添加新的议题，例如在谈判中纳入可持续发展内容、为国际投资协定增添自由化特点以及加强某些投资保护内容的条款等。那些正在谈判的“超大型区域协定”，既可能促进国际投资条约的格局实现整合，又可能因与现有国际投资协定体系重叠而造成更多的矛盾，特别是由于“超大型区域协定”有可能纳入投资仲裁内容，投资者与国家之间的争端解决机制将成为公众关注焦点①。另一方面，越来越多的非洲、亚洲和拉丁美洲发展中国家正在脱离国际投资协定体系，例如，单方面终止现有条约或宣布废止多边仲裁公约。

当前国际社会和各国对国际投资协定发展最为关注的问题是：投资者保护和东道国公共政策监管之间寻找规则的平衡。改革呼声要求，从片面强调投资保护和投资自由的国际投资法体系向强调资本对社会的义务和责任，强调国家安全、金融审慎、环境保护、劳工保障的国际投资法体系转变。

③中国对外签订双边投资条约、自由贸易协定情况。

中美两国于2008年6月正式宣布启动中美BIT谈判，其间因为美国要重新修订其BIT范本，谈判一度被搁置。在2012年前进行过6轮。经过了3年审查，美国政府于2012年4月20日公布了2012年BIT范本（2012 US Model BIT）。2012年5月，在第四次中美战略与经济对话（S&ED）上，中美两国重启谈判。2013年7月，两国确定“以准入前国民待遇”和“负面清单”管理模式为基础后，谈判进入实质阶段。2014年11月17日，双方在华盛顿已经进

---

① 联合国贸发会：《2014年世界投资报告（概述）》，第20页，http://unctad.org/en/PublicationsLibrary/wir2014_overview_ch.pdf，最后访问日期2014年11月10日。

行了第16轮谈判，双方继续就文本进行谈判。双方达成共识，力争于2014年底前就协定文本的核心问题和主要条款达成一致，2015年早期启动负面清单谈判。目前，双方在国有企业、知识产权保护、透明度和标准制定等方面仍存在分歧。中美双方诉求很多，美国相对更加关注我国的服务业开放，尤其是金融业开放，但我国在这方面显然有自己的改革时间表。

在中美BIT谈判已进入快车道的同时，中国和欧盟也于2013年6月启动了BIT谈判，截至目前，已经进行了3轮谈判。2014年1月，中欧在首轮谈判中，就谈判的安排、可能涉及议题等展开磋商。同年3月，在第2轮谈判中，双方就投资协定的概念性问题进一步交换了意见，但是实质进展并不多。在市场准入方面，欧盟效仿美国的需求，提出“准入前国民待遇”和“负面清单”管理模式进行谈判，特别关注服务业开放，例如，金融、电信、邮政快递等；此外，还提出公平竞争，以及环境、劳工、企业社会责任等可持续发展议题等。中国与欧盟启动BIT谈判以前，已经与欧盟28个成员国中的23个分别签订了BIT。欧盟将通过BIT重新整合其对外投资政策，避免目前双边投资条约的碎片化倾向，形成一个类似美国式的双边投资条约模本。

2014年9月，加拿大完成了《中加投资保护协定》（FIPA）的国内批准程序，该协定已于2014年10月1日生效。中加两国政府从1994年启动谈判以来，历时18年，终于在2012年9月签署了《中加投资保护协定》。在协定签署后，中国很快批准通过了这个协定。但加拿大政府却受到来自反对党和原住民团体的反对而拖延了两年。

2014年11月10日，中韩自由贸易协定完成实质性谈判，根据谈判成果，在开放水平方面，中韩贸易自由化比例均超过“税目90%、贸易额85%”，协定范围涵盖货物贸易、服务贸易、投资和规则等共17个领域。中方首次承诺以“准入前国民待遇和负面清单”管理模式开展服务贸易和投资谈判。双方首次在FTA谈判中涉及电子商务和地方合作的内容，首次设立金融服务、电信服务单独章节。

2014年11月17日，中国与澳大利亚共同确认实质性结束中澳自由贸易协定谈判。协定范围涵盖货物贸易、服务贸易、投资和规则共10多个领域，包含了电子商务、政府采购等“21世纪经贸议题”。在开放水平方面，澳大利亚对中国所有产品关税最终均降为零，中国对澳大利亚绝大多数产品关税最终降为零；投资领域，双方在协定生效日起相互给予最惠国待遇，同时大幅降低企业投资审查门槛。

截止到目前，中国有12个自由贸易协定（FTA）已经实施，正在谈判的有4个，考虑建立的有4个。中韩、中澳FTA是继今年7月1日生效的中瑞(士)、中冰FTA之后有更大突破的全面、高水平自贸协定。2014年11月28日，中、韩、日在东京结束自贸区第六轮工作谈判，就货物贸易、服务贸易、竞争、知识产权等问题进行了广泛讨论。三方预计2015年1月举行新一轮谈判，对贸易自由化目标值等焦点问题继续进行协商。对于中国政府而言，自由贸易协定是扩大对外开放和加速国内改革的新平台，是融入全球经济和增强对外经济合作的有效手段，是对现行WTO多边贸易体制的重要补充。

（3）国际社会新目标：为可持续发展目标投资的计划

为了应对共同的全球经济、社会和环境挑战，国际社会正在制定一套可持续发展目标，涉及减贫、粮食安全、健康和教育、减缓气候变化方面的具体指标以及经济、社会和环境各支柱领域的一系列其他目标，时间是2015~2030年期间。但是，要实现这个目标不仅要求公共和私人投资进行阶梯式变革，而且还要弥补至少每年约2.5万亿美元的资金缺口。因此，《2014世界投资报告》的主题就是"为实现可持续发展目标投资行动计划"。联合国贸发会为此提出了《对可持续发展目标的私人投资战略框架》阐述了主要政策挑战和应对办法。其中有四项平衡被作为可供各国参考的指导原则：即在自由化和监管权之间取得平衡；在回报率和提供可获得和付得起的服务两者之间取得平衡；在推进私人投资与推进公共投资之间取得平衡；在可持续发展目标的全球视野整体性与为最不发达国家作出特殊努力的必要性之间取得平衡。

4.1.2 中国企业海外投资：情况与问题

（1）中国企业海外投资情况

①总量与结构。

近年来，特别是实施"走出去"战略以来，中国企业对外直接投资保持快速增长态势。2002年中国对外直接投资为27亿美元，自2003年中国发布对外直接投资年度数据以来，中国对外直接投资流量已连续11年增长。2013年这一数字已增至1078.4亿美元，短短12年的时间增长了近40倍①。当前中国海外投资的核心目标包括开拓国外重要市场、购买原材料和核心技术、提升中国企业在全球价值链中的地位及减少中国对出口的依赖。

一是投资流量首次突破千亿美元大关，蝉联全球第三大对外投资国。2013年，在全球外国直接投资流出流量较上年增长1.4%的背景下，中国对外直接投资流量创下1078.4亿美元的历史新高，同比增长22.8%，连续两年位列全球三大对外投资国。

二是存量全球排名前进两位，投资覆盖国家或地区更为广泛。截至2013年底，中国1.53万家境内投资者在国（境）外设立2.54万家对外直接投资企业，分布在全球184个国家（地区），较上年增加5个。中国对外直接投资累计净额（存量）达6604.8亿美元，较上年排名前进两位，位居全球第11位②。2014年1～10月，我国境内投资者共对全球154个国家和地区的4977家境外企业进行了直接投资，累计实现投资5031.5亿元人民币（折合818.8亿美元），同比增长17.8%。其中股本投资和其他投资4109.8亿元人民币（折合668.8亿美元），占81.6%，利润再投资921.7亿元人民币（折合150亿美元），占18.4%③。

三是除对欧洲地区投资下滑外，对其他地区均呈不同程度的增长。2013年，中国对欧洲地区的投资59.5亿美元，同比下降15.4%；对拉丁美洲、大洋洲、非洲、亚洲分别实现了132.7%、51.6%、33.9%、16.7%的较快增长；对北美洲投资较上年实现0.4%的微增长。根据新加坡大华银行调查显示，中国有六成企业计划对外投资，且首选东南亚地区④。

四是投资涉及国民经济各行业，五大行业集中度超过八成。截至2013年底，中国对外直接投资覆盖了国民经济所有行业类别，租赁和商务服务

---

① 同上。《2013年度中国对外直接投资统计公报》的数据与《2014年世界投资报告》的数据略有出入，前者是1078.4亿美元，后者是1010亿美元。

② http：//www.fdi.gov.cn/1800000121_33_4266_0_7.html，最后访问日期2014年11月10日。

③ http：//fec.mofcom.gov.cn/list/tjzl/jwtz/1/cateinfo.html，最后访问日期2014年11月30日。

④ http：//fec.mofcom.gov.cn/article/xwdt/gn/201410/1841038_1.html，最后访问日期2014年11月10日。

业、金融业、采矿业、批发和零售业、制造业，五大行业累计投资存量达5486亿美元，占我国对外直接投资存量总额的83%，当年流量占比也超过八成。

六是地方企业对外投资稳步增长，非金融类投资存量地方企业占比首破三成。2013年，地方企业非金融类对外直接投资流量达364.15亿美元，同比增长6.5%，占全国非金融类对外直接投资流量的39.3%，广东、山东、北京位列前三。截至2013年底，地方企业非金融类对外直接投资存量为1649亿美元，在全国占比首次突破三成，达到30.3%。

七是非国有企业占比不断扩大，国有企业流量占比降至四成。以国有大型企业为代表的投资主体在海外投资中发挥了主导作用，但是非国有企业特别是民营企业，也逐步成为“走出去”的强劲力量，一部分优势企业逐渐发展成为集国内外生产、销售、研发，以及服务于一体的跨国公司。截至2013年底，在非金融类对外直接投资5434亿美元存量中，国有企业占55.2%，非国有企业占比44.8%，较上年提升4.6个百分点。2013年，非金融类对外直接投资流量927.4亿美元，其中国有企业占43.9%，有限责任公司占42.2%，股份有限公司占6.2%，股份合作企业占2.2%，私营企业占2%，外商投资企业占1.3%，其他占2.2%。

八是境外企业销售收入实现两位数增长，对东道国贡献突出。2013年，中国非金融类境外企业实现销售收入14268亿美元，较上年增长14.5%；2013年中国境外企业（含金融类）向投资所在国缴纳的各种税金总额达370亿美元，同比增长67%，2013年年末境外企业员工总数达196.7万人，其中直接雇用外方员工96.7万人，占49.2%；来自发达国家的雇员有10.2万人，较上年增加1.3万人。

九是以互联互通推进基础设施合作。中国—东盟自贸区已将互联互通作为双方合作的优先领域和重点方向。非洲国家正在深入推进旨在提高互联互通程度的《非洲基础设施发展规划》。根据德勤《2013年非洲建设趋势报告》，东非国家基础设施建设中，中国在承建项目和提供资金方面发挥了积极作用。东非93个基础设施项目中，西方国家公司承建项目占37%，中国公司承建项目占19%。从资金来源看，世界银行等国际金融机构融资占24%，中国占17%，欧美国家占 13%，非洲发展银行占 11%。德勤预测，东非地区油气开发将进一步推动本地区基础设施建设①。

随着"走出去"规模的急速扩大，中国企业的跨国经营实力将不断增强，在国际市场上的影响力也会与日俱增。对外投资已经成为中国开放型经济的重要组成部分。我国正在走向贸易和投资相结合的道路，这也有利于我国发挥外汇储备优势，有利于化解国内过剩产能矛盾。未来，中国对外投资会呈现上升趋势，尤其是在欧美发达地区的投资。

②跨国并购。

并购领域多元、单项交易额创历史之最，是 2013 年中国对外直接投资的另一个特点。

通过收购的方法直接进入海外市场，这是一种最便捷的方式，也是我国对外直接投资的一个重要组成部分。中国企业将眼光集中于欧洲和北美等发达国家市场，越来越倾向于并购欧洲及美国的企业。并购的优势在于企业可以获得成熟的技术、销售渠道以及知名的品牌。2013 年，中国企业共实施对外投资并购项目 424 个，实际交易金额 529 亿美元，其中直接投资 337.9 亿美元，占 63.9%；境外融资 191.1 亿美元，占 36.1%。并购领域涉及采矿业、制造业、房地产业、租赁和商务服务业、信息传输等 16 个行业大类。中国海洋石油总公司 151 亿美元收购加拿大尼克森公司 100% 股权项目，创迄今中国企业海外并购金额之最。另外，双汇国际以 71 亿美元总收购价格（其中包括 47 亿美元股权收购和 24 亿美元债务）收购美国食品巨头史密斯菲尔德食品公司，成为迄今为止中国收购美国企业的最大交易案②。

值得注意的是，中国的海外基础设施投资增长很快，如中国在东南亚的基础设施投资过去几年迅速上升。对各国投资促进机构的调查表明，中国被列为最有前途的外国直接投资来源地。

---

① "中国积极参与东非基础设施建设"，http://www.mofcom.gov.cn/article/i/jyjl/k/201312/20131200423810.shtml，最后访问日期：2014 年 11 月 30 日。

② http://www.caaa.cn/topicnews/2013/20/，最后访问日期 2014 年 11 月 10 日。

专栏

中粮集团海外并购，布局全球产业链

2014年10月28日，中粮集团宣布收购尼德拉51%股权和来宝农业51%股权两宗交易均通过了监管机构的并购审查并完成交割。中粮联手厚朴投资、世界银行成员机构国际金融公司、淡马锡、渣打私募股权投资等财务投资人进行联合投资。中粮与跨国投资团间的投资比例为60%：40%。两项并购耗资约30亿美元，是迄今为止我国最大规模的国际粮油并购。

尼德拉是全球知名的农产品及大宗商品贸易集团，在世界18个主要进出口国家从事粮食分销和国际贸易业务。来宝农业是来宝集团的农业业务平台，主要从事农产品贸易和加工业务。两公司的共同点是都有采购平台的功能，本身具有完善的粮食流通网络和强大的基础设施，在南美市场特别是巴西、阿根廷等地区已进行多年的粮油食品贸易。

并购将把尼德拉和来宝农业的国际生产采购平台与中粮现有的国内物流运输、加工中心和销售网络结合起来，实现中粮供应链向全球的延伸，将在全球最大的粮食产地南美、黑海等国家及地区和拥有全球最大粮食需求增量的亚洲新兴市场间建立起稳定的粮食走廊。并购后，中粮资产超过570亿美元，营收合计633亿美元，仓储能力1500万吨，年加工能力8400万吨，年港口中转能力4400万吨，年经营量1.5亿吨。中粮海外营业收入将超过国内业务，实现产业链全球布局。

目前的全球格局是美洲向亚洲流，大洋洲也是出口地区，黑海地区也逐渐成为粮食流出地区。非洲资源丰富，但短期内还是粮食流进地区。亚洲的经济增长正在带动消费增长，而美洲和东欧的农产品生产将继续扩大。未来，亚洲对肉类、乳制品和谷物等食品的需求将持续增长。ADM等国际粮商的“全产业链”，主要是控制产业链的关键环节而非事必躬亲。例如在巴西，ADM等四大粮商通过把控物流、提供信贷等手段，控制了大豆市场一半的规模。国际粮商的优势是一方面能在全球广泛布局，另一方面又不因市场的广阔失去控制力，保证产区和销区之间不脱节，根据市场需求实现粮食资源的迅速匹配。

通过并购，中粮将通过粮食贸易杠杆在全球配置资源，建立一个数量和价格相对稳定的全球粮食供应网络。

③对东道国经济的贡献。

与其他国家对外直接投资一样，中国境外企业对东道国带来了明显的溢出效应，包括增加当地就业机会、缴纳各种税金、提高生活水平、学习先进技术等。中国境外企业销售收入实现两位数增长，对东道国贡献突出。2013 年，中国非金融类境外企业实现销售收入 14268 亿美元，较上年增长 14.5%；2013 年中国境外企业（含金融类）向投资所在国缴纳的各种税金总额达 370 亿美元，同比增长 67%，2013 年年末境外企业员工总数达 196.7 万人，其中直接雇用外方员工 96.7 万人，占 49.2%；来自发达国家的雇员有 10.2 万人，较上年增加 1.3 万人①。

（2）我国对外直接投资能力有待提高

①对外投资存量规模小。

2013 年，虽然我国对外投资存量位列世界第 11 位，但其存量规模仅为同期美国的 10.4%，英国的 35%，德国的 38.6%，法国的 40.3%，日本的 66.5%。

除存量规模外，跨国公司仍然主要体现为“大而不强”，我国企业对外投资海外资产与投资回报率也有待改善。根据中国企业联合会报告显示，2014 年世界 100 大跨国公司的入围门槛高达 2101.25 亿元，发展中国家 100 大跨国公司的入围门槛也达到 233.11 亿元；然而，2014 年中国 100 大跨国公司的入围门槛只有 21 亿元，而且海外营业收入的平均占比却由 22.25% 降至 20.86%，下降了 1.39 个百分点②。当前中国对外投资的核心目标包括开拓国外重要市场、购买原材料和核心技术、提升中国企业在全球价值链中的地位及减少中国对出口的依赖。

全球价值链在世界经济中的主导地位日益明显，全球生产经营活动被日益

① http：//www.fdi.gov.cn/1800000121_10000079_8.html，最后访问时间 2014 年 11 月 10 日。

② http：//fec.mofcom.gov.cn/article/xwdt/gn/201409/1838554_1.html，最后访问日期 2014 年 11 月 10 日。

纳入基于全球价值链的全球生产体系。这些全球价值链通常由跨国公司主导，而投入和产出品的跨境贸易在其海外分支机构、合作伙伴及市场交易对象之间进行，由跨国公司主导的全球价值链约占全球贸易的80%。全球价值链的竞争基本格局，仍是全球最大的跨国企业利用价值链和产业布局掌握高附加值的关键环节，掌握资源和市场。中国企业对全球价值链的参与，则更多限于对外国跨国公司价值链的参与和适应，因而仍较多地集中于全球价值链低端和低附加值的环节，即仍处于“微笑曲线”的中部和底部。

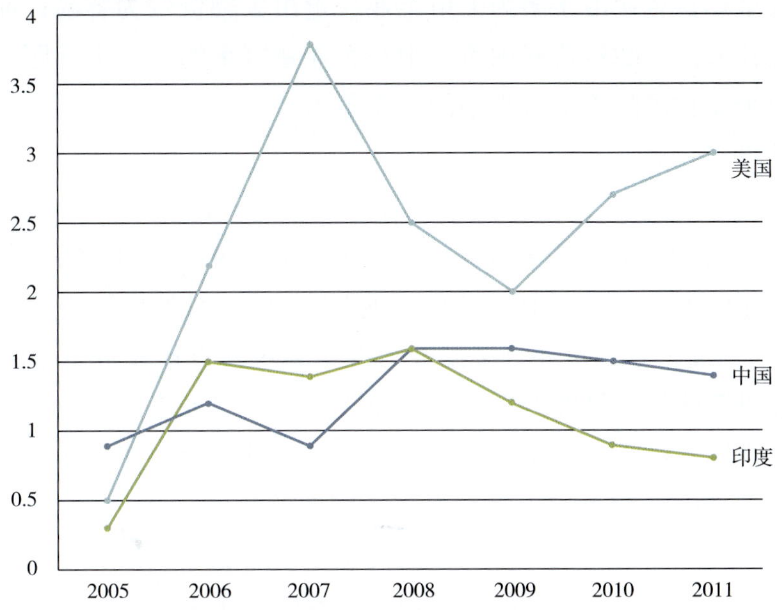

图 4.1　中美印 FDI 净流出/GDP 比率①

为更有效地参与全球价值链竞争，中国一方面应进一步提升吸引外资的质量和水平，将外资更多地引入高端制造业以及知识、技能含量较高的服务业。更为紧迫的是，中国应积极调整原有的“走出去”模式，确立以建立中国自己的全球价值链为核心的对外投资战略。这一战略要求通过集群式投资，而非

① 作为发达大国，美国的对外直接投资能力较高，绝大多数的年份明显领先于中国和印度。2008年之前，中国的对外直接投资是三国较低的，近年来虽然相对的GDP比例下降，但比率已明显超过印度。参见http：//finance. sina. com. cn/stock/usstock/shsj/20130702/005915979041. shtml，最后访问日期2014年11月10日。

以往点式的、分散的对外投资，推动中国制造企业通过投资、贸易以及非股权模式（如合同生产等），将产业链延伸到海外，建立自己的区域和全球产业链，在全球范围内最有效地配置和利用各地的资源。实施这一战略的目的，是建立自己的全球价值链和全球生产体系，由参与全球价值链向建立自己的区域及全球价值链转变，进而提高中国在全球价值链中的竞争优势，并推动国内产业升级。

另外，中小企业对外直接投资融资渠道狭窄，融资成本较高。中国大型国有企业及大型私营企业由于多为上市企业，走出去融资较为容易；而中小企业在国际化运营方面，融资普遍困难，中小企业融资难的另一个问题是融资成本偏高，导致企业在国际投资过程中缺乏竞争力。

②对外投资收益逆差。

2014 年 4 月，国家外汇管理局发布的《2013 年中国国际收支报告》显示，2013 年我国对外投资收益逆差为 599 亿美元，较上年扩大 4. 3%。对外投资逆差是新兴市场国家经济发展必经阶段（见图 4. 2）。对外投资逆差背后有投资能力问题[①]。当前，企业对外直接投资约占我国对外直接投资总量的 67%，提高企业对外投资能力，是降低中国对外投资逆差的当务之急。缺乏专业技能和人才，不重视成本收益，不全面评估风险，不尊重当地法律文化，没有人为投资业绩负责，是中国企业“走出去”失败案例的共性。

随着我国外汇储备规模接近 4 万亿美元，通过继续积累外汇储备维持人民币汇率稳定和增加对中国经济的信心的边际效应已越来越小。当务之急，一是要提高对外投资的收益率，如改革当前外汇储备的管理方式和投资思路，优化投资结构，扩大中国的对外直接投资和股权证券投资规模；二是要加快经济发展战略转型，减少“双顺差”，寻求外部平衡，扩大国内需求，提高国内的创新和研发能力，加快国内资本市场、社会保障体系建设。总之，坚持“扩内需、调结构、减顺差、促平衡”，加快转变经济发展方式，促进国际收支平衡，同时继续完善人民币汇率形成机制，增强人民币汇率双向浮动弹性，降低央行购汇压力，这也是外汇体制顶层改革的核心。在人民币达到均衡汇率时，我国

① 安平：“正确看待中国对外投资收益逆差”，载《第一财经日报》2014 年 5 月 22 日，http://www.yicai.com/news/2014/05/3842454.html，最后访问日期：2014 年 11 月 30 日。

对外资产负债结构和对外投资收益逆差的问题将能够得到缓解。

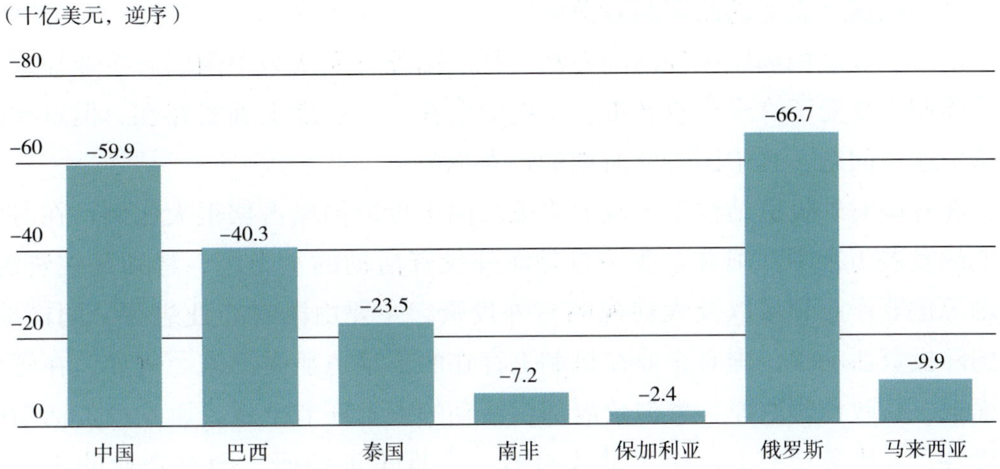

图 4.2　主要新兴市场国家对外投资收益情况

资料来源：国际货币基金组织 BOPA 数据库①

③海外投资收益与人民币国际化。

在国际经济活动中，将海外收益汇回国内才算是实现了海外经济的目的，因此，对外投资所得、承包工程所得、务工所得等海外收益构成了海外经济利益的一部分。如果人民币成为该东道国的兑换货币，在人民币清算体系中自由结算，将大大降低海外收益汇兑的成本和限制。目前，人民币国际化指数只有 2.0，而美元国际化指数为 52.3，欧元的国际化指数为 23.6，日元为 4.5。可见，人民币国际化是海外经济安全的物质基础。

（3）国有企业海外投资中的地位及改革

①世界范围内国有跨国公司的投资举足轻重。

在世界范围内，国有经济体在海外投资中的地位是至关重要的。2013 年，发达国家和发展中国家至少有 550 家国有跨国公司，其外国子公司达 15000 家，外国资产超过 2 万亿美元。这些跨国公司的直接外资在 2013 年超过了 1600 亿美元。尽管这些公司的数量不到所有跨国公司总数的 1%，但却占全球

---

① 安平："正确看待中国对外投资收益逆差"，载《第一财经日报》2014 年 5 月 22 日，http://www.yicai.com/news/2014/05/3842454.html，最后访问日期：2014 年 11 月 30 日。

直接外资流动量的 11% 以上[①]。

②中国国有企业的改革与竞争中立。

国有企业是中国国民经济的有利支柱。国外有人认为中国国有企业在现行经济体制下享受了许多优惠政策，这些问题在一定程度上确实存在，但这些都是历史遗留问题，是中国转轨时期的特有现象。

在我国对外投资结构上，政府决策和国企投资仍然占据很大比例；在对外投资的发展历程中，国有企业一直是海外投资活动的主力军，特别是在资源、金融等重要产业领域以及大规模的对外投资，主要由国有企业进行。同样地，在国际投资活动中，国有企业在机制上存在的不足也显露出来。例如，在管理层面上，行政色彩浓厚，类似政府部门活动的审批环节重重，影响投资活动的积极性；在决策层面上，由于缺少有效、合理论证调研，国有企业的决策滞后、决策失误现象始终存在。

2012 年，美国 BIT 范本对于中国的国有企业尤其是处于垄断行业的国有企业提出了更高的要求，体现了美国对中国国有企业是否行使政府职权的关注。此外，美国已签订和正在谈判的美韩 FTA、美澳 FTA 以及 TPP 等都有关于竞争中立的专门规定，用来避免一些国家利用各种刺激手段使竞争力向国有企业倾斜，从而实现美国的竞争政策多边化并适用于国际的投资争端，同时更新 OECD 现有的国有企业治理的指导原则。

中国在第六轮中美战略与经济对话中，已经承诺将进一步深化国有企业改革，完善并规范现代公司法人治理结构，合理增加国有企业管理人员市场化选聘比例。在混合所有制中，依照《公司法》和公司治理原则，健全董事会人选提名和遴选程序。

（4）政治风险成“走出去”首要风险

根据《中国企业国际化报告（2014）》蓝皮书，2005 ~ 2014 年期间发生的 120 起“走出去”失败的案例。其中，25% 的案例失败是因为政治原因所致，有 8% 的投资事件在投资审批等环节因东道国政治派系力量的阻挠导致失败，有 17% 的投资事件是在运营过程中因东道国的政治动荡、领导人更迭等原因

---

① 联合国贸发会：《2014 年世界投资报告（概述）》，第 8 页，http：//unctad. org/en/PublicationsLibrary/wir2014_ overview_ ch. pdf，最后访问日期 2014 年 11 月 10 日。

遭遇损失。同时，由于中国企业国际化尚处于起步阶段，不少企业对国外法律不熟悉，在守法方面要求不严格，面临较大的法律挑战[①]。

中国一部分对外投资企业在平衡东道国各种关系上存在较严重的误区，比如过度依赖东道国政府高层关系，不重视反对派、NGO 组织以及媒体的声音。2014 年 11 月 4 日，由中国铁建牵头的国际联合体独家中标墨西哥国内首条高铁——269.2 亿墨西哥城至克雷塔罗高铁项目。然而仅过去三天，11 月 7 日下午，墨西哥突然撤消投标结果，并决定重启投标程序，竞标时间放宽至 6 个月，使得中国企业在海外投资中受挫。

中国 90% 的石油及其他进出口贸易物资都依赖海上运输，我国海上战略通道安全受威胁，海盗猖獗一直是我国海上航道面临的重要威胁，极大影响了能源、货物的持续供应。此外，中国海外有很多项目，尤其是石油和天然气项目以及铁矿项目大都集中在非洲国家，而这些国家经济落后、民众贫苦、政治动荡，使中国企业时常面临危险，企业员工的人身安全受到威胁。比如，苏丹、尼日尔、伊拉克库尔德斯坦、尼日利亚等国家和地区的投资也有类似风险。建立安保预案，防患于未然。中国境外企业不善于与当地媒体打交道，对自身的宣传不够，或者缺乏说服力和宣传技巧，与东道国非政府组织、工会、党派等交流和合作不充分，危机处理能力明显不足，因此，中国境外企业遭受非政府组织的指责，以及中方员工遭受绑架时有发生。

鉴于投资目标国家的经济模式、法律体系、商业文化等往往与中国存在较大差别，中国企业在国外面临很大挑战。过去一些案例显示，不少企业对此准备不足，很容易导致跨文化冲突，有时甚至导致投资项目的失败。中国企业对外直接投资应以尊重东道国的文化习俗为出发点，在考虑公司整体利益的原则下努力化解这些文化差异带来的不确定风险。

4.1.3　我国海外投资立法体系的完善

（1）立法层级低，体系不完整

系统健全的立法体系是保证境外投资战略得以顺利实施的根本和保障。我

① 王辉耀："中国对外投资面临八大问题政治风险成'走出去'首要风险"，http：//world. people. com. cn/n/2014/1031/c190967 - 25944778 - 3. html，最后访问日期：2014 年 11 月 30 日。

国尚未制定对外投资的基本法律，也没有国务院颁布的条例来规范对外投资，只有各部委出台的相应部门规章来规范各个产业内部企业的对外投资行为。截至 2013 年底，这些规章主要有国家发展改革委员会 2004 年《境外投资项目核准暂行管理办法》，商务部 2009 年《境外投资管理办法》，国家外汇管理局 2009 年《境内机构对外直接投资外汇管理规定》，以及财政部、外交部、国家外汇管理局、海关总署 1999 年《境外国有资产管理暂行办法》，国有资产管理委员会 2011 年《中央企业境外投资监督管理暂行办法》和《中央企业境外国有产权管理暂行办法》等。当然，除此之外，我国对外投资法律体系中还有一些与之相关的法律法规，如《企业所得税法》《企业国有资产法》《反垄断法》《外汇管理条例》等。现有制度也只是规制海外投资的几个关键点，不仅内容单一，导致管理薄弱，而且立足点偏低，不能提升战略高度进行统一管理。

（2）分级管理、多元审批

从管理内容上，中国境外投资立法主要集中于境外投资的审批、外汇管理、国有资产的海外监管等方面。我国对外直接投资监管，实行的是分级管理、多元审批。我国对走出去企业的宏观管理相对滞后，缺乏宏观管理的规划和指导，没有明确的产业发展方向和国别政策，缺乏高效的管理机构，出现重复管理、遗漏管理等现象。国内众多管理部门都享有海外投资的审批权限，既有中央一级的，也有各级地方政府及其主管部门，表面上各司其职，但审批的内容经常发生重叠，职能交叉现象严重。一方面导致审批机构职能分散、办事效率低；另一方面，层层审批耗费大量人财物力，增加海外投资者的项目成本。主管部门往往对企业没有尽到合理的协助，帮助企业了解合作对手的状况；企业本身受信息渠道闭塞或判断能力等原因的影响，出现盲目决策，导致企业在海外投资中遭受重大损失。

（3）管理模式的改革

①发展改革委 9 号令和商务部 3 号令。

国家发展和改革委员会于 2014 年 4 月 8 日发布、5 月 8 日起施行新的《境外投资项目核准和备案管理办法》。商务部于 2014 年 9 月 6 日发布了《境外投资管理办法》，对现行的境外投资管理体制进行了调整和优化，3 号令已于 2014 年 10 月 6 日起施行。按照《国务院 2013 核准投资目录》，发展改革委和商务部依然是对境内企业境外投资进行监管审批（核准/备案）的两个主要政府部门。中国企业“走出去”到境外投资可以依据这两个新规定，在国内审批环节，享受国家简政放权、促进境外投资便利化、落实企业投资决策自主权等利好政策。

发展改革委 9 号令简化了对境外投资项目审核和备案的程序，明确规定了大部分审核和备案流程的时间节点，提高了境外投资项目核准和备案规范化、便利化的水平。具体表现在：一是大幅提高了境外投资项目的核准权限，缩小了核准范围。除了涉及敏感类的项目外，发展改革委的核准权限，由原来按资源类、非资源类划分的 3000 万美元、1000 万美元的权限，统一提高到了中方投资额 10 亿美元的投资项目。也就是说，对 10 亿美元以下的一般境外投资项目一律实行备案制。二是中央管理企业实施的境外投资项目，地方企业实施的中方投资额 3 亿美元及以上的境外投资项目，由国家发展改革委备案。地方企业实施的中方投资额 3 亿美元以下的境外投资项目，由各省、自治区、直辖市、计划单列市和新疆建设兵团等投资部门来进行备案。三是 9 号令明确了国家发展改革委在受理涉及敏感国家和地区、敏感行业的境外投资项目申请报告之日起 3 个工作日内征求有关意见，国家发展改革委委托的咨询机构的评估项目申请报告的时限原则上不超过 40 个工作日。四是 9 号令中仍规定，投资主体实施需国家发展改革委核准或备案的境外投资项目，在对外签署具有最终法律约束效力的文件前，应当取得国家发展改革委出具的核准文件或备案通知书（即“小路条”）。投资主体凭核准文件或备案通知书，依法办理外汇、海关、出入境管理和税收等相关手续[①]。

商务部 3 号令的亮点就是体现企业自主决策、自负盈亏、自担风险，最大限度缩小了核准的范围，具体特点如下：一是确立了企业对外投资主体地位，企业今后无需在签署境外投资合同或协议中必须约定以取得商务主管部门的核准/备案为生效条件，企业可自行决定对外投资协议的生效、交割条件。二是备案为主、核准为辅的管理模式取代全面核准制度，明确了国内企业在境外投资开办除金融企业之外的企业事项，涉及敏感国家和地区、敏感行业的，由商

① “发改委 9 号令的变与不变”，http：//www.dongao.com/news/ss/local/201405/157374_ 2.shtml，最后访问日期：2014 年 11 月 11 日。

务部核准；其他情形的，中央管理企业报商务部备案，地方企业报省级政府备案。备案有别于核准，备案只做形式审查，不做实质审查。备案及核准的办理时限进一步缩短，只要企业提供完整的信息，三天就可以完成备案。三是不再以发展改革委的核准或备案为前置条件，企业报请境外投资的，可以先行办理商务部门的申报手续，或与发展改革委的申报手续同时进行。四是并购类境外投资及矿产资源勘查开发类项目的申报程序简化。五是《企业境外投资证书》内容调整，企业未在境外开展投资导致《证书》失效。六是境外中资企业境外再投资、终止境外投资的备案制度改为报告制度①。

另外，商务部 3 号令与发展改革委 9 号令仅适用于境内企业的境外投资。目前两个部门尚未出台对于境内居民个人的境外投资相关规定。但发展改革委 9 号令规定，对于个人和包括合伙企业在内的其他组织在境外实施的投资项目将参照发展改革委 9 号令的规定另行制定具体管理办法。

②负面清单管理模式的内外统一。

鉴于准入前国民待遇和负面清单的外资管理模式已经成为国际经济发展的新趋势，上海自贸区作为我国进一步深化改革和扩大开放的试验田，其负面清单模式是正在进行的中美 BIT“准入前国民待遇 + 负面清单”谈判模式的先试先行。如今，中美 BIT 谈判进入实质性阶段后，这种外资准入模式已经成为我国在制定外商投资法时的重点考虑对象。不仅如此，由于中国在国际投资领域的身份出现混同，负面清单的思维需要贯彻到国内外投资立法中。也就是说，中国的外商投资法、对外投资法和中国参与的国际投资协定应该尽量保持一致。

以商务部 3 号令为例，所谓负面清单就是指除危害国家主权、安全和社会公共利益，或违反我国法律法规；损害我国与有关国家（地区）关系；违反我国缔结或参加的国际条约、协定；出口我国禁止出口的产品和技术四方面不允许投资外，其他均可。

国内、国际立法的协调性是一国法律体系完备发达的重要标志。我国海外投资国际立法不仅效力优于国内立法，而且在数量上也占有明显的优势。然

① “商务部新规《境外投资管理办法》解读”，http：//www. sinotf. com/GB/News/1001/2014 - 09 - 18/zMMDAwMDE4MDIzMQ. html，最后访问日期 2014 年 11 月 11 日。

而，要行使国际海外投资立法对本国海外投资有效的保护，仅有效力和数量上的优势是不够的，必须两者有力配合，相互照应，具备良好的协调性。一方面，国际立法只是国内立法的有效延伸，国内立法是国际立法的根本基础；另一方面，国内立法又必须反过来有效地配合国际立法，使国内立法跟上国际立法的进程。只有这样，国际立法才有实践基础，才有具体适用的可能，才能更有效地与国内立法相结合，保护本国的经济发展；而我国现行海外投资立法与国际立法在一致性方面存在着明显的问题。

（4）海外投资保险制度的完善

西方发达国家的实践表明，海外投资保险制度是保护和鼓励海外投资的一项有效的国内法制度。随着海外投资规模的逐年增大，我国海外投资者在东道国面临的各种政治风险也会增加。而从我国对外直接投资的投资地域分布看，我国对外投资企业在亚洲和非洲的投资覆盖率最高，在我国对外投资流向前10名的国家和地区中发展中国家和地区占8位，其中对外投资净额的92%投向了亚洲、南美洲和非洲国家，可见我国对外直接投资大多集中于政治风险高发的地区。即使向发达国家进行直接投资，也不能排除遭遇政治风险的可能性，因此，我国海外投资保险制度亟待完善，以此为海外投资企业保驾护航。

中国出口信用保险公司开办海外投资保险业务的目的就是支持和促进中国企业、金融机构进行海外投资，对投资者的海外投资及既得利益因东道国的政治风险而造成经济损失进行赔偿。投资者通过海外投资保险可以有效规避政治风险，同时可以获得融资便利。

中国出口信用保险公司还与MIGA合作，于2005年6月和世界银行多边投资担保机构（MIGA）签署了《合作谅解备忘录》。但是，目前我国对外投资和国际工程承包对MIGA承保信用保险和风险管理的使用率并不高，可以综合考虑MIGA的担保和中国出口信用保险公司的承保。

从我国进出口信用保险公司现有海外投资保险业务的运作来看，目前需要相关国内海外投资立法、双边投资协定以及自由贸易区协定相互配合，并加以制度保障的是，中国进出口信用保险公司在理赔后向东道国的追偿问题，即如何有效行使代为求偿权。由于中国出口信用保险公司的海外投资保险业务刚刚起步，且基本上偏重于投资保险运作过程的前半段，而有关代位求偿权的实现和索赔以及争端的解决方面公司《投保指南》和我国法律中缺乏相应的规定，这就使中信保行使代位求偿权缺乏相应的法律保障，在向东道国索赔时举步维艰。在海外投资保险实践中，发达国家更倾向于通过缔结双边投资保护协定来规定代位权条款，约定两国行使代位权的范围、程序和方式。代位权作为海外投资保险立法的重要环节和运行依据，不仅关系到一国的海外投资保险制度能否顺利运行，也直接决定或制约着一国海外投资保险立法模式的选择。应该说，代位权及其运作方式，一方面必须通过国内海外投资保险立法加以规定或体现，另一方面代位权运作方式反过来也决定着国内海外投资保险立法模式的选择。

在当前世界投资日趋自由化的背景下，作为最大的发展中国家，中国应充分利用缔结的双边投资保护协定和参加的多边投资公约，适应国际投资及其法律制度的发展要求，建立并完善中国海外投资保险制度，以保护和促进海外投资事业的发展。

4.2 在中国的外资企业

4.2.1 2014年利用外资存在的新变化

根据商务部的外资统计，2014年1~9月，外商投资新设立企业17247家，比上年同期同比增长5.5%；合同外资金额1705亿美元，同比增长11.5%；实际使用外资金额874亿美元，同比下降1.4%。

一是服务业吸收外资大幅增长，见表4.1。2014年1~9月份，服务业新设外资企业数11359家，增长14.2%；服务业外资企业合同外资金额935.6亿美元，同比增长25.5%，占全部合同外资金额的54.87%；实际使用外资486.3亿美元，同比增长8.7%，高于制造业增幅25.2个百分点，占吸收外资总额的比重为55.67%，比2013年进一步提高，促进了我国国民经济结构转型升级。特别是，十八届三中全会确定的重点发展领域，如文化体育娱乐业、卫生社会保障和社会福利业成为外资流向新热点，上述两个领域一季度实际使用外资同比分别增长476.8%、269.2%；计算机服务及软件业实际使用外资同比增长40.8%。

表 4.1　　**2014 年 1～9 月外商直接投资领域情况**　　单位：亿美元

投资领域	企业数		合同外资金额		实际使用外资金额	
	家数	同比（%）	金额	同比（%）	金额	同比（%）
总计	17247	5.5	1705.2	11.5	873.6	－1.4
农林牧渔业	511	4.3	52.6	11.8	11.8	－2.5
制造业	3790	－19.0	592.6	－5.7	296.3	－16.5
服务业	11359	14.2	935.6	25.5	486.3	8.7
其中：房地产业	320	－5.0	222.3	－13.0	258.2	30.1
其他	1587	28.8	124.4	14.8	79.1	10.1

资料来源：商务部外资投资管理司编，外资统计快报（2014 年 9 月）。

二是中西部地区吸收外资金额和比重实现“双增长”，见表 4.2。2014 年 1～9 月份，中部地区合同外资金额 254.5 亿美元，同比增长 11.7%，实际使用外资金额 85.9 亿美元，同比增长 9.5%；西部地区合同外资金额 105.7 亿美元，同比增长 22.2%，实际使用外资金额 56.3 亿美元，增长 －14.6%。2014 年 9 月份，中西部地区吸收外资占全国外资总额的比重达 21.1%。2014 年一季度，中西部地区实际使用外资增量占全国吸收外资增量的 98.8%，成为拉动我国吸收外资增长的主力区域。跨国公司加大了向中西部地区投资力度。如法国雷诺向湖北东风雷诺汽车有限公司增资 3 亿多美元、韩国三星向其在西安设立的三星（中国）半导体有限公司增资 1.67 亿美元。

表 4.2　　**2014 年 1～9 月东中西部地区吸收外商直接投资情况**　　单位：亿美元

	企业数			合同外资金额			实际使用外资金额		
	家数	比重（%）	同比（%）	金额	比重（%）	同比（%）	金额	比重（%）	同比（%）
总计	17247	100.0	5.5	1705.2	100.0	11.5	873.6	100.0	－1.4
东部	14841	86.0	7.0	1345	78.9	10.7	731.3	83.7	－1.4
中部	1615	9.4	－4.5	254.5	14.9	11.7	85.9	9.8	9.5
西部	791	4.6	0.9	105.7	6.2	22.2	56.3	6.4	－14.6

资料来源：商务部外资投资管理司编，外资统计快报（2014 年 9 月）。

三是主要国家/地区对华投资总体保持稳定增长。2014 年 1～9 月实际投入外资金额排名前十五位的国家/地区依次为：中国香港、新加坡、英属维京群岛、日本、韩国、美国、中国台湾省、德国、萨摩亚、英国、法国、荷兰、毛里求斯、百慕大，合计投入873.6亿美元，实际增长-1.4%，占实际使用外资总额的95.4%。实际外资金额投入保持增长的，只有中国香港583.6亿美元，增长8.2%；韩国32.3亿美元，增长32.6%；中国台湾省16.7亿美元，增长1.8%；英国6.3亿美元，增长95.5%。

四是对外合作方式出现了新变化。在上海自贸区的基础上，天津、福建和广东设立经济自由贸易区。生态工业园区等区域发展平台建设得到了加强，推动了更多符合条件的国家级经济开发区与发达国家合作共建生态园区。2014年3月26日，中法两国签署《中华人民共和国商务部与法兰西共和国外贸部关于生态园区经贸合作谅解备忘录》，中法双方将合作共建“中法沈阳生态园”和“中法成都生态园”。中国和芬兰共建的生态园将在榆林落地。此外，加快实施沿边开放战略，着力推进中越跨境经济合作区建设。

五是一些跨国公司在经济衰退期积极在中国着手部署推动新技术、新模式和新平台。例如2012年以来，GE提出并在全球实施“工业互联网”的设想。工业互联网是在消费互联网大发展基础上互联网向产业领域的深度延伸，是工业在机械制造、电气化和自动化、电子信息化基础上走向数据驱动的机器智能化时代，由智能机器、高级系统分析软件和智能决策组成。消费互联网人和人的链接，工业互联网是人和物、物和物的链接，工业互联网可连接的机器数量是人的数量的数十倍，意味着工业互联网比消费互联网更大的规模；物和物的物理链接要求更精确、更实时的信息，要求对传感器、仪器仪表的部署以及系统分析软件更高的要求。2012年，GE认为大约全球经济的46%或者接近35万亿美元的全球产量会受益于工业互联网，三年时间可以为全球经济带来数以15万亿美国的GDP。而中国持续的基础设施建设加速工业化进程，形成了庞大的智能机器规模。例如，中国拥有的医疗CT扫描仪和发电装机总容量均位居全球第一，数量分别高达2万台（占全球38%）和100万兆瓦（占19%）；商用飞机发动机和大型油气旋转设备位列全球第二，数量分别为4938台（占11%）和4500套（占13%）；以及9600辆电传动内燃机车，居世界第三（8%）。只要工业互联网能够帮助到上述这些昂贵的机器实现提高1%的生产率，在未来15年就可以为中国这些行业节省240亿美元。GE的工业互联网提倡的智慧机器和IBM提出的智慧城市异曲同工，本质上都旨在实施全球化的战略平台，而中国是这些平台最大的市场之一和不可或缺的组成部分。

六是中国互联网产业持续成为外资投资的重点领域。

中国互联网产业的发展呈现在全世界独树一帜的情况，也历来是外资投入的重点领域，可以预见仍将是今后一段时间外资大规模投资的领域。2014 年阿里巴巴在美国隆重上市成为中国互联网产业发展的里程碑。市场调研机构 IDC 发布白皮书显示，2013 年中国网络零售市场交易规模达到 18832.5 亿元，2014 年中国将超过美国成为全球第一大网络零售市场。报告预计，到 2020 年，中国网络零售市场交易规模将达到 5.5 万亿元。届时，社会消费品零售总额中将至少有 66.7% 的交易将涉及电子商务相关服务，产业影响力不断提升。在新兴市场的驱动下，互联网用户增长势头依旧强劲，年复合增长率达 8%。中国的互联网人口排名第一，达 5.64 亿，但渗透率只有 42%，还有很大的增长空间。在 2014 年 5 月 29 日召开的 Code Conference 大会上，被誉为“互联网女皇”的玛丽·米克尔（Mary Meeker）公布了 2014 年的年度互联网趋势报告。报告显示，基于月独立用户访问量数据，全球十大网站中有六家来自美国，四家来自中国，分别为阿里、腾讯、百度、搜狐。鉴于中国的许多特色做法，互联网女王提出要从规模和创新上向中国学习。在本土市场，中国互联企业几乎取得了 100% 的胜利。即时通讯、搜索、资讯、社区、游戏、电子商务、个人工具、生活服务类等，没有哪家欧美互联网企业能够站住脚。此外，中国互联网企业还在担保交易（支付宝）、付费阅读小说（起点）、网络游戏中的“免费 + 虚拟商品”模式（征途）、导航站（hao123、UC 浏览器）、离线下载（迅雷）等方面产生了领先世界的模式创新。中国工业和信息化部副部长杨学山在北京举行的第六届电子信息产业标准推动会上表示，2014 年中国移动智能终端产量有可能达到 15 亿部。保守估计，其中 70% 是出口到全球。这就意味着大量的中国本土应用可以伴随这些终端内置自然发行到全球，特别是亚洲、非洲等对国外品牌接受度高的国家和地区。这一切已经使得移动互联网近年来持续成为外资蜂拥投入的领域。

七是“一带一路”的提出，改变了投资进出中国的格局。2014 年博鳌亚洲论坛年会开幕大会上，中国全面阐述了亚洲合作政策，并特别强调要推进“一带一路”的建设。“一带一路”是指“丝绸之路经济带”和“21 世纪海上丝绸之路”，是中国与其他区域合作发展的理念和倡议，是充分依靠中国与有关国家既有的双多边机制，借助既有的、行之有效的区域合作平台，旨在借用古代“丝绸之路”的历史符号，高举和平发展的旗帜，积极主动地发展与沿线国家的经济合作伙伴关系，共同打造政治互信、经济融合、文化包容的利益共同体、命运共同体和责任共同体。“一带一路”规划，必然会吸引“一带一路”沿线国家增加对中国的投资，从而改变现有投资来源区域和国别的构成。

4.2.2　外资企业的在华投资意愿仍在低位徘徊

2014 年前 9 个月，我国实际利用外资同比下降 1.4%，延续了近几年的低位波动态势，预计全年走势也难以出现明显改善。国务院发展研究中心和中国外商投资协会联合对华外商企业进行了调查，回收了 674 家企业的有效问卷，发现了以下一些特点。

一是对增加投资持观望态度的企业明显增加。超过半数的企业对是否继续增加投资持观望态度，计划增加投资的受访企业占比仅为 40%，还有近一成企业表示将减少在华投资。另外，根据中国欧盟商会的一项调查，欧盟企业中计划扩大在华业务的公司数量由 2013 年调查时的 86%，降低到今年的 57%，回落幅度十分明显，表明这些企业对扩大在华投资的态度趋于谨慎。

二是受访外资企业中将中国作为首选投资目的地的企业占比下降。有三成受访企业将中国列为海外投资首选目的地，列为前三位（不含首选，下同）海外投资地的受访企业仅有两成多。据中国美国商会调查，将中国作为海外投资首选地的美资企业大幅下降，由 2007 年的 51% 降至今年的 20%，将中国列为海外投资地前三位的企业也由 2012 年的 58% 降至今年的不到一半。中国欧盟商会的调查也反映了同样趋势，将中国作为海外投资首选地的受访企业比例由 2012 年的三成降至今年的两成。此外，根据日本国际协力银行近期的调查，中国十多年来首次不再是日资企业海外投资首选地。这些数据表明，中国对跨国公司依然重要，但重要性已经在显著下降。

三是计划回归本国或向海外转移投资的企业占比上升。45% 的受访企业表示，发达国家企业回归本土的新动向及东南亚国家的优惠政策对其在华投资有明显影响。按行业看，制造业企业反映受影响的占比达到 47%，高于服务业 9 个百分点。按国别看，受访日资企业认为在华投资显著受影响的比重接近六成，北美企业中这一比重达50%。中国欧盟商会的调查也显示，不到一成的欧盟在华企业过去两年已经将投资转至其他国家，今年有11%的企业明确表示将从中国转移至其他市场。

4.2.3　在华外资的观望和期待

一是世界金融危机仍然在深化，投资者认为投资时机未到。投资者通常选择在世界金融危机衰退的后期，金融危机见底的时候着手投资。当前的局势下，世界金融危机还没有到底。当前只有美国显示了比较明确的复苏的势头，但是对其他国家来说，资金流出，流向美国，意味着雪上加霜，经济复苏之路还很漫长。

根据联合国的世界投资报告，尽管跨国公司的国际生产在2008年以来逐渐扩大，但截至目前其囤积的创纪录的先进储备仍未转化为投资的持续增长。根据UNCTAD估计，包括海外留存收益在内，跨国公司现金水平已超过5万亿美元。100家最大的跨国公司数据显示，全球金融危机期间其为持有现金而削减了生产性资产和收购（尤其是外国收购）方面的资本支出。国际金融市场新一轮的不稳定将鼓励先进的持有和现金的投资以外的使用方式（如支付股息或降低负债水平）。

因此，包括跨国公司的外资投资意愿在低位徘徊的现象，不仅仅发生在中国，还发生在还没有明显复苏迹象的世界上大多数国家。在分析外资在华投资意愿的时候，需要注意世界经济全球化的趋势和世界金融危机尚未结束的背景，以及跨国公司待价而沽、不见兔子不撒鹰的心态。

二是中国经济增长进入新常态，一些外资企业面临中国经济发展速度的相应调整和产业重新选择的问题。中国经济增速放缓，不确定性因素增加，原有的产业周期已经面临尾声，需要转向服务业和战略性新兴产业等行业。2013年前后，中国经济由高速增长阶段向中高速增长阶段转换的趋势，不断地得到了验证。国务院发展研究中心的“中长期增长”课题组调低了对中国未来十年经济增长前景的预测。其中，2014年经济增长率由原来的8.1%下调到7.5%，2015年由7.8%下调到7.3%。2020年由6.7%下调到6.3%。但是，关于经济结构的预测，提高了服务业的比重，其中2014年服务业增加值比重由2013年预测的46.2%上调到46.7%，2015年由46.9%上调到47.5%，

2020 年由 52% 上调到 53%。因此，实际上，从经济增长的前景看，应该是有人欢喜有人忧，不能一概唱衰。

近年来，随着中国经济增速逐步放缓，国际上出现了一些唱衰中国的言论。在我们的调查中，三成企业认为“中国经济增速放缓”对其在华投资构成重要挑战。美国和欧盟商会进行的问卷调查中选择同样答案的企业比重更高达 50% 和 61%。唱衰言论在这个节骨眼上出现的背后，就是希望促使中国在利用外资的政策上让步，尽量维持以前高速增长期的丰厚利润水平。但是实际上，高速经济增长期，已经无可奈何花落去，悲秋是没有用的。如果将资源投入到延续重化工业的繁荣周期，那么新兴战略性产业的支持力度就上不去，整个国家就无法踏上新的征程。另一方面，中国正处在加快经济转型和结构调整时期，节能减排、生态保护、社会保障和民生建设等领域的政策约束加强，中资企业国际竞争力明显提升等，也是部分外资企业收益预期和投资意愿下降的原因。

相反地，一些外资企业非常清醒地意识到，过去以重化工业为主导产业的中国经济发展模式已经走到了尽头，一些领域的负面效应已经充分显现。例如，不合理的资源配置造成的信贷体系混乱、有毒土壤污染食品供应、有害气体笼罩着中国的许多城市、飞涨的房地产价格等。因此，在一些外资企业对投资环境的评价渐趋负的时候，另一些外资企业认为，中国传统引资优势逐步弱化是必然的，外资企业应该与时俱进。受访企业给予“生产成本”“人力资源”等市场条件维度最低评价，表明这些企业将生产成本、尤其是人力资源成本大幅上升视为中国投资环境趋于严峻的主要标志。与许多发展中国家相比，我国劳动力和用地成本已经明显缺乏竞争力。七成以上受访企业将劳动力成本上升作为在华投资重要挑战。同时，劳动力结构变化带来的问题也较为突出。新一代农民工所占比例及其受教育程度虽有所提升，但稳定性变差。据课题组 2013 年的一项调查，外资比较集中的加工贸易企业年度员工流动率高达 120%。此外，税费负担过重、市场不正当竞争加剧等，也是外资企业反映较为强烈的问题。

三是外资企业对中国进一步深化改革带来的机遇有所期待。例如，外资企业认为，改革路线图在 2011 ~ 2015 年第十二个五年规划中已经做了清晰的描述。例如承诺建立公平一致且透明的市场准入标准，通过加强市场竞争以支撑经济发展。又如，规划还提出加快开放服务业，现代保险、金融服务、医疗保险、信息技术、物流、零售和电子商务等行业，如果放宽准入限制、管制和释放潜能，就能推动新一轮经济增长。外资希望能把20世纪90年代末以来的西方服务业生产率快速提高的经验复制到中国这样的发展中国家。

又如，对中国的国有企业加强对一些经济领域的控制，被外资企业认为是最为负面的产业政策。中国政府表示将继续支持国有企业在中国经济发展中发挥重要作用，同时也要求国有企业更为有效地运营，提高资本收益率并接受更为激烈的竞争和更加严格的监管。另外，允许自有资本进入以前限制进入的行业，并且实行混合所有制，鼓励私营资本直接投资国有企业和政府主导的投资项目。外资企业期待混合所有制能够覆盖外资企业。

再如，2013年9月创建中国（上海）自由贸易试验区（上海自贸区）以后，外资认为是一个积极的进展，希望对外资企业有明确而直接的好处，并且自贸区的负面清单能够越来越精简。

四是外资企业认为中国的市场监管体系缺乏透明度，行政执法公正性受到质疑。

2014年，一些知名跨国公司及其在华企业先后受到我国行政执法部门的反垄断调查或查处，在国内外引起较大反响。许多跨国公司认为这些市场监管措施专门针对外资企业，并将其看作中国投资环境趋于恶化的标志之一。执法程序不够透明、执法自由裁量权大、集中对外资企业的反垄断行为查处和宣传力度较小，是导致外资企业质疑执法公正性不容忽视的重要原因。欧盟商会的调查显示，将监管环境难以预测视为主要障碍和认为受到了不平等待遇的在华欧盟企业比例均超过了一半。

但实际上，这里面也同时存在这样的问题，即外资企业不了解中国的市场监管体系和西方监管体系的差异，并希望中国的市场监管体系和他们熟悉的西方监管体系一致。首先，反垄断法素有“市场经济宪法”之称，但是中国是一个并不成熟的市场。而且，中国的反垄断法产生是被动地由外部力量倒逼的结果，加入世贸组织、加大对外开放力度使得政府意识到自由竞争的重要性和确立反垄断法这一市场经济的“最高规矩”的迫切性。

其次，近年来的反垄断大案，并没有刻意针对外资企业，片面指责中国正走向“经济民族主义”逻辑并不成立。最先开刀是以中国电信和中国联通为代表的国有企业，同时，民营企业也遭遇发展改革委发垄断调查，茅台和五粮液就因实施价格垄断行为被发展改革委合计罚款4.49亿元人民币。

第三，我国的反垄断机制设计更类似于欧盟国家，即由政府设立专门的反垄断部门，该部门在工商部门的配合下，拥有强大的调查权和执法权，可直接对垄断行为进行行政处罚。而在美国和澳大利亚，处罚决定需要由反垄断机构向法院提起诉讼，由法院审理裁定后做出。但与欧盟所不同的是，侵害企业、消费者维权组织、行业协会及公益律师等多方面力量作为利益攸关体，在反垄断司法进程中均发挥关键作用。

第四，在中国反垄断，国务院下属三个部委，即商务部、国家发展改革委、工商总局都可以发起反垄断调查，形成了“三龙治水”的局面。商务部反垄断局主要负责经营者集中的调查，发展改革委价格监督与反垄断局主要负责与价格有关的反垄断执法，剩下的部分则归工商总局反垄断与反不正当竞争执法局管。但是，一些反垄断案件，往往既涉价格，又涉及非价格问题，“三龙治水”的情形是外资企业最不愿面对的。

第五，近年来的反垄断大案，都是集中于跟消费者息息相关的消费领域，并非专门针对外资企业。消费领域成为反垄断高压区域的原因，一是消费者息息相关的问题，有比较突出的社会效益；二是消费领域容易发现线索；三是，消费领域较为容易成突破口，广大群众拥护，阻力相对较小。

4.3 展望

今后一段时间内，中国经济战略上最大的变化是，开始寻求内外经济发展的一体化。过去一段时间，国家政策主要的目标是实现从“引进来”为主转向“引进来”与“走出去”并重。随着中国进一步崛起、“一带一路”的提出、自由贸易区的扩展、亚洲高铁网的建设，中国经济寻求内外经济一体化的战略开始揭开帷幕。我们认为，在这过程中，我们应该注意结合以下三个方面。

①结合包容性和可持续性。这要求在国际化的过程中，一是注重经济和社会协调发展，强调机会均等，避免贫富分化和社会阶层对立；二是充分认识国际环境和国内环境的差异性，重视文化距离和制度距离，注意消除结构性的负面因素，避免在国际国内的一些重要问题上面临误解和重大分歧；三是应运用创新方法与各种利益相关体达成相对公平的共识，寻求经济价值上的建设性和政治文化上的兼容性，充分尊重和包容历史形成的国际秩序和利益格局；四是避免投资经营行为短期化，对东道国的社会和生态环境造成负面影响，有利于各国的可持续发展。

②结合中国的改革开放深化和经济转型。当前中国的经济管理模式，虽然总体上能够适应社会主义市场经济体制不断完善的要求，但也有一些方面阻碍了中国社会经济的发展，落后于当前国际发展的潮流，不利于中国企业与国际社会的对接；与此同时，另一些好的方面的潜力还需要充分挖掘，有利于提升中国独有的社会文化的价值，有利于增强中国模式的吸引力和竞争力。

③结合软实力和硬实力。一方面，中国的企业需要加强核心竞争力，例如，缩短与跨国公司的距离、加强在一些战略性机遇的把握方面的前瞻性、实现经营方式的多样化等；另一方面，在尊重市场经济规律的基础上，中国的企业需要提升社会环境责任感、法律法规的合规性、文化价值的吸引力和兼容性，形成政府、企业、金融机构、智囊机构、媒体中介服务等有机结合的生态集群，推动公益性、非营利性和商业性机构共同促进中国企业发展全球竞争力。

执笔：李志能　亓长东　宗芳宇

第五章 企业创新

科技创新是企业发展的源动力，是企业创新的基础、关键和生命力。一个国家科技创新水平往往直接决定企业创新的能力和潜力。本章第一节从我国科技创新资源投入及与国际比较情况，说明我国科技创新正在进入新的阶段，中国企业创新的宏观发展环境正在不断改善。

知识产权对自主创新具有积极的促进作用，知识产权保护是创新的前提和保障。第二节从知识产权保护维度探讨中国企业创新面临的知识产权环境情况及国家如何改进企业创新的产权保护环境。

电子商务下的新商业模式正蓬勃发展。为此，第三节将重点讨论探讨电子商务下的商业模式创新情况。第四节则小结性阐述中国企业创新的四方面新趋势。

5.1　中国科技创新进入新阶段，企业创新环境不断改善①

5.1.1　2013年我国科技创新资源投入基本情况

2013年，我国科技经费投入继续保持增长。国家财政科技支出稳步增加，研究与试验发展（R&D）经费投入力度加大。全国共投入研究与试验发展（R&D）经费11846.6亿元，比上年增加1548.2亿元，增长15%；研究与试验发展（R&D）经费投入与国内生产总值之比为2.08%，首次突破2%。按研究与试验发展人员（全时工作量）计算的人均经费为33.5万元。

按研究活动类型分，全国用于基础研究的经费为555亿元、应用研究经费1269.1亿元、试验发展经费10022.5亿元。基础研究、应用研究和试验发展经费占研究与试验发展（R&D）经费总量的比重分别为4.7%、10.7%和84.6%。

按研究活动主体分，各类企业研究与试验发展（R&D）经费9075.8亿元、

① 本节执笔人范保群、吴宇晨。

政府属研究机构经费1781.4亿元、高等学校经费856.7亿元。企业、政府属研究机构、高等学校经费占全国经费总量的比重分别为76.6%、15%和7.2%。

按产业部门分，产业部门仅包括规模以上工业企业，即年主营业务收入2000万元及以上的工业法人单位。研究与试验发展（R&D）经费超过500亿元的行业大类有7个（详见表5.1），这7个行业经费占全部规模以上工业企业研究与试验发展的比重为61.3%；研发经费在100亿元以上且投入强度（与主营业务收入之比）超过工业企业平均水平的有10个行业。

按地区分，研究与试验发展（R&D）经费占全国比重前六名的为江苏（12.6%）、广东（12.2%）、北京（10%）、山东（9.9%）、浙江（6.9%）和上海（6.6%）。研究与试验发展（R&D）经费投入强度（与地区生产总值之比）达到或超过全国平均水平的有北京、上海、天津、江苏、广东、浙江、山东和陕西等8个省（市）（见表5.2）。

表5.1　2013年分行业规模以上工业企业R&D经费情况

行业	R&D经费（亿元）	投入强度（%）	行业	R&D经费（亿元）	投入强度（%）
合计	8318.4	0.80	纺织业	158.5	0.44
采矿业	292.6	0.43	纺织服装、服饰业	69.3	0.36
煤炭开采和洗选业	156.6	0.48	皮革、毛皮、羽毛及其制品和制鞋业	33.9	0.27
石油和天然气开采业	80.7	0.70	木材加工和木、竹、藤、棕、草制品业	27.2	0.23
黑色金属矿采选业	7.7	0.08	家具制造业	22.5	0.34
有色金属矿采选业	21.8	0.35	造纸和纸制品业	87.8	0.68
非金属矿采选业	7.2	0.15	印刷和记录媒介复制业	30.4	0.51
制造业	7959.8	0.88	文教、工美、体育和娱乐用品制造业	49.6	0.38
农副食品加工业	173.0	0.29	石油加工、炼焦和核燃料加工业	89.3	0.22
食品制造业	98.5	0.53			
酒、饮料和精制茶制造业	82.7	0.54			
烟草制品业	22.1	0.27			

续表

行业	R&D 经费（亿元）	投入强度（%）	行业	R&D 经费（亿元）	投入强度（%）
化学原料和化学制品制造业	660.4	0.86	汽车制造业	680.2	1.14
医药制造业	347.7	1.69	铁路、船舶、航空航天和其他运输设备制造业	372.1	2.41
化学纤维制造业	66.8	0.95	电气机械和器材制造业	815.4	1.32
橡胶和塑料制品业	199.5	0.72	计算机、通信和其他电子设备制造业	1252.5	1.59
非金属矿物制品业	215.0	0.41	仪器仪表制造业	149.3	1.99
黑色金属冶炼和压延加工业	633.0	0.83	**电力、热力、燃气及水生产和供应业**	66.0	0.11
有色金属冶炼和压延加工业	301.1	0.64	电力、热力生产和供应业	58.4	0.10
金属制品业	230.0	0.69	燃气生产和供应业	3.6	0.09
通用设备制造业	547.9	1.26	水的生产和供应业	3.9	0.26
专用设备制造业	512.3	1.57			

注：本表中工业行业分类按国民经济行业分类（GB/T 4754－2011）标准划分。

表 5.2　2013 年各地区研究与试验发展（R&D）经费情况

地　区	R&D 经费（亿元）	R&D 经费投入强度（%）
全国	11846.6	2.08
北京	1185.0	6.08
天津	428.1	2.98
河北	281.9	1.00
山西	155.0	1.23
内蒙古	117.2	0.70
辽宁	445.9	1.65
吉林	119.7	0.92
黑龙江	164.8	1.15
上海	776.8	3.60
江苏	1487.4	2.51
浙江	817.3	2.18
安徽	352.1	1.85

续表

地　区	R&D 经费（亿元）	R&D 经费投入强度（%）
福建	314.1	1.44
江西	135.5	0.94
山东	1175.8	2.15
河南	355.3	1.11
湖北	446.2	1.81
湖南	327.0	1.33
广东	1443.5	2.32
广西	107.7	0.75
海南	14.8	0.47
重庆	176.5	1.39
四川	400.0	1.52
贵州	47.2	0.59
云南	79.8	0.68
西藏	2.3	0.29
陕西	342.7	2.14
甘肃	66.9	1.07
青海	13.8	0.65
宁夏	20.9	0.81
新疆	45.5	0.54

5.1.2　我国科技资源投入与国际的比较①

R&D 经费和人员是重要的创新资源，突出反映了一个国家对创新活动的投入力度和创新人才资源的储备状况。数据显示，中国近些年创新资源投入力度不断增强，中国 R&D 经费占全球份额已经由 2000 年不足 2% 上升为 2012 年的接近 12%，目前中国已成为创新资源投入大国，在全球范围内居世界第 3 位（见图 5.1）。同时，2000～2012 年间，中国 R&D 经费保持全球最高年均增速 17.6%，显著高于美国、日本、德国、法国及英国等 G7 国家。

① 本部分有关数据转引自朱迎春、宋卫国、玄兆辉“从主要科技指标看中国科技创新”，中国科学技术发展战略研究院《调查研究报告》，2014 年第 68 期。

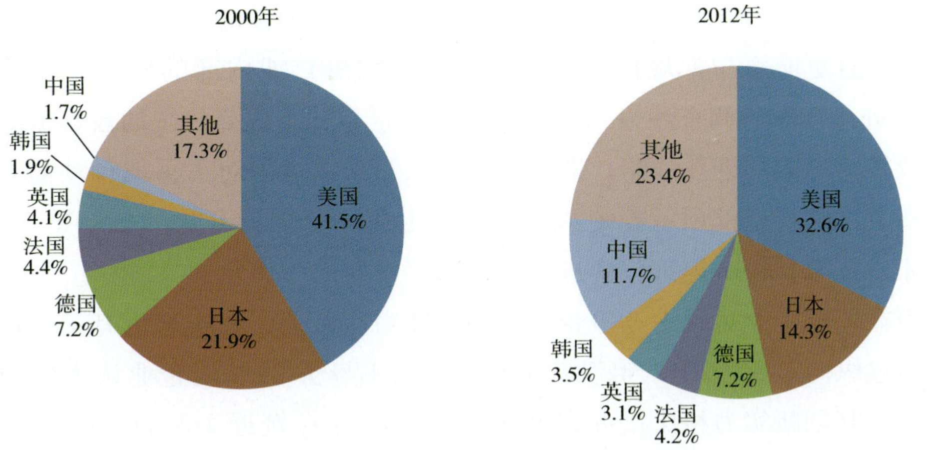

图 5.1　部分国家 R&D 经费占世界总额比重（2000 年、2012 年）

中国 R&D 经费投入的快速攀升，主要源于企业创新投入力度的不断增强。企业正逐渐成为全社会研发经费和研发活动的投入主体和执行主体。2000 年以来，企业 R&D 经费支出年均增长 20.1%，占全国 R&D 经费比重也从 2000 年的 50% 升至 2013 年的 76.6%。中国企业在世界科技创新活动中的地位越来越突出，其研发经费支出已占到全球企业 R&D 经费总量的 13%，比 2000 年的 1.5% 提高了 11.5 个百分点。

中国 R&D 经费快速增长的同时，R&D 人员规模不断壮大。2012 年达到 324.7 万人年，连续五年居世界首位，占到全球 R&D 人员总量的 29.2%。中国正在由人口大国逐步转变为科技人力资源大国。

5.1.3　中国企业创新正在不断缩小与世界水平的差距

随着中国 R&D 投入的不断增长，高技术产业的不断发展，中国企业创新越来越受重视。在由普华永道对工业制造、汽车、化工与能源、消费品与零售、计算机与电信、医疗/生命科学、金融/保险等行业的 386 家中国及外资企业的调查显示，42% 的中国企业认为创新在公司战略议题中的重要性排名第一。中国企业在创新上与合作伙伴及国际市场的价值链整合更为充分，正在利用十分现代的集成式策略来建立全球创新能力，并注重于供应链、服务以及商业模式的创新。而在其创新特点上，相较于外资企业，中国企业更可能通过全球化创新来获得人才和技术，超过 2/3 的受访者认为在海外建立研发中心的首要目的是获取和追踪领先技术。另外，中国企业还更普遍地通过合作或收购进行扩张，且更愿意与常规价值链外（如科研院校）或内部的机构（主要为供应商）进行合作。调查还显示，更多的中国企业开始放弃传统的被动创新，转而采取较为进取的创新战略，即在客户提出需求或竞争对手采取行动前率先进行创新。这些特点都预示着中国企业正在走向一个更为开放的创新生态系统，将人才、技术、科研等都包容进来，达到产学研的一体化。

而在外资企业对国内竞争企业的创新能力印象上，近年来也有了长足的提高。通过纵向对比，2012 年仅有不足一半（47%）的外资企业认为中国的创新企业与其创新实力相比接近或更强，到 2014 年有接近 2/3（65%）的企业，这也说明了中国企业的创新步伐正在不断缩小与国际水平的差距。

5.2 我国企业创新的知识产权保护环境[①]

5.2.1 知识产权数量与企业创新国际竞争力不相一致

2013 年，《国家知识产权局统计年报》数据显示，中国发明专利、实用新型专利和外观设计专利 3 种专利申请的受理量达 237.7 万余件，是 2001 年的 11 倍，年增长幅度超过 23%。我国企业发明专利申请 42.7 万件，占国内总量的 60.6%；企业获得发明专利授权 7.9 万件，占国内总量的 54.9%。国内企业授权发明专利从仅占 2001 年总数的 1%（1089 件），快速增长到 2013 年的 54.9%（7.9 万件）。在企业专利数量快速增长的同时，我国专利转让出口费和从外国进口专利使用费之间的逆差从 1997 年的 5 亿美元迅速扩展到 2013 年的 201 亿美元，这个数据表明 16 年来，中国企业的技术发展在世界范围内的竞争力不仅没有提升，反而呈下降趋势。

对这种现象的解释可以从两个方面进行。一方面，由于中国自 20 世纪 90 年代开始才有知识产权法，中国企业的知识产权数量从无到有，因而增长迅猛，但并不表明其技术发展同样迅猛。另一方面也表明，与印度和日本相比，中国的知识产权制度在促进企业创新方面的实效可能有待提高。印度知识产权

① 本节执笔人王怀宇。

制度实施 20 年，其医药和软件产业的技术创新发展迅速，国际竞争力大幅提升；日本实施知识产权制度 20 多年，其技术出口额和技术进口额持平。这表明他们的知识产权制度有效地促进了本土创新。

5.2.2　我国知识产权制度与创新需求实际联系不够紧密

2008 年 6 月，国务院公布的中国第一个《国家知识产权战略纲要》（下称《纲要》），描述了我国知识产权制度及其应用的现状，提出了国家知识产权战略制定的指导思想、战略目标、战略重点及有关的专项任务和战略措施。《纲要》的公布及知识产权法的相应修改，对新时期我国知识产权战略的形成及有关制度的改进作了重要贡献。《纲要》强调国际规则的同时也表明要“积极采取适应国情的知识产权政策措施促进自身发展”。而在国情的体现方面，除强调特定领域的知识产权保护外，没有其他更为明显的手段和方法。这主要与当时对中国企业或产业技术创新的现状和战略讨论不多、不够明确有关，与对不同技术创新战略下知识产权战略及制度的可选方案了解不够有关。不讨论知识产权制度直接服务的技术创新问题，有关的目标方向问题自然不可能清晰。

我们认为知识产权制度要增强促进我国技术创新的实效，必须以有利于“再创新”为指导思想来完善知识产权制度。知识产权战略或制度的选择，既相对独立，如要受当时中国加入 WTO 时承诺的约束，也必须与中国国情结合，尤其是与中国企业技术创新现状及战略相结合。中国企业技术创新战略，尤其是重大技术的创新战略，是原始创新和再创新并举，但目前以再创新或二次创新为主。在未来相当长的时间内，这种以再创新为主的状况恐怕不会有大的变化。创新是以新知识为基础的商业成功。再创新或二次创新，是创新依赖的发明或技术源头是他人的创新，是所谓改良性创新，包括重大改良性创新。集成创新则是源于多个他人发明的再创新。日本著名经济学家小宫隆太郎 1999 年著文认为，直到 20 世纪 90 年代日本重要的产业创新仍以改良性创新为主。日本 2007 年公布的《日本知识产权战略大纲 2007》也坦率地承认日本产业国际竞争力的基础是“日本从欧美引进了基础技术，在对其改良及用过硬的能力对生产现场进行必要的改善”。即使是我国目前提出的要重点发展的七类 23 个方向的战略性新兴产业，其中大多数产业和方向领域是发达国家技术甚至商业化都已成功的产业，只有少数产业技术尚未成熟，但有关技术发明及专利外国多领先我国。再创新对中国企业创新和技术进步的意义，几乎不必论述。中国的国情和所处的发展阶段使技术再创新对中国的创新有特别重大的战略意义。重视再发明、再创新，如日本经验所示，总体地看不会影响企业的原始创新和发明。

5.2.3 我国知识产权制度的改进方向

明确了中国企业技术创新的基本特征和战略后，就可以对我国知识产权制度的改进方向作出判断。我们不仅应加强我国优势客体的知识产权保护，更加应当特别重视知识产权制度对再创新的鼓励和支持。强化对再创新的激励保护，不是否定对原始创新或发明的保护，而是指在平衡原始创新者和改良创新者的权益关系时，更偏重激励再发明者，技术后发者。美国的知识产权制度倾向原始创新者、技术先发者，日本相对更倾向技术后发者。中国现行的专利法已有一些有利于再发明的制度规定，只是由于我们没有充分认识这些制度规定对鼓励再创新的重大意义及制度规定的相互关系、应用方法，因而还未很好地发挥其价值。

强调知识产权制度与相关制度配合，要支持、保护再创新，其实质是强调制度设计要与中国企业技术创新的现实和需要结合，要防止、限制发达国家企业利用其发明和知识产权的先发优势“滥用优势”限制中国企业以后发优势持续发展和创新。

第一，按更有利于再创新技术后发者的方向进行理论创新，推动知识产权制度的合理改进。理论创新有利于制度系统框架的调整，意义重大。知识产权制度用公权保护私权的理由是认为保护知识产权有利于发明或技术进步，而发明有公共性，因此利用公权进行保护有合理性。但是现行的 TRIPS 等国际知识产权制度确实存在较多反映发达国家企业要求、较少反映中国等发展中国家技术创新要求的问题。因此，一些发展中国家及学者要求改进现行制度，主要的理论有“人权”“发展权”“技术进步论”及“利益平衡论”等。以这些理论为基础，附加一定条件对知识产权制度的适用对象、范围、时间、对价等给予限制，实现知识产权制度的调整。这些理论已对国际有关规则的制定产生一定影响。2001 年 11 月 14 日通过的 WTO “多哈宣言”就部分修改了过多反映发达国家要求的 TRIPS 的一些规定。“基本人权”“发展权”“利益平衡论”作为支持传统知识、生物多样性保护及在医药业限制知识产权的主要理论已在一定程度上被接受，并被 TRIPS 和“多哈宣言”接受。妨碍通过再创新促进技术进步的理论，则多数来自美日等发达国家。美国学者认为在产业技术是积累型系统技术时，如通信产业，给原始发明者过大的权益会限制技术进步。积累型系统技术分两类。第一类是发明积累型，后来的发明必须以已有发明为基础；第二类是系统型，即某个产品需要复合不同类型或属性的技术才能成功。这个理论已部分被 TRIPS 吸收（第 31 条 K 款）。逆均等论亦是美国学者提出的反对扩大对原始创新者保护的理论。该理论认为再发明者尽管参考了已有专利的原理，若能使结果显著提升，就没有侵犯已有专利。在美国逆均等论不是主流，但已出现逆均等论案例。应当说，基于技术进步的鼓励再创新的理论，可能对中国的意义更大。需要我国学者及政策部门重点研究和发掘。

第二，充分利用 TRIPS 等国际知识产权制度预留的灵活空间鼓励和保护再创新。现有的一些规则，如“可专利性”（对可以成为专利的客体及标准的规定）、“实验使用”（为科学研究和实验使用他人专利不构成侵权）、“强制许可”（不经专利权拥有者同意向第三方颁发专利权许可）制度等都有鼓励再发明者再创新的重要价值。中国的专利法虽然已包含这些规则，但仍存在一些问题。一是规定的适用范围窄，如可专利性客体的特殊规定范围较窄，仅限于依赖某遗传资源的发明。二是有规定无使用，如美日都广泛使用的“强制许可”，中国少有应用的案例。三是使用者、知道者少。如“实验使用”规定，我国的法律解释基本没有涉及，而在日本企业广泛利用该规定进行创新。更主要的问题是，我们对这些制度规定及其间的关系缺乏系统的了解，较少从鼓励再发明、再创新战略的角度理解和应用这些规定。

第三，重视针对具体产业完善有关制度。这是因为不同行业创新的特征、面临的问题不同，相应会有不同的制度规定，或法律规定一样但针对问题的政策不同，不求规则适用于所有领域，但有利于国家间的规则协调。这已是国际惯例。如美国环保、原子能、食品等领域强制许可制度用得最广、理由更具体，日本生物领域专利保护范围弱于美国，印度的可专利性条款详述几大类不受专利保护的技术范围，因操作系统类软件的外部性问题软件版权虽受保护，但已接受“实质不同不是侵权”的原则。知识产权制度的行业差异，一般首先体现在“可专利性”规定上，其次，在《专利法》以及其他的法如《版权法》中可有特殊的具体规定。中国应当结合具体产业的情况改进有关的制度。为此，需要法学界、经济学界、实务部门共同努力。

第四，与反垄断法、国家创新规划结合推进改善知识产权制度的环境。TRIPS 第二部分第八节的规定允许政府对利用专利限制竞争的做法进行控制。有关规定不仅适用于个别企业的行为而且适用于利用标准限制竞争的行为。利用反垄断法限制知识产权滥用，是日本在二战后就立即建立起来的制度，日本做得卓有成效。中国过去没有反垄断法，但在技术合同法中有限制知识产权滥用的条款。但根据笔者的了解附加不当限制的情况仍然不少。特别是在外部性显著的信息产业，含软件业，通过反垄断法限制对知识产权的过度保护意义尤为重要。

第五，与企业结合重视制度规则的使用和创新。本文后面将专论这个问题。这里想指出的是国家的知识产权制度只有与企业创新、知识产权的实践结合，才真正有意义。日本企业根据“实验使用”免责原则在已有发明和专利的基础上进行技术开发和获得专利，利用改良发明和相应的专利群包围重要的先期发明和专利，实行“围堵战略”是日本企业成功的重要技术发明和专利战略。实行这种“围堵战略”及与“围堵战略”结合的专利交叉授权，必须有一定的技术开发能力和知识产权制度知识。中国越来越多的大企业已开始有实行包围战略的条件。中国政府有必要普及有关知识，和企业合作推动企业通过技术创新和知识产权的结合，让知识产权制度成为促进中国企业技术创新的利器而不是束缚。

政企合作让知识产权制度更好地鼓励中国企业创新。由于中国企业技术创新能力尚弱，中国企业知识产权的优势亦弱，要使知识产权制度能更好地激励中国企业的技术发明和创新，中国的政府和企业必须共同努力，互相配合，推进中国知识产权制度的完善，更好地用知识产权制度促进中国企业和产业的技术创新。主张自由贸易、市场经济的美、日等国在国际知识产权制度的演进过程中，政府和企业紧密配合力求主导和影响有关制度规定向有利于自己的方向演进。美、日的做法值得研究借鉴。WTO 的重要文件，1993 年通过的 TRIPS，其制定形成就是美国政府和企业紧密配合成功争取的一个产物。美国制药商首先游说美国政府将知识产权问题和经贸关系结合以建立有利于美企的国际知识产权制度，随后美政府让制药业代表直接参与乌拉圭回合谈判。美制药企业及其他参与谈判的行业协会谈判伊始就有目的地资助有关调研，获得大量有利于自己的数据，并在谈判中四处散发。在影响舆论的同时，美国利用本国的强势地位，以利诱和“经济制裁”手段，主要是与特别301条款相结合，迫使发展中国家接受TRIPS的制定，成功使特别301条款这样的国内法规定成了国际条约的内容。以后由于发展中国家的反对，“多哈宣言”关于TRIPS协议与公共健康的宣言部分修改了TRIPS的规定，但有利于技术领先者的专利制度框架已经形成。美国还采取强力措施保护美企的利益。当在美出现跨国专利纠纷时，美国海关会配合及时扣押争议产品，给争议对手施压。美国政府和企业在制度的制定和应用领域全方位的互动与配合，是美国知识产权制度能对本国企业有重要作用及影响国际规则制定的基本原因。日本政府与企业在知识产权制度的制定和应用上也配合紧密。早期注重为企业提供低成本模仿和再创新的制度环境，后来则关注不同产业技术发展不同的知识产权制度需求以及如何提升国际竞争力，相应改进知识产权制度规定。2007年公布的《日本知识产权战略大纲》提出为实现从模仿为主转向知识产权创造为主，明确知识产权制度将更关注包括自由创意在内的知识产权创造，突出对广义的“信息创造”的知识产权确认、保护及应用，要求企业从全球竞争高度进行战略性知识产权的创造、取得和管理等战略重点十分清楚。

5.2.4　国家知识产权战略需要进一步努力的三个方面

中国2008年公布的《国家知识产权战略纲要》，为中国政府和企业合作，共同推进中国知识产权制度的完善，促进中国企业技术创新提供了基本制度框架。但是我们仍然认为需要在以下三个方面做出更大的努力。

第一，国家的知识产权战略要与中国企业的知识产权战略有更紧密的结合，相互协调，相互促进。在“十二五”期间，国家知识产权战略有必要根据中国企业技术创新及其战略的特征、前景和相应的知识产权情况进行必要的评估和修改补充，使国家战略与企业尤其是领先企业的战略形成更紧密的结合。国家修改完善知识产权战略及有关制度时，要按照不同行业领域吸收各行业领先企业和了解情况的专家学者参加，并提前开展系统的基础调研。

第二，政府的知识产权管理部门要与经贸、产业等政府管理部门配合做好知识产权政策的协调、实施，用综合手段支持中国企业的技术创新和知识产权创造、保护和应用。这方面要重点解决的问题，一是对我国知识产权制度的根本目的、作用及与其他政策的关系的认识要进一步协调一致。一些例子说明这方面是有问题的。如对中国一些企业不经许可使用 TD 标准有关专利问题，有的部门认为必须尽快保护、维权，有的认为，由于 TD 处于市场弱势，先不维权更有利发展。考虑到 TD 发展的特别意义，合适的做法可能是应让主要企业根据商业原则判断，同时处理好有关的违法违规问题。政府要根据 TD 产业化的战略目标，而不宜简单化地就事论事地介入。二是知识产权政策需与竞争政策、产业技术政策等结合使用。知识产权总体尚处劣势的中国，在 TRIPS 基本框架已形成的情况下，必须充分重视综合手段的价值。三是政府有必要在中国企业遇到海外专利纠纷时，更主动地伸以援手。中国通领科技的例子说明这方面还有重大改进空间。2004 年拥有自主知识产权的通领科技的漏电保护断路器开始销往美国，很快占领 10% 的市场份额，因而遭到美国同行侵犯专利权诉讼。通领试图和解，但对方要求通领彻底退出美国市场。通领发现对方类似产品在中国生产并完全出口美国，拟告对方在中国侵犯通领专利，若法院受理，海关扣押对方产品，对方可能会认真和通领谈判。但中国法院以对方产品完全出口美国为由认定这不属于中国专利法管辖范畴，这是司法上非常有争议的理由，没受理该案。后来通领花费巨资历经数年在美国赢得诉讼。通领认为，若我国能像欧美那样在争议之初就配合企业在符合本国法律情况下给对方一定的威慑，会大幅降低企业的应诉成本。

第三，中国企业对利用 TRIPS 框架认可的规则保护再创新缺乏经验，中国知识产权政策部门要对知识产权的普及、有关经验的总结做更多的工作，使中国企业能更好更快地进行包括重大创新在内的技术再创新。

5.3 创新前沿：移动电子商务和典型商业模式[①]

近年来，移动互联网的广泛普及为移动电子商务的发展奠定了基础。应用移动电子商务，人们可以在任何时间、任何地点进行各种商贸活动，实现随时

---

① 本节引自来有为、戴建军、田杰棠等著《中国电子商务的发展趋势与政策创新》，中国发展出版社，2014 年 8 月。本节执笔人：石光。另外，吴宇晨对部分数据及新动态的更新亦有贡献。

随地、线上线下的交易，以及在线电子支付、互联网金融等相关的综合服务。移动电子商务不仅仅是电子商务从有线互联网向移动互联网的延伸，它更大大丰富了电子商务应用，深刻改变了消费者行为方式，并有效渗透到各行各业，对产业转型升级提供强大动力。

5.3.1　移动电子商务的内在特征

迈克尔·塞勒在《移动浪潮》中从信息技术发展的角度把技术专家创造的五次信息进步比喻成“浪潮”，而第五个浪潮正是移动互联。所谓移动互联是移动互联网（Mobile Internet，简称 MI）的简称，是一种通过智能移动终端，采用移动无线通信方式获取业务和服务的新兴业态，包含终端、软件和应用三个层面。其中，终端层包括智能手机、平板电脑、电子书等；软件包括操作系统、中间件、数据库和安全软件等；应用层包括休闲娱乐类、工具媒体类、商务财经类等不同应用与服务。而基于移动互联的移动电子商务则是指利用手机、平板电脑等无线终端进行的 B2B、B2C 或 C2C 的电子商务。

与传统的电子商务相比，基于移动互联的移动电子商务具有以下几个显著的内在特征。

第一，移动互联终端（以手机为主）的便携化带来的即时性。即与传统电子商务相比，移动电子商务由于移动终端携带方便、使用方便，进而使得移动电子商务具有随时随地的特点。

第二，移动互联具有社交性（互动）。这种社交性与传统的社交平台相比，社交对象彼此熟悉，从而使得这种社交关系更为可信、深入、长久，进而使得移动电子商务营销更为精准、用户忠诚度更高。

第三，移动互联具有精确的个人身份认证和地理位置识别功能。对于传统电子商务而言，用户的消费信誉是最大的问题，而移动电子商务手机号码具有唯一性，手机 SIM 卡上存储的用户具有这一优势。地理位置识别使得线上和线下融合成为可能，进而衍生出大量的新兴商业应用。

第四，移动互联使用的低成本性。目前，多数品牌的智能手机不仅性能优良，而且价格低廉，这使得智能终端设备在普通消费者中能够快速推广。与此同时，3G 业务费用的降低，以及 4G 业务推广，还有以“安卓”为代表的开放性智能移动系统的崛起，也为未来移动互联的广泛应用打下了基础。

传统的有线互联网是互联网的早期形态，移动互联网是互联网的未来。个人电脑只是互联网的终端之一，智能手机、平板电脑、电子阅读器将成为未来的主要终端。电视机、车载设备、冰箱、抽油烟机、照相机，甚至眼镜、手表等穿戴物品，都可能成为泛终端。随着无线通信的快速升级，这些泛终端的广泛应用使得移动互联网正在加速向生产、生活和公共服务领域渗透。

从全球范围看，移动互联网应用企业越来越多，移动电子商务正处于高速增长的爆发阶段。在美国，Facebook、谷歌地图、谷歌 Play 应用商店、谷歌搜索、Gmail、YouTube 等处于移动应用前十位之列。英国前二十位的电商都提供非常简洁顺畅的“移动结算”流程。韩国的“二维码支付”已经很成熟，普及率高达96%。目前，谷歌、苹果、亚马逊在线、乐购、乐天等互联网和 IT 巨头一方面完善优化 App 应用，另一方面大力推动移动商务站点的发展。在线支付平台 PayPal 预计，2013～2018 年，美国整体跨境电子商务的年均复合增长率预计将达 15%，而移动跨境电子商务的增速则将达到 22%。Juniper Research 预测全球移动商务交易额将从 2013 年的 1.5 万亿美元增长到 2017 年的 3.2 万亿美元①。IDC 的报告显示，2017 年全球移动支付的金额将突破 1 万亿美元。在这 1 万亿美元的移动支付金额中，有 66% 来自移动电子商务。

5.3.2 我国移动电子商务的发展现状和发展趋势

（1）我国移动电子商务正处于规模快速扩张的发展初期

中国的移动电子商务起步于2009 年。虽然起步晚，但市场规模扩张很快。市场交易额已从2009 年的7.9 亿元增至2012 年的478 亿元，到2015 年将超过2500 亿元（见图5.2）。短短5 年时间，移动电子商务已从起步发展到交易额突破千亿元大关。

从电子商务整体角度看，移动电子商务仍处于发展初期，占电子商务行业的规模仍然较小。2013 年，移动电子商务的交易额占网络零售市场交易额的比重约为6%，用户数量占网络购物用户总量的比重超过20%。因此，目前移动电子商务主要是额度小、频率高的交易活动，更多是满足消费者的差异化

---

① Juniper Research《银行业，零售业，航空业将推动移动电子商务增加》，http://www.fiercemobileit.com/，2013 年6 月。

需求。

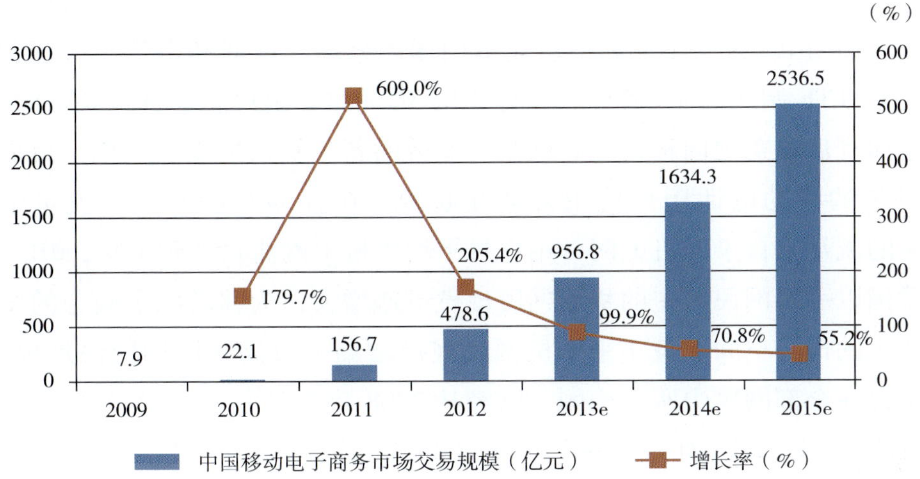

图 5.2 2009～2015 年中国移动电子商务市场交易规模

数据来源：艾媒咨询集团，《2012 中国移动电子商务市场年度研究报告》。

由于移动电子商务的巨大潜力，近年来传统电子商务企业纷纷向移动电子商务转型。淘宝、京东商城、当当网、凡客诚品等网上零售平台纷纷启动了移动互联网计划，推出了手机客户端和手机网站。此外，一些电信运营商和软件开发企业也纷纷利用移动电子商务的新机遇拓展业务范围。例如，中国联通搭建了如意商城，用友移动开发了移动电子商务平台——移动商街，英特尔与阿里巴巴合作搭建了无线电子商务平台。在移动电子商务购物平台的市场结构方面，淘宝以绝对优势保持移动端中的龙头地位。根据最新的数据，2013 年 6 月至 2014 年 6 月，阿里移动端的总成交额为 4405 亿人民币，拥有活跃用户 1.88 亿，占据中国移动电商市场总交易额的 86%。

（2）移动互联网将引领电子商务新一轮发展

移动互联网是对基于电脑的互联网的升级。2009 年初，我国手机网络步入 3G 时代，从此 3G 网络覆盖范围迅速扩大。仅仅在 2009 年，我国就建设 32.5 万个 3G 基站，网络覆盖全国 342 个地市、2055 个县（市）和 6000 多个乡镇，开创了全球电信发展史上建设规模最大、速度最快的新纪录。

移动互联网正在引领新一轮互联网浪潮。根据工业和信息化部统计，截至 2014 年 1 月底，我国国内移动互联网用户总数突破 8 亿大关，达 8.38 亿户，移动互联网接入量达 1.33 亿 GB，相比上年同期增长 46.9%。在 8 亿多移动互联网用户中，3G 上网用户比重超过 30%，这成为支撑互联网用户增长的核心动力。2013 年 12 月，工业和信息化部向国内移动、联通和电信三大运营商颁发了 TD－LTE 制式的 4G 牌照，预计我国 3G 和 4G 用户总量将很快突破 5 亿，这将全面开启覆盖国内移动互联网全产业链的新一轮快速发展周期。目前，高达 67.8% 的移动电话用户使用移动互联网。在移动互联网接入流量中，有 80.8% 的流量来自于手机上网，用户月平均手机上网流量达到 139.3MB。

我国以手机网民为主的移动网民规模迅速增大，为移动电子商务的发展提供了巨大的市场空间。近年来手机网民规模增幅一直高于同期网民规模增幅，手机网民在全部网民中所占比例，已经从 2008 年 6 月底的 28.9% 提高到 2013 年 6 月底的 78.5%（具体见图 5.3），手机作为我国第一大上网终端的地位更加稳固。移动互联网流量呈现爆发式增长态势，通过移动端上网时间不断增加。2013 年二季度中国移动互联网各季度接入流量比之于 2011 年一季度翻了一倍多（具体见图 5.4）。

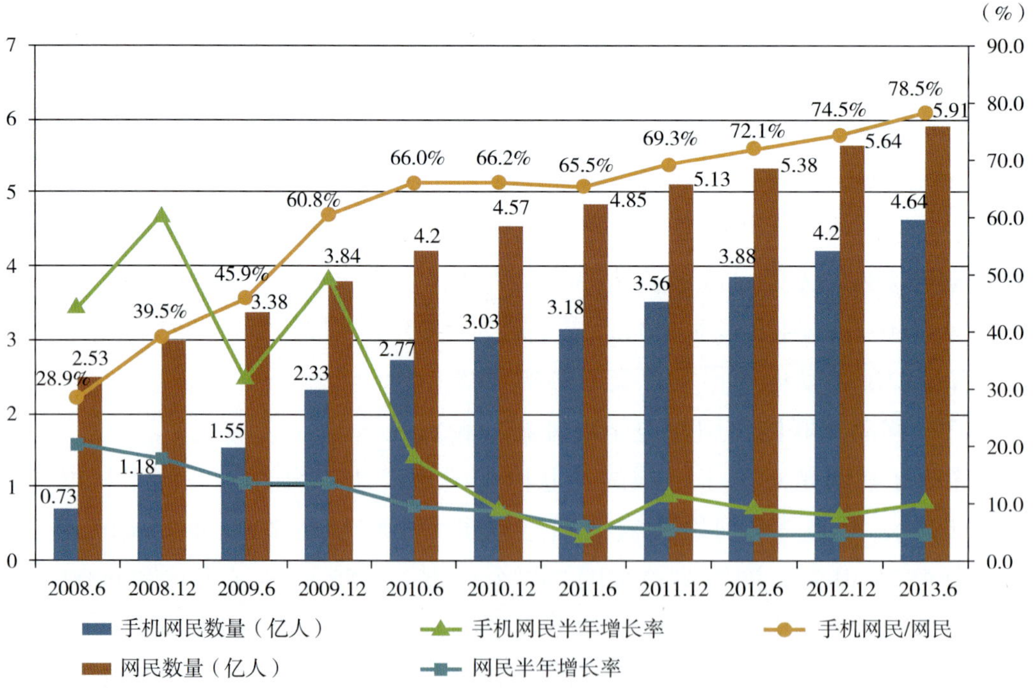

图 5.3　中国手机网民的发展态势

数据来源：中国互联网络信息中心。

图 5.4 2011～2013 年中国移动互联网接入流量各季度比较

数据来源：工业和信息化部。

从移动电子商务市场看，据阿里巴巴以及京东商城的数据显示，国内通过移动互联网进行交易的用户数量快速增长，2014 年“双 11”活动中阿里移动客户端成交额为 243 亿元，是 2013 年（54 亿元）的 4.5 倍，占整体成交量的 42.6%；而京东商城则在当天有超过 1400 万笔订单，其中，移动端下单量占比超过 40%，是上年同期的 8 倍。

5.3.3 我国移动电子商务的典型商业模式

（1）微信服务

腾讯公司开发的“微信”是移动互联网领域最成功的应用。微信是手机即时消息类应用软件，通信功能是绝大多数微信用户的主要诉求，微信其他所有的功能都是围绕这一定位设计的。微信提供的最基础服务就是短消息和语音短信。尤其是语音短信业务，使得用户之间的沟通更加便捷，异地用户之间使用语音短信业务付出的成本要比长途电话低很多。而在 2014 年 11 月，微信还推出了“微信电话本”，尝试借助于 WIFI 与 3G/4G 网络的实时双向语音服务功能。此外，在基础服务之上，微信还推出了许多增值类服务，如“摇一摇”、“附近的人”等，方便了陌生人之间的沟通。微信公众平台使得个人和企业都可以打造一个微信的公众号，并实现和特定群体的文字、图片、语音的全方位沟通与互动。

微信本身对用户完全免费。用户只需向移动运营商购买一定网络流量即可使用，而微信对网络流量的消耗很小，所以，用户使用微信的成本要远低于打电话和发短信。截至2013年底，微信注册用户数已近4亿，成为注册用户最庞大的移动应用。微信目前有18种语言版本，成功推广到泰国、印度尼西亚、菲律宾、新加坡以及墨西哥等地区和国家，用户遍及200个国家和地区，海外注册账户超过5000万个。

依托庞大的客户群，微信提供了游戏等增值服务。未来微信将会采用平台化的盈利模式，它对游戏开发者开放平台，并帮助新游戏拓展市场，通过后向收费获取利润。目前，微信已成为开放的平台，汇集了超过40万手机游戏开发者。例如，微信游戏“天天爱消除”已吸引了超过4000万注册用户，拥有超25万的每天活跃用户。

微信的社交服务平台属性日益增强。例如，微信提供基于位置服务的“附近的人”功能，用户可以使用该插件，根据自己的地理位置搜索到周围的微信用户，为陌生人之间提供了一种很好的交友工具。用户能够扩大自己的交际圈，增强使用粘性。再如，通过与“大众点评”等进一步深度合作，借助微信朋友圈分享功能，微信在本地化、移动化、社交化的生活服务体验上将会变得更便捷、更有趣。微信正在走向更智能的服务时代。

微信为移动电子商务提供了重要的交易平台。它面向名人、政府、媒体、企业等机构推出了合作推广业务的公众账号，能有效降低这些机构的宣传成本、提高品牌知名度，同时也实现了微信自身的推广，扩大了微信用户的规模。目前微信已拥有超过100万个公众账号，认证账号则超过4万个，其中70%为企业用户。由于微信拥有数亿用户的基础，这就产生了丰富的、有市场价值的数据。商家可以通过微信信息管理系统，不断获得源源不断的海量数据，然后进行市场细分和精准营销。

微信全新的发展模式和如此快的用户增长速度对传统电信运营商的业务造成了猛烈的冲击，使得运营商原有的短信、语音甚至国际电话业务都受到了很大的挑战。虽然微信为运营商带来了大量的流量，但同时也大幅提升了运营商对网络投资的成本。在微信的强大竞争压力下，运营商正在转变经营方式，更多提供应用和服务，将流量转化为增值服务。比如，中国移动建设了音乐、漫画、阅读等基地，借助运营商的渠道和用户群进行最大限度地推广，以形成一个全新的生态系统。再如，广东联通与腾讯已开始合作，推出“微信沃卡”业务，它包含4种提供免费语音通话分钟及数据用量的不同组合套餐。

（2）移动支付服务

①移动支付的运作模式。

移动支付是指移动支付工具使用者通过以手机为主的移动终端，完成支付其各种消费的一种新型支付模式。移动支付是一个长长的链条，在这个链条之中有金融机构、移动运营商、第三方支付平台、商户、客户等多方参与者，它们在移动支付业务中发挥着自己的作用。

根据发挥主导作用参与者的不同，目前我国移动支付领域可以分为三种模式。一是支付平台主导模式，独立于金融机构和移动运营商之外的第三方支付平台公司，是目前国内移动支付市场主要推动者；支付平台为移动运营商、金融机构和客户提供连接，并负责对客户的银行账户和服务商的账户进行结算。二是商业银行主导模式，在这种模式下，银行客户可以借助绑定客户银行账户与手机账户等方式，通过手机使用银行账户进行各种支付；银行为客户提供便捷的转账支付途径，而移动运营商只负责向银行和客户提供基础的网络服务。三是移动运营商主导模式，在这种模式下，电信运营商既是移动支付业务的数据传输网络提供者，又是移动支付账户的管理者。

在具体实践中，移动支付的实现方式主要有四种：一是手机客户端虚拟账户支付，如淘宝的手机支付宝，用户下载安装并注册以后，就拥有一个虚拟账户，将银行账户资金转入这个虚拟账户，可以选择在线支付或扫描二维码等线下支付。二是手机绑定银行卡支付，微信的支付功能就只采用绑定银行卡方式来支付，用户只需输入支付密码就完成支付。三是手机近场通信支付，它需要将SIM卡信息写入或内置安全芯片，借助近场通信技术（NFC，Near Field Communication），用户持有安全芯片的手机或者银行卡靠近支持该功能的POS机，甚至部分公共交通支付的一卡通终端，无需输入密码，就能完成支付。四是手机刷卡器刷卡支付，如“拉卡拉”等设备。它是一款小型的外带设备，使用时将插头插入到手机耳机插孔中，将银行卡划过刷卡器卡槽，并在手机APP中输入密码等信息实现支付，相当于移动POS机。

②全球移动支付发展状况。

不同国家和地区移动支付业务的发展水平及普及程度仍然存在较大的差异性。除我国之外，日本、韩国、肯尼亚是全球移动支付发展的典型代表。日本是移动支付普及率较高的国家，移动支付产业发展程度远远超过美国和欧洲，已具有较成熟的商业模式。目前，日本市场超过 1 亿用户使用移动支付业务，其主流的移动支付技术是日本索尼公司研发的非接触式感应技术—FeliCa，移动运营商 NTT DoCoMo 占据日本移动支付市场的主导地位。在韩国，移动支付产业主要由运营商和银行主导，移动支付品牌主要有 MONETA、K－merce，各占据韩国移动支付市场的半壁江山。由于越来越多的移动用户通过手机实现 POS 支付、购买地铁车票、完成移动 ATM 取款等，因此韩国的移动支付以手机支付为主。目前，韩国所有零售银行都能够提供移动银行业务。

③2013 年我国移动支付爆发式增长。

2013 年是移动支付迅猛增长的一年，核心原因在于移动互联网支付，主要体现在基金的移动购买出现了爆发式增长，如以余额宝、理财通等为代表的新的支付形态。360 互联网安全中心发布国内首个移动支付安全报告《中国移动支付安全报告》显示，2013 年，中国手机支付用户规模达到 1.25 亿，同比增长 126%。中国银行业协会发布的《2013 年度中国银行业服务改进情况报告》显示，2013 年移动支付业务共计 16.74 亿笔，同比增长 212.86%；移动支付金额 9.64 万亿元，同比增长 317.56%。传统的银行卡业务增幅远小于移动支付业务，2013 年全年共发生银行卡业务 475.96 亿笔，同比增长 22.31%，交易金额 423.36 万亿元，同比增长 22.28%。支付宝年度对账单显示，作为行业领头羊，其支付宝实名制用户已达 3 亿，同时支付宝钱包用户突破 1 亿，2013 年移动端的支付宝钱包用户数更是同比增长 547%，用户人均网上支出（包含网上消费、转账、还款、缴费等）大幅超出万元大关。仅“双 11”一天，支付宝的无线支付笔数就高达 4518 万笔。2013 年“双 11”天猫购物创下单日 350 亿销售额。

2014 年春节前后，由腾讯微信推出的“拜年”服务席卷网络。用户通过登录微信账号就可以完成发红包、抢红包的游戏，让人们在娱乐之中增加了互动与交流，并自愿链接个人银行账户，加入微信支付，除夕夜有超过 500 万人参与了此活动。目前，阿里巴巴和腾讯利用“快的打车”、“嘀嘀打车”两款软件，花费大量资金补贴用户打车时使用手机支付，根本目的是为了争夺移动支付用户的市场份额，并培养用户的移动支付习惯。

④我国移动支付的发展前景。

移动支付代表了支付结算领域发展的新方向，市场前景广阔。根据市场研究公司 Gartner 的统计，2013 年全球移动支付增加到 2350 亿美元，同比增长了 44%。而未来三年之内，移动支付业务将迎来更可观的增速，预计 2015 年全球移动支付交易量将达 6700 亿美元。成熟可靠的移动支付，将给金融机构、支付平台公司、移动运营商、商户和消费者带来“多赢”。科技改变生活，对社会大众而言，移动支付已经在一定程度上丰富了人们的生活方式，不断改变人们购物消费的支付方式。

目前，移动支付仍面临着安全隐患。购物及支付类木马防范难度较大，诈骗短信、手机丢失也成为严重威胁之一，二维码木马钓鱼诈骗和电子密码器升级诈骗则是流行的典型网络骗术。为引导和规范我国金融移动支付业务发展，2012 年 12 月央行正式发布中国金融移动支付系列技术标准，从产品形态、业务模式、联网通用、安全保障等方面明确了系统化的技术要求，确立了以“联网通用、安全可信”为目标的技术体系架构，这在一定程度上有利于营造移动支付产业链各方开放、合作、共赢的良好局面，建立和谐的产业生态环境，推动我国移动支付集约化和规模化发展进程。

（3）O2O 服务

移动电子商务实现了线上和线下的互通（Online to Offline，简称 O2O），这将成为未来电子商务的重要形态，开拓出一个巨大的消费市场。图 5.5 显示了 2011 ~ 2015 年中国 O2O 市场规模及预测。艾瑞咨询集团的数据显示，2011 年中国 O2O 市场规模达到近 1000 亿元，增长率为 75%。在此背景下，无论是移动互联网创业者，还是传统电子商务企业，都纷纷开始 O2O 业务。基于现有优势，腾讯利用微信、阿里巴巴利用淘宝本地生活，百度利用地图，都在探索各自的 O2O 模式。

O2O 模式使得消费者在线获得丰富的产品介绍、商家信息时，同样能到实体店得到产品或服务的真实体验。通常，用户通过移动终端连接互联网，在相关的 O2O 商务平台上查找自己所需的产品或服务，完成在线支付后，获得交

易凭证，然后到相应商家获得产品或享受服务。此外，O2O 还有从线下到线上

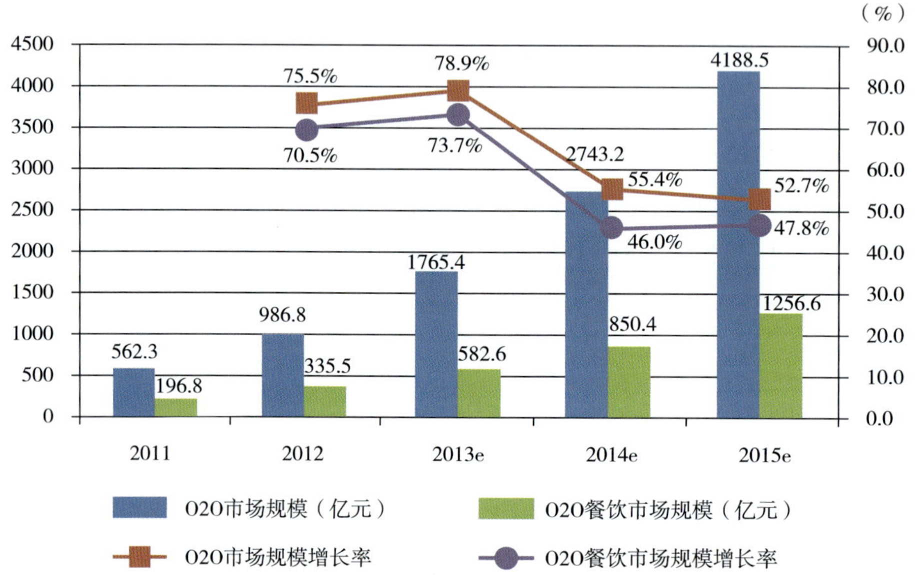

图 5.5　2011～2015 年中国 O2O 市场规模及预测

数据来源：艾媒咨询集团：《2012 年度中国 O2O 市场研究报告》。

的互动方式（Offline to Online），消费者先到实体店体验产品或服务，然后通过智能终端扫描感兴趣的商品的二维码，通过产品页面在线下单支付，线下实体店转变为样品体验店。这种模式逐渐被传统零售商借鉴，如服装、家电等，实体店更多承担体验功能，包括售前体验、商品维护、售后服务等，引导消费者在网上下单。O2O 模式是一个闭环，电商企业可以全程跟踪用户的每一笔交易和满意程度，即时分析数据，快速调整营销策略，也为零售商的库存管理提供了非常好的数据支持，优化其库存体系。

目前，O2O 主要可以归纳为广场模式、代理模式和商城模式。首先，广场模式为消费者免费提供发现、导购、搜索、评论等信息服务，同时向商家收广告费，消费者有需要时直接找线下商家，这种模式的案例有大众点评、赶集网等。第二，代理模式通过优惠券、预定等手段，把互联网上的人引导到线下去消费，同时收佣金分成，消费者找线下商家消费，这种模式的案例有拉手网、美团网、酒店达人、布丁优惠券等。第三，商城模式指整合行业资源做渠道，用户可以直接购买，企业收佣金分成，有事找线上商城，这种模式的案例有到

家美食会等。

在这三类模式中，代理模式尤为重要，其中的团购是现阶段我国 O2O 发展的典型。团购网站大多采用“电子市场 + 优惠到店消费”方式，消费者在网上下单并完成支付，凭借优惠订单消费凭证到实体店消费。它将线上订购的便捷实惠性和线下消费的真实体验充分结合起来，特别适合必须重复性强且需到店消费的商品和服务，比如，餐饮、健身、看电影和演出、美容美发等。根据艾瑞咨询数据，目前我国独立团购市场份额中，美团网、大众点评网、糯米网位于前三甲，其他小型团购网站主要由本地化、垂直化的区域性网站构成，这也是团购业未来发展的重要方向之一。目前，由于竞争激烈，大部分团购企业遇到发展困境，行业洗牌后，可能出现几家财力雄厚的综合化团购企业和多数区域化、垂直化团购企业并存的局面。

阿里巴巴是国内最早经营 O2O 的电子商务企业。“淘宝本地生活平台”提供本地商户信息、电子优惠券、团购、租房、外卖和演出等 6 类服务，并拥有本地生活、淘宝电影等移动客户端。此外，其旗下的“聚划算”也提供团购服务。淘宝旗下的比价网站“一淘网”，提供有扫二维码比价应用“一淘火眼”，可查询商品在网上和线下的差价。“支付宝”作为移动支付工具，已经在手机摇一摇转账、二维码扫描支付等方面和线下商场达成合作。淘宝的地图服务具有定位、找周边团购优惠、找本地商户等功能。

（4）基于地理位置的服务（LBS）

基于地理位置的服务（Location Based Service，简称 LBS）是通过电信运营商的无线网络或者外部定位方式（如 GPS）获取移动终端的位置信息，并在地理信息系统的支持下提供增值业务。LBS 相对其他移动互联网产品，技术门槛相对较低，操作相对简单。现在智能手机利用 GPS 的定位已经可以达到 10 米内的精度，因此可以准确定位到某一处商店或大楼。

LBS 的定位技术，使得商户可与应用提供商合作，向进入目标地点范围内的特定人群做广告，快速地锁定目标人群进行精准营销，通过短信、二维码等多种方式推送优惠券、代金券及广告信息。对于移动电子商务运营商，LBS 技术不仅带来了广告收入，还可以向商家提供流量分析工具而盈利。LBS 技术的引入，也使用户的搜索成本大为降低，不仅为用户带来了更低的商品折扣，也使用户真切地体验到了移动电子商务带来的优惠，提升了用户体验。

LBS 起源于美国，2009 年 Foursquare 网站在美国取得巨大成功。它将地理社交和移动互联网进行了巧妙的融合，鼓励手机用户同他人分享自己当前所在地理位置等信息，不断在个人用户服务方面进行创新，如引入游戏元素、竞争和激励机制等，以吸引用户参与，增加用户活跃度和黏性。Foursquare 已经拥有用户 1000 万，具有了一定的用户积累基础，逐步开始向商家收费或提供广告服务。此外，用户统计信息是 Foursquare 的一项重要收入来源，用户大量的分享信息是很大的数据资源财富。Foursquare 针对商家推出了顾客消费习惯分析工具，以便商家了解消费者的活动规律和购物习惯，商户可以根据这些数据，对经营进行更好的设计、规划。用户分享的位置信息越多，各商家对自己潜在客户的了解程度也就越高，满足了商家细分市场、精准定位的需求。目前，国内的嘀咕网、盛大切客网、街旁网、新浪网、人人网、贝多科技等公司都推出了各自的 LBS 服务。

LBS 本身不具有目的性和粘性，一般只作为一种工具出现在某种产品中。LBS 为电子商务提供了一种全新的形式，很多基于 LBS 的商业模式，都是在确定位置的基础上，为客户提供增值服务。通过 LBS，用户不需要搜索和查找就可以在地图上快速定位自己的位置，在这个位置上寻找自己感兴趣的内容。典型的应用是“LBS + 生活信息服务”，由于生活信息服务一般都有一定的区域性，用户通过 LBS 自动识别地理位置后，可以找到周围的商店、酒店、影院等服务设施，获取信息更简单，更容易锁定目标。例如，人们在餐馆消费后，可以对其服务进行实时点评，上传图片，发表感受，并进行评分，让其他人能更好地理解商家服务的好坏。通过 LBS 的增值服务，消费者可以第一时间与好友分享，通过熟人间的口碑传播为商店做了广告。

由于 LBS 本身具有地理社交特征，很多社交网站也开始应用 LBS。例如，“人人网”的“人人报到”LBS 业务、新浪的“微领地”、百度的“百度身边”等。LBS 成为一个基于地理位置的平台，突破了微博等社交网站的局限，融合了交友和电子商务等多项功能，成为综合性的移动地理社交平台。它可以降低电子商务支付成本，使得用户及时进行在线反馈，进而与商家和其他用户形成良性互动，进一步带来了产业链的深度融合。一个高度开放的 LBS 平台可以吸纳和整合更多的商业资源。例如，人人网和糯米网合作，在报到功能下加入团购信息，并且基于用户的地理位置，根据用户需求，推荐不同的商品。而目前，国内外许多初创企业更以室内定位作为新的LBS发展方向，通过观测用户在大型商场内的购物行为，发现更为精准的营销方式。而作为科技企业旗舰的苹果，也在2013年推出了以此为概念的iBeacon技术，部署在全美254个苹果商店中，进行对该领域的探索。

5.4 中国企业创新的新趋势[①]

创新在企业发展中的作用越来越重要，与之相应，企业创新越来越多地受到重视。本节从以下四个方面来阐释企业创新的新趋势：企业创新战略关注价值，企业创新组织走向网络，企业创新形式趋于综合，企业创新与创业趋于融合。

5.4.1 企业创新战略关注价值

企业创新战略管理从关注研发规划、技术路径、技术组合、创新战略与企业战略的衔接等关注技术创新的知识源泉，向关注企业创新的价值发展，回到依靠创新为企业创造价值的本源。企业创新战略管理的实质走向价值管理，相关研究沿着创新创造价值的链条延伸，围绕价值来研究企业创新战略。

破坏性创新的研究，在以硬盘、钢铁、药品、数码相机等产品为代表的制造业得到验证之后，并没有停下研究的步伐，而是向医疗服务等服务业发展，随着互联网和移动互联网的兴起，他们对传统制造业和服务业的破坏成为新常态。在企业管理实践中，尚未受到破坏的产业就存在创新破坏的机会。企业创新研究也与创新实践一起相互促进、交织发展。例如，最近关于特斯拉对传统汽车制造业的破坏，既成为实业界的热门话题，也成为企业创新研究的热点。特斯拉的破坏中，互联网思维和互联网技术成为其中的重要作用因素。特斯拉免费授权专利技术的创举，更是为破坏性创新研究提出新问题。破坏性创新理

---

① 部分节选自王毅、徐晗、王萍萍、董宇星：《我国创新管理研究前沿》，收录在教育部人文社会科学重点研究基地清华大学技术创新研究中心主编的《创新与创业管理（第9辑）》，清华大学出版社2013年版，第1～17页。

论解释的关键点在于，一张全新的价值网络实现了对既有价值网络的破坏，创新给顾客带来的价值得到了很大程度的提升和扩展，创新者、用户以及其他参与者都从创新中获得了价值。

商业模式创新也是一个近年兴起并越来越受到重视的领域。商业模式创新围绕给客户创造价值的起点展开，从价值主张、成本结构到交易结构进行全新的设计。商业模式创新的重要程度凸显，甚至有时可以引领企业技术创新，关键在于技术作为资源供给日益充分。技术曾经是一个具有决定力量的内生变量。而在商业模式创新中，技术成为一个可以输入和选择的外生变量。技术为用户创造价值的瓶颈在于商业模式的创新设计。人类目前可以利用的技术存量在已经丰富的基础上迅速增加，这会让商业模式创新成为持续的实践和研究重点。

技术、用户需求和竞争的变化日益加快，企业如何在多变和快变的环境中进行持续创新，这就是为用户创造价值的动态能力。企业动态能力的概念最近受到理论界和实践界的关注和认可，企业创新领域的研究在核心能力之后找到了一个新的能力研究热点。显然，动态能力跟创新价值、用户价值的动态演进方面，联系更为贴切。企业创新战略的企业出发点，就是动态能力。

服务在传统企业的战略转型和创新中的作用日益凸显，服务创新成为企业创新战略研究的重要关注点。服务创新的规律，企业如何通过服务创新来实现战略转型，不只是简单在价值链上的延伸，而是从战略上来重新定义给用户带来的价值。从这种意义上来说，服务创新的核心点还是围绕客户价值展开的，真正从用户需求的角度来重塑整个价值链。随着产业变革的深入发展，服务创新在用户价值及其提供网络中的作用会成为持续热点。

5.4.2 企业创新组织走向网络

企业创新让用户获得使用价值的过程变得简单，但作为用户价值整体解决方案提供商的企业，需要整合更多参与主体和资源，价值传递过程的复杂程度大幅度提高。企业创新组织从单一主体的一体化组织，走向在专业化分工中发展和演进的网络组织。

创新生态系统是企业创新组织网络化中最为重要的概念。企业实践中，以苹果、谷歌、思科等新兴企业巨头为代表，创新生态系统的实践达到了前所未有的高度。这为企业创新研究提供了很好的实践基础。以领先企业为主导的生态系统培育、网络组织构建、演化机理，以及产业内不同生态系统之间的竞争、参与者在生态系统中的决策机制，都是创新生态系统领域的研究问题。随着技术资源的丰富和分散化，专业化和分工持续深入，产业之间的界限逐渐模糊，用户需要的解决方案产生于众多专业化厂商的参与之中，创新生态系统会成为实践和研究的重要主题。

专利网络的形成是企业技术专业化分工的必然结果，其中的网络组织演化规律，受到创新研究的重点关注。知识分工给企业边界的划分带来挑战，这甚至为企业边界的解释因素带来新的研究问题。在这个方面，新制度经济学和创新研究甚至产生了结合点。专利网络组织中的科学搜索、小世界效应、知识流动、专利发明人在网络中的流动、知识网络和发明人网络的关系，这些方面的研究都受到关注，并取得了较好的研究发现。专利网络在企业、区域、产业，甚至特定人群（例如印裔美国人）、专利拥有者和投资者群体等层次，都有了较好的研究。

技术创新联盟的合作网络仍然受到关注，而且从网络特性来进行的研究，使创新联盟的研究出现了新的生机，呈现出越来越重要的态势。网络规模、小世界特性、无尺度、网络中心性等网络特性对技术创新联盟的影响得到深入探讨。参与网络的主体之间的差异性、多元化、网络关系类型等特性对创新联盟演化的作用等方面也得到了研究。

我国最近几年特别强调协同创新，因此，协同创新实践及其研究受到关注，成为研究热点。协同创新的组织机制，尤其受到关注，是在原有产学研合作机制之上的创新和深化。协同创新组织在本质上是创新网络，其发生和演化机制、支持环境甚至自组织特性的培育，都跟产学研合作机制有显著差异。

5.4.3 企业创新形式趋于综合

熊彼特认为，创新主要表现为以下五个方面：开发新的产品，开发新的生产工艺，采用新的组织方式，开辟新的市场，采用新的原材料。创新者的核心作用在于实现生产要素的新组合。熊彼特的学说成为企业创新研究的重要来源，但是在很长一段时间里，以产品创新和工艺创新为典型形式的技术创新得到重视，这与制造业发展强劲并成为经济主体是分不开的。企业创新对客户价值的重视、技术资源的丰富程度提高、创新组织的网络化、服务业发展成为经济主体等因素，使企业创新形式趋于综合，技术创新和市场、组织、管理、商业模式等其他创新形式的交互和综合成为企业创新实践和研究的新特点。一言以概之，企业创新研究在回归熊彼特。

熊彼特是第一位深度剖析经济长波机理的学者，他利用技术创新在经济增长中的作用来解释经济长波。熊彼特认为：企业家的能力和主动性会牵引科学家和发明家不断创造新的投资、增长和就业的机会，而创新带来的超额利润会导致经济暴涨；紧接着，模仿者不断进入，边际利润开始下降，人们对新技术的狂热开始慢慢退去，一些人开始离开这个市场，经济开始变得不景气，直到下一次周期。因此，熊彼特研究创新的初衷是为了找到经济长波的驱动因素，寻求技术创新管理领域的新发展。回归熊彼特，是 2008 年经济危机以来国际学术界关注的焦点。回到我国的情景，熊彼特的理论同样为我们带来启示。作为一个发展中国家，我国要想彻底完成从追赶到超越的过程，就必须在新一轮的破坏性创造中寻求突破，引领新的经济长波的发展。对熊彼特创新研究范式的回归，既体现在我国对新产业，尤其是战略性新兴产业的寻找上，也体现在我国企业对创新形式的探索和追寻上，更是与我国经济增长形式转变过程中的可持续发展挑战密切联系。企业创新形式的综合，给创新研究带来的挑战，会发展成为一个持续的研究热点。

5.4.4 企业创新与创业趋于融合

创新能增强企业现有业务或创造新业务。随着创业公司的活跃程度增加，创业企业从零开始增长到超大型公司的时间缩短，例如，谷歌、FACEBOOK、阿里巴巴等中外典型企业，成长为大型公司的速度都创造了新纪录。同时，柯达、摩托罗拉、诺基亚等公司的迅速衰落，给老牌大型公司的创新带来警示。实业界和理论界都开始对基于创新的创业管理产生浓厚的兴趣，企业创新与创业融合成为新趋势。

领先公司如何发展和拥抱新业务，特别是与现有业务有冲突的新业务？二元组织的灵敏战略和新兴业务培育战略的研究给出了部分答案。研究学者在剖析 IBM 等领先公司的成败经验的基础上，提出了创新管理理论和实践解决方案。与之相对应的公司内创业管理与创新研究结合更为紧密，从内部风险基金、丛林战略等领域提出了学术贡献。开放式创新研究也在这方面做出了贡献，认为企业既可以通过引入外部知识发展创新型业务，也可以采用技术许可、风险投资、支持员工创业等多种形式利用公司内部知识来发展创新型业务，这些业务往往无法在公司内部环境实现很好的增长。

创新如何在创业企业产生和发展，创业企业的能力在这个过程中如何演化，是创新与创业研究的重要结合点。从风险投资、创始人和创业企业专利申请、创业企业 IPO 等角度出发的研究，对于创业者、投资者和创业企业的创新能力演化的关系做出了解释。创业企业的创新搜索研究，也把新创企业的创新方向和投资者结合起来。从产业创新演化的角度，产业发展初期的重要专利发明人如何在创业企业之间流动，从而带动新创产业的繁荣和发展，这些研究把创新、产业演化和创业紧密联系在一起。这给我国战略性新兴产业的发展路径带来借鉴意义，也能激发我国在这方面的研究。例如，人才流动、创业和创新的关系，特别是结合我国近期开展千人计划的研究，都是这个趋势的反映。而且这些研究将在未来一个时期内，持续开展。

执笔：范保群　王怀宇　石光　王毅　吴宇晨

第六章 企业竞争力评价

经过改革开放三十年来的高速发展，中国已成为世界第二大经济体和世界经济增长的重要引擎，尤其是 2008 年金融危机爆发以来，全球经济疲软，中国经济一枝独秀，傲视群雄。中国出现了联想、华为、中兴通讯、海尔等一批优秀企业，它们在国际竞争中取得很大进展。在《财富》世界 500 强中，中国企业上榜数量从 1996 年的 4 家增加到 2014 年的 100 家（含香港，不包括台湾），一些大型国企规模超过了很多跨国公司，中国企业在国际中的地位大大提高。但是，在上榜企业中，中国的大型国企和重资产型企业占多数，一方面说明我国企业仍处在“大而不强”的发展阶段，另一方面也说明该评价体系还不能够真实地反映企业的综合竞争力水平。因此，我们认为有必要通过理论研究，结合中国的实际情况，建立一套新的中国企业评价体系，在宏观数据和实证分析相结合的基础上，评价真正意义上的中国 500 强企业。

6.1　企业竞争力评价理论

企业竞争力是从微观基础层次上研究竞争力，竞争主体是企业。企业竞争力概念最早由菲利普·塞尔茨尼克提出，是能使一个企业比其他企业做得更好的特殊物质（能力），其后安索夫和肯尼思·安德鲁斯在 20 世纪 60 年代和 70 年代的研究中对企业竞争力概念进行了推广。

6.1.1　企业竞争力的定义

1990 年世界经济论坛（WEF）将企业国际竞争力定义为“一个公司在世界市场上均衡地生产出比其他竞争对手更多的财富”。瑞士洛桑国际管理与发展学院（IMD）则是将企业竞争力划分为五个方面：生产效率、劳动成本、公司绩效、管理效率、战略和文化，从竞争力来源或者是影响因素的角度来描绘企业竞争力概念。

1985 年美国“产业竞争能力总统委员会”，将企业竞争力定义为：在自由良好的市场条件下，企业能够在国际市场上提供好的产品、好的服务，同时又能提高本国人民生活水平的能力。美国竞争力委员会主席乔治 M. C. 菲什认为，企业竞争力是指企业具有较竞争对手更强的获取创造、应用知识的能力。

哈佛大学迈克尔·波特认为："企业竞争优势，是指一个公司在产业内所处的优势位置，企业竞争优势有两种基本形式，即成本领先和标新立异。"

东京大学教授藤本隆宏认为企业竞争力可以从三个层次来考察：静态能力、改善能力、进化能力。静态能力是指企业实际上已经达到的竞争力水平；改善能力是指不断维持和提高竞争力的能力；进化能力是指建立前两者能力的能力。

我国对竞争力理论的研究尚处于起步阶段，目前还没有形成一个完整的理论体系。中国社会科学院工业经济研究所自 20 世纪 90 年代中后期开始，对工业等产业竞争力及企业竞争力进行了较为系统、全面的研究。国家体改委体制改革研究院等联合研究组自 1996 年起，连续每年发布《中国国际竞争力发展报告》。中国国内学者对企业竞争力定义进行界定大量出现在 21 世纪初期。金碚认为，企业竞争力是指在竞争性市场中，一个企业所具有的能够持续地比其他企业更有效地向市场（消费者，包括生产性消费者）提供产品或服务，并获得赢利和自身发展的综合素质。它包含五个基本含义：一是企业竞争力所涉及的产业是竞争的和开放的市场。二是企业竞争力的实质是一个企业同其他企业相比较的生产率（或工作效率）。三是企业竞争力体现在消费者价值（ 市场占有和消费者满意）和企业自身利益（盈利和发展）两个方面。四是企业竞争力决定了企业的长期存在状态，因此，企业竞争力具有持续性和非偶然性的特点。五是企业竞争力是企业所具有的综合性质，决定和影响企业竞争力的各种因素总是作为一个整体而对企业的存在状态发生作用。企业竞争力的要素包括环境、资源、能力和知识四个层次。刘文炳认为企业竞争力的定义是指企业在市场竞争中，能够保证企业生存并且不断发展的获取资源和运用资源的能力。归纳起来，关于企业竞争力的定义主要有以下几种定义角度。

第一，能力论。这一观点认为企业竞争力是一种能力。例如，美国《产业竞争力总统委员会报告》、WEF 的《国际竞争力报告》以及国内众多学者的定义。

第二，素质论。这种观点认为，企业具有好的素质就具有竞争力。具体来说包括两种素质，即职工队伍素质和企业经营者素质。例如国内学者金碚的定义。

第三，状态论。这种观点认为企业竞争力是自身素质和能力与外部环境相互作用所形成的一种平衡状态。例如迈克尔·波特的定义。

综上所述，对企业竞争力的认识，研究者们的看法不尽相同，未形成统一的认识。对于企业竞争力的概念而言，各家研究都有很大的共同点，就是认为企业竞争力对于企业的生存和发展具有决定性的意义，企业竞争力研究是一个值得高度重视的研究领域。

6.1.2　企业竞争力的基础理论

目前，主流的企业理论是产权理论、交易成本理论、委托代理理论等，非主流的企业理论是企业能力理论以及衍生的资源理论和知识理论。企业理论是目前解释企业竞争力的理论中最有力的一种①。

（1）国外企业竞争力理论和主要学派

①产业组织理论。

20 世纪 30 年代，不完全竞争和垄断竞争理论成为经济学的主流，产业被看作同质企业的集合，从而以进入壁垒等市场分析而不是企业内部因素差异来解释不同的市场位势、超额利润以及持续竞争优势。美国哈佛大学迈克尔·波特教授系统地提出了竞争优势理论，认为成本领先、差异化、目标集聚是企业获取竞争优势的三种主导战略，而企业价值链的差异以及产业进入与退出壁垒是企业产生竞争优势以及持续存在的主要原因。

②企业内在成长理论。

英国著名经济学家阿尔佛雷德·马歇尔创立了“企业内在成长论”②。他认为，专业化分工导致了企业内部出现新的协调问题，需要产生新的内部专门职能来进行协调与整合，企业内部伴随生产会发生知识积累。1950 年代，后马歇尔主义者潘罗斯认为管理人员对企业内部的协调与决策，可以形成以特定

---

① 徐全军：“企业竞争力理论基础述评”，《经济体制改革》，2004 年第 9 期。

② 马歇尔：《经济学原理》，商务印书馆 1997 年版。

途径、知识和经验解决问题的优势[①]。新知识的积累主要是内部化的结果，是一个将外部正规知识转化为内部非公开和非正规知识的过程。1960 年代，乔治·理查德森提出了企业间协调的知识基础论。即单个企业通过从事同一种能力的活动来积累专门能力，这种专业化能力使企业更依赖市场和组织的关系协调。

企业内在成长论是企业竞争力理论的一个重要基础。其基本观点是：与企业外部条件相比，企业内部条件对于企业占据市场竞争优势具有决定性作用：企业必须对能够扩展生产领域的知识和能力进行不断积累，企业内部能力、资源和知识的积累是解释企业获得超额收益和保持企业竞争优势的关键性概念。

③持续竞争优势理论。

与企业内在成长论不同，企业持续竞争优势理论主要解释企业本身获得的知识和能力能否使企业产生持久的超额利润，或这些优势是否会因为企业间的激烈竞争而消失，因此，它主要考察企业间的竞争关系。在企业之间的竞争中，企业的资源和能力起决定作用，拥有独特的资源和能力，且不易被竞争者模仿或替代的企业将取得持久的竞争优势。企业独特的资源和能力之所以难模仿，主要是因为企业的资源和能力的形成机制是难以模仿的，或者说，企业的资源和能力形成的原因是模糊的。这种资源和能力是企业在不断地适应市场的选择过程中逐渐积累起来的，也即是决策的产物，而不是战略管理的结果。

企业资源基础论形成了不同流派。史蒂芬·里普曼和理查德·罗曼尔特认为，如果企业无法有效仿制或复制出优势企业产生特殊能力的源泉，各企业之间的效率差异状态就会永远持续下去。博格·沃纳菲尔特认为企业之间存在着资源位势差异，仿制者的认知、时间和经济劣势，会形成资源位势障碍，从而使资源位势差异存在下去。

目前，比较主流的资源学派和能力学派都是从持续竞争优势理论衍生而来的。

---

① E PENROSE，The Theory of the Growth of the Firm，Oxford Univ. Pr，1959.

④资源学派。

以沃纳菲尔特和潘罗斯为主要代表的资源学派，是目前最为流行、主导企业竞争力理论的主流学派，他们是从企业持续竞争优势的研究分化出的两个相对独立又互为补充的学派。

在资源差异能够产生收益差异的假定下，该学派认为企业内部有有形资源、无形资源以及积累的知识，在企业间存在差异，资源优势会产生企业竞争优势，企业具有的价值性、稀缺性、不可复制性以及以低于价值的价格获取的资源是企业获得持续竞争优势以及成功的关键因素，企业竞争力就是那些特殊的资源。

尽管同属于资源学派，但对于资源所包含内容的不同理解又形成了不同的资源观，以至于对企业竞争力的理解也不完全相同。潘汉尔德把企业竞争力描述为："组织中的积累性学识、特别是关于如何协调不同的生产技能和有机结合多种技术流派的学识。"在这一定义中，协调与有机结合的学识是主要资源，能力与知识都被视为资源。美国学者巴尼认为，企业的资源还有人力资本以及组织资本的正式与非正式资源。另外，还有一种资源观是将社会资本纳入其中，社会资本能够为企业提供收益。

⑤能力学派。

能力学派是以普拉哈拉德和哈默发表的《企业核心能力》为标志，后发展成为较成熟的理论体系。该学派认为，蕴含于企业生产经营环节中具有明显优势的个别技术和生产技能，或者组织成员特有的集体技能和知识，是企业获得和保持竞争优势的源泉。可细分为两种代表性观点：一是以哈默和普拉哈拉德为代表的核心能力观，另一种观点是以斯多克、伊万斯和舒尔曼为代表的"整体能力观"。前者注重企业价值链中的个别关键优势，而后者强调价值链中的整体优势。

⑥市场结构学派。

结构学派的创立者和代表人物是美国哈佛大学的迈克尔·波特教授。他认为，竞争优势归根结底产生于企业为客户所能创造的价值，正确分析产业结构是确立竞争战略的基石。一个行业内部的竞争态势取决于五种基本竞争力的相互作用，即进入威胁、替代威胁、买方议价能力、供方议价能力和现有竞争对手的竞争。这五种作用力共同决定产业竞争的强度以及产业利润率，同时每种竞争作用力又受到诸多的经济技术因素和特征的影响。波特理论的不足是更偏重于企业外部分析，忽视了企业内部各种竞争力组成要素。波特产业分析影响了大批企业战略家，但是理论向战略管理实践转换却非常困难，该理论在短期竞争优势的分析中更有使用价值。

⑦创新学派。

奥地利经济学家熊彼特 1934 年提出了经济创新的概念，他认为“创新”是指“企业家实行对生产要素的新的结合”，包括以下五种情况：一是引入一种新的产品或提供一种产品的新质量；二是采用一种新的生产方式；三是开辟一个新的市场；四是获得一种原料或半成品的新的供给来源；五是实行一种新的企业组织形式。创新的产生离不开对知识和技术的投资。创新企业可能改写竞争态势。新技术、客户新需求、新的产业环节、压低上游成本、政府法令规章的改变等都是造成竞争优势改变的因素。

（2）国内企业竞争力理论研究的发展

我国学者关于企业竞争力及相关的研究包括以下几个方面：企业竞争力与企业的国际竞争力的界定，国际竞争力与产业竞争力，区域竞争力，产业及企业竞争力的来源，企业竞争力的评价，提高企业竞争力的对策。企业竞争力的研究成果可分为三个阶段。

第一个阶段是从 20 世纪 80 年代末到 90 年代中期，受波特为主的结构学派的影响，这一时期对竞争力的研究主要以产业分析为主，研究重心是分析企业所在的产业环境和五大竞争力量，并寻找与产业环境相匹配的竞争战略。

第二阶段是 20 世纪 90 年代中后期，受哈默、普拉哈拉德“核心竞争力”理论的影响，对企业竞争力的关注由只关注企业的经营管理和市场营销等“价值链”环节，转向关注企业内部独有的、能为消费者带来的特殊效用、使企业在某一市场具有竞争优势、获得稳定超额利润的内在能力资源。这一时期可谓国内企业竞争力研究的兴盛时期，出现了许多根据中国企业现状的创新理论。如中国社会科学院的康容平①针对哈默、普拉哈拉德指出的企业核心能力三种

---

① 康荣平、柯根斌：“核心能力论在中国的应用”，《科研管理》，1999 年第 5 期。

局限性，即企业规模的局限、市场背景局限和行业局限，提出了一个包含核心能力在内的企业战略能力矩阵。滕光进、叶焕庭[①]根据企业竞争力的作用强弱，将契约理论与能力理论有效地融合，提出了企业竞争力能力体系。但这些理论大多数只停留在企业竞争能力基本理论的阐述上，对竞争力的评价体系与方法没有深入研究。

第三阶段始于2000年初。国内一些学者开始把注意力投向资源学派的某些观点，并对企业内部资源，特别是关键资源的有效配置进行了研究，如方润生、李垣[②]等在《企业关键资源有效配置的循环模式》，大力强调技术创新。

6.1.3　国内外企业竞争力评价体系

（1）IMD国际竞争力评价体系

2001年，瑞士国际管理发展学院（IMD）提出了新的国际竞争力评价体系，由4个要素构成：经济运行竞争力、政府效率竞争力、企业效率竞争力和基础设施竞争力。经济运行包括国内经济实力、国际贸易、国际投资、就业和价格；政府效率包括公共财政、财政政策、组织机构、企业法规和社会结构；企业效率包括生产效率、劳动市场、金融、企业管理和价值系统；基础设施包括基本基础设施、技术基础设施、科学基础设施、健康与环境基础设施、教育子要素。这些要素共包含300多个指标，根据统计方法和来源的不同，这些指标分为硬指标和软指标两大类，硬指标来源于国际、国家或地区的机构和非官方机构的统计数据，软指标来源于高级管理人员的问卷调查结果。其中，硬指标约占总指标的2/3，软指标约占总指标的1/3。

IMD对国际竞争力的评价是建立在大量的统计数据和调查数据的基础之上的，形成了比较全面和成熟的国际竞争力综合评价体系和方法，是当今世界最著名的国际竞争力评价体系之一。目前，IMD的国际竞争力评价体系已涵盖了60个国家或地区。它通过对世界各国竞争力的排名揭示了国家之间的竞争力差距，便于进行各国之间国际竞争力的比较。同时，它通过对各国国际竞争力最差指标的单独排序和模拟排名，向决策者提出了提升国际竞争力的政策建议。

---

① 滕光进、叶焕庭："契约理论与能力理论相融合：企业本质的一个全面阐释"，《中国软科学》，2000年第5期。

② 方润生、李垣："企业关键资源有效配置的循环模式"，《南开管理评论》，2001年第4期。

（2）WEF 国际竞争力评价体系

自 1996 年开始，WEF 独自出版《全球竞争力报告》。WEF 国际竞争力评价体系以新古典经济增长理论、技术内生化经济增长理论、竞争优势理论等为基础，构建国际竞争力评价的指标体系①。该体系随着国际竞争力内涵的变化，不断进行相应调整和充实。1996 年，WEF 国际竞争力评价体系由国际竞争力综合指数、经济增长指数和市场增长指数组成。2003 年开始，WEF 国际竞争力评价体系由增长竞争力指数和企业竞争力指数两大指数系统组成。前者主要衡量一国经济增长的潜在前景，后者主要衡量一国当前的生产潜力。增长竞争力指数由技术指数、公共机构指数和宏观经济环境指数构成，技术指数包括技术创新、技术转让、信息和通信技术三个子指数，公共机构指数包括合同与法律、腐败两个子指数，宏观经济指数包括了宏观经济稳定、国家信用排名、政府浪费两个子指数；企业竞争力指数由公司运行和策略指数、微观经营环境质量指数构成。

（3）UNIDO 工业竞争力评价体系

联合国工业发展组织（UNIDO）的各国工业竞争力指数（Competitive Industrial Performance Index，简称 CIP），反映一国生产工业制成品的竞争能力。2002 年和 2004 年发表了《工业发展报告》，并公布了世界各国工业竞争力指数排行榜。该指数②由体现一国工业制成品生产和出口能力的指标构成。2004 年的指标体系，具体由人均制造业增加值、人均制成品出口额、制造业增加值占 GDP 的比重、制成品占总出口的比重、制造业增加值中高技术产品的比重、制成品出口中高技术产品的比重等 6 个指标构成，涵盖 155 个国家和地区。该评价体系的每个指标的取值范围实行标准化，从 0（最差）到 1（最好），6 项基本指标值没有特别的权重，综合指数就是它们的算术平均数。

（4）世界主要媒体的企业竞争力评价体系

世界主要财经类杂志每年均会推出最具竞争力企业排行榜，但其评价体系各有侧重。其中，最具影响力的杂志包括《财富》《商业周刊》和《福布斯》。《日本经济新闻》每年对日本上市公司进行排名，在日本国内很有影响力。

---

① 王勤："当代国际竞争力理论与评价体系综述"，《国外社会科学》，2006 年第 6 期。

② 同上。

①《财富》。

《财富》杂志每年推出两种评价：世界企业500强和最受赞赏的公司。全球500强评价指标主要包括：营业收入、营业利润、资产和雇员，排名以营业收入指标为基准，评价数据选取公司上年的财务数据。最受赞赏的公司主要侧重对企业潜在竞争力的评价，其评价办法是：选择64个行业，并选出最大10家企业，然后由企业经理、董事和证券分析师对其所属行业的企业进行打分，分值为0～10，评价指标为创新能力、产品/服务质量、管理质量、长期投资、社会责任、人员管理、资产应用整合能力、财务稳定性8项。

②《商业周刊》。

《商业周刊》每年公布全球1000强。该杂志主要以当年5月最后一个交易日的全球各大股票交易市场的股票交易价为基准，并全部折算成美元，计算出全球发达国家市场（具有全球可自由交易的证券市场）市值最高的1000家上市公司。

③《福布斯》。

《福布斯》杂志针对企业竞争力评价的主要排行榜包括：全美最具潜力200家小企业、全美最具潜力的400家大企业和全球2000家领先企业。《福布斯》综合了《财富》和《商业周刊》的评价体系，选择销售额、利润、资产和市值为评价指标公布全球2000家领先企业榜，选择销售额、销售增长率、每股收益（EPS）增长率和市值为评价指标公布全美最具潜力200家小企业。

④《日本经济新闻》。

《日本经济新闻》报纸每年发布上市公司综合排名300强，还对五个指标进行单独排名。该评价体系由日本经济新闻与日经调查、日本经济新闻数字媒体共同研究开发，首先从日本全部上市公司中，根据规模等指标选出1000家左右企业，再通过财务数据和调查问卷数据相结合办法，从投资者、消费者和交易方、员工、社会以及潜在力五个元素对企业竞争力进行全方位的评价。该评价体系的最大特点是增加了消费者对企业的评价环节，调查公司通过互联网让消费者对所涉及的行业前200家企业进行好坏评价，同时日经新闻编委会成员从五个元素也对企业进行打分，赋予消费者和编委会打分权重，进行综合评价。该指标体系如表6.1所示。

表 6.1　　日本上市公司竞争力评价体系的指标

元素	指标
投资者	总市值
	分红
	内部预留
	总资本利润率
	财务信息公开情况
	资本构成
	增资
消费者、交易方	销售收入
	广告宣传
	利润
	认知度（全体）
	认知度（对分别的属性）
员工	工作与生活的平衡
	育儿与看护
	女性的使用情况
	稳定率
	人才的多元化
社会	雇佣
	纳税
	社会贡献
	向公共团体选派人才
	环境对策
潜在力	设备投资
	人才培养
	研究开发
	记者的评价

（5）《中国经营报》企业竞争力监测体系

该体系以金碚主持的《中国企业竞争力研究》课题研究成果为基础，结合《中国经营报》的企业竞争案例，研究开发的一套企业竞争力评价体系。

该体系指标权重[①]如表 6.2 所示。

表 6.2　　　　上市公司竞争力监测体系的指标权重

因素	指标	权重
规模因素	销售收入	19
	净资产	10
	净利润	15
	权重小计	44
增长因素	近三年平均销售收入增长率	16
	近三年平均净利润增长率	13
	权重小计	29
效率因素	净资产利润率	8
	总资产贡献率	8
	全员劳动效率	6
	出口收入占销售收入比重	5
	权重小计	27

（6）中国企业联合会企业竞争力评价体系

中国企业联合会从 1996 年就开始专门组织力量研究开发全国企业竞争力指标体系，2005 年开始正式公布中国企业 500 强榜单。该指标体系分为定量指标和定性指标两种，按指标内容分为：经济效益、财务状况、管理水平、科技进步、职工素质、对外开放程度和社会效益七个部分。经济效益包括销售收入、利润总额、全员劳动生产率等指标；财务状况包括净资产、资产负债率、存货周转率等指标；管理水平包括主导产品国内市场占有率、万元产值综合能耗、产销率等指标；科技进步主要包括设备新度、技术改造收益率、科研成果转化率等；职工素质包括企业职称构成、学历构成、职工教育费用及时间等；对外开放程度包括利用外资情况、出口创汇情况等；社会效益包括环保设施投入、企业为当地提供的就业人数、缴纳国税、地税情况等指标。这些指标在一定程度上反映了企业的可持续发展能力和国际竞争能力。

①　金碚：《中国企业竞争力报告（2011）》，社会科学文献出版社 2011 年版。

（7）国家统计局的大企业集团竞争力评价体系

国家统计局服务业调查中心在统计调查和分析的基础上，形成了一套大企业集团竞争力评价的分析方法，2006 年开始发布大企业集团竞争 500 强以及百家领先企业集团。

大企业集团竞争力评价指标体系由竞争能力、竞争机制两大要素组成。竞争能力是企业集团竞争力的基础，竞争机制则是企业集团竞争力发展的重要保证，二者相互依赖、补充。竞争能力包括生存力、发展力和潜力三个要素，由 13 个指标构成；竞争机制分为制度、决策、激励、管理和创新五个方面，由 11 个指标构成。详见表 6.3。

表 6.3　　大企业集团竞争力指标体系

<table>
<tr><th>一级要素</th><th>二级要素</th><th>准则层</th><th>所选指标</th></tr>
<tr><td rowspan="13">能力</td><td rowspan="5">生存力</td><td>规模</td><td>营业收入</td></tr>
<tr><td>市场</td><td>市场占有率</td></tr>
<tr><td>收益</td><td>总资产贡献率</td></tr>
<tr><td>运营</td><td>流动资产周转率</td></tr>
<tr><td>偿债</td><td>资产负债率</td></tr>
<tr><td rowspan="4">发展力</td><td>实力增长</td><td>总资产增长率</td></tr>
<tr><td>市场扩张</td><td>营业收入增长率</td></tr>
<tr><td>收益增长</td><td>利润总额增长率</td></tr>
<tr><td>企业资信</td><td>信用等级</td></tr>
<tr><td rowspan="4">潜力</td><td>投资积累</td><td>年固定资产投资比率</td></tr>
<tr><td>产品开发</td><td>新产品销售比例</td></tr>
<tr><td>技术能力</td><td>研发开发费用比重</td></tr>
<tr><td>人才资源</td><td>培训费用比重</td></tr>
<tr><td rowspan="5">机制</td><td colspan="2">制度</td><td>组织形式与出资人制度、组织结构</td></tr>
<tr><td colspan="2">决策</td><td>集团母公司总经理素质、总经理职权、董事会、监事会职权</td></tr>
<tr><td colspan="2">激励</td><td>奖惩办法、分配办法</td></tr>
<tr><td colspan="2">管理</td><td>质量管理、劳动人事分配制度改革</td></tr>
<tr><td colspan="2">创新</td><td>技术开发人员比重、技术创新中心</td></tr>
</table>

6.2　中国《财富》500强企业分析

我们利用《财富》评价体系的排名，对2014年度进入500强的中国企业进行分析，见表6.4。

表6.4　　中国上榜《财富》世界500强企业（100家）

排名	公司名称	排名	公司名称
3	中国石油化工集团公司	152	中国兵器工业集团公司
4	中国石油天然气集团公司	154	中国电信集团公司
7	国家电网公司	160	中国中信集团有限公司
25	中国工商银行	165	神华集团
32	鸿海精密工业股份有限公司	166	太平洋建设集团
38	中国建设银行	168	中国邮政集团公司
47	中国农业银行	169	中国南方工业集团公司
52	中国建筑股份有限公司	178	中国航空工业集团公司
55	中国移动通信集团公司	185	天津市物资集团总公司
59	中国银行	187	中国交通建设集团有限公司
76	来宝集团	208	中国人民保险集团股份有限公司
79	中国海洋石油总公司	210	中国联合网络通信股份有限公司
80	中国铁道建筑总公司	211	宝钢集团有限公司
85	上海汽车集团股份有限公司	217	交通银行
86	中国中铁股份有限公司	221	中国华能集团公司
98	中国人寿保险（集团）公司	227	中国铝业公司
107	中国中化集团公司	248	北京汽车集团
111	中国第一汽车集团公司	267	中国建筑材料集团有限公司
113	东风汽车集团	268	绿地控股集团有限公司
115	中国南方电网有限责任公司	271	河北钢铁集团
122	国家开发银行	276	中国化工集团公司
128	中国平安保险（集团）股份有限公司	277	怡和集团
133	中国五矿集团公司	278	中国机械工业集团有限公司
143	中国华润总公司	279	山东魏桥创业集团有限公司

续表

排名	公司名称	排名	公司名称
285	华为投资控股有限公司	368	中国华电集团公司
286	联想集团	369	大同煤矿集团有限责任公司
290	山西焦煤集团有限责任公司	372	潞安集团
295	正威国际集团	375	和硕
297	中国国电集团公司	381	江西铜业集团公司
300	台湾中油股份有限公司	382	中国电子信息产业集团有限公司
304	冀中能源集团	383	上海浦东发展银行股份有限公司
305	山东能源集团有限公司	384	中国太平洋保险（集团）股份有限公司
308	江苏沙钢集团	385	台塑石化股份有限公司
309	晋能集团	386	山西晋城无烟煤矿业集团有限责任公司
310	武汉钢铁（集团）公司	391	山西阳泉煤业（集团）有限责任公司
313	中国电力建设集团有限公司	393	中国电力投资集团公司
314	中国航空油料集团公司	394	开滦集团
327	渤海钢铁集团	396	中国大唐集团公司
328	河南能源化工集团	398	中国有色矿业集团有限公司
330	中国民生银行	401	中粮集团有限公司
338	兴业银行	403	中国船舶重工集团公司
345	浙江物产集团	409	广达电脑
348	首钢集团	432	陕西延长石油（集团）有限责任公司
349	中国华信能源有限公司	442	中国铁路物资股份有限公司
350	招商银行	451	中国远洋运输（集团）总公司
354	中国冶金科工集团有限公司	465	中国能源建设集团有限公司
357	中国医药集团	466	浙江吉利控股集团
363	和记黄埔有限公司	469	中国通用技术（集团）控股有限责任公司
365	新兴际华集团	475	鞍钢集团公司
366	广州汽车工业集团	491	中国农业发展银行

2014 年，《财富》世界 500 强企业的经营规模和质量均有所提高。500 强企业的总收入比上一年提高了 2.5%，达 31 万亿美元；员工总数增长了

0.5%，共计6522万人；盈利能力大幅上升，总利润提高了27%，达到近2万亿美元。

中国企业在全球中的地位不断提升。首先，数量不断增加。1996年《财富》500强排名中，中国上榜企业（含港台）仅有4家。随着中国经济总量变为世界第二，中国上榜数量不断增加。2011年中国69家企业上榜，首次超过日本，成为除美国以外上榜数量最多的国家。2014年，中国上榜数量上升到100家，稳居世界第二，其中台湾地区5家，香港4家，内地91家；而日本只有57家企业上榜，较最高年份下降了62%；美国为128家，中美两国上榜企业数量差距正在进一步缩小。

2014年，除百联集团落榜外，其他2013年上榜的企业均在榜上，另有7家首次跻身世界500强，它们是：金融业的国家开发银行（122位）和中国农业发展银行（491位）；工程与建筑业的太平洋建设集团（166位）、中国能源建设集团有限公司（465位）、中国通用技术（集团）控股有限责任公司（469位）；金属行业的渤海钢铁集团（327位）；还有能源行业的中国华信能源有限公司（349位）。

其次，中国企业榜上名次稳步上升。如2014年排名世界第三的中国石油化工集团，在1999年首次进入500强时排名只有73位。

2014年中国大陆500强企业主要有以下特点。

第一，国有企业仍占主导地位。从近20年《财富》世界500强企业排名看，大陆地区国企占主体的状况仍未改变。2014年，大陆地区91家世界500强企业中，只有8家为民营企业，见表6.5。山东魏桥、华为、联想、正威、沙钢、吉利等民企持续上榜，且排名均有所上升，如华为排名由上年的315位升至285位，联想集团由上年的329位升至286位。在新上榜的7家企业中，太平洋建设集团、中国华信能源为2家民企。一个完善的市场经济体制国家，民营企业和民间资本是经济最活跃的推动力，是最具创新动力的群体。目前，我国在世界500强中的民营企业过少，说明今后发展民营企业的空间和潜力巨大。

第二，区域主要集中在北京。中国大陆上榜《财富》500强的企业中，超过一半数量在北京（52家），其次为上海（8家），第三是深圳（4家），广州有2家。这主要是由于央企占比大，央企总部多设在北京。

表 6.5 2014 中国《财富》500 强上榜民营企业

2014 排名	公司名称
166	太平洋建设集团
279	山东魏桥创业集团有限公司
285	华为投资控股有限公司
286	联想集团
295	正威国际集团
308	江苏沙钢集团
349	中国华信能源有限公司
466	浙江吉利控股集团

第三，企业盈利能力整体偏弱，盈利结构不均衡。从企业个体利润排名看，2014 年度中国世界 500 强最赚钱的企业是中国工商银行，利润达到 427 亿美元，排名第四。排名第一的是英国电信企业沃达丰，利润高达 941 亿美元，比前年大涨 13794.5%。其次分别为美国的房利美和房地美，随着美国房地产市场回暖，其利润也一路走高，分别达到 840 亿美元和 487 亿美元。苹果公司排名第五位，尽管利润比上年度减少 11%，但仍达到 370 亿美元。

中国企业总体盈利能力较差。在《财富》世界 500 强中，中国企业的规模，无论从收入还是资产、员工数看，均已与接近和超过世界 500 强的平均水平。但是，利润总额和人均利润均明显低于世界 500 强的平均水平，特别是人均利润，仅相当于世界 500 强企业平均水平的一半，而美国企业的平均利润为中国企业的 2.9 倍。另外，与前一年度相比，中国企业整体赢利能力也在下降，2013 年度中国大陆企业的平均利润曾达到世界 500 强企业平均水平，见表 6.6。

表 6.6 盈利能力比较

	世界 500 强	中国（不含台湾省）	美国
公司数量（家）	500	95	128
平均收入（亿美元）	621	615	669
平均利润（亿美元）	39.1	32.2	62.4
平均资产（亿美元）	2470	2541	2168
平均员工数（万人）	13.0	19.0	12.6

中国亏损企业数量最多，且在增加。在《财富》500 强亏损额最多的 50 家企业中，中国占 16 家，接近三分之一，是最多的国家，并且与 2013 年度相比，亏损企业数量增加了一倍，见表 6. 7。亏损的企业相对集中的能源、矿业、钢铁、化工等行业，基本为国有企业。其中，中国铁路物资股份有限公司、中国铝业公司、鞍钢集团公司名列中国亏损企业前三甲。

表 6. 7　　中国亏损最多的企业（16 家）

亏损排名	公司名称	利润（百万美元）
21	中国铁路物资股份有限公司	-1255. 8
22	中国铝业公司	-1142. 9
23	鞍钢集团公司	-1031. 4
29	中国冶金科工集团有限公司	-754. 4
33	中国远洋运输（集团）总公司	-373. 2
35	河南能源化工集团	-372. 1
37	大同煤矿集团有限责任公司	-267. 2
38	冀中能源集团	-254. 8
41	潞安集团	-182. 2
43	首钢集团	-144. 1
44	中国化工集团公司	-139. 4
45	河北钢铁集团	-138. 2
47	中国有色矿业集团有限公司	-67. 9
48	山西阳泉煤业（集团）有限责任公司	-38. 6
49	开滦集团	-26. 5
50	晋能集团	-2. 4

盈利结构不均衡，过度集中在银行业。中国大陆地区上榜企业总利润的一半以上来自于 11 家银行机构，而金融体系高度发达的美国，其上榜金融机构的利润仅占一成左右。这说明，当前我国的银行业是暴利行业，过高利润不仅反映出中国投资拉动增长模式导致银行地位过高的状况，而且也反映出我国直接融资欠发达，企业主要依靠银行间接融资的状况未得到大力改善。金融企业应是服务于实体经济的，金融企业利润从根本上来说是源自实体企业。如果金融业从中攫取利润过多，那么必将影响实体企业发展，使得弃实体经济化现象加剧。

另外，也说明我国实体企业竞争力不强。一方面要大力发展民营经济，扶持中小企业发展；另一方面，也要深化国资国企改革，发挥市场在资源配置中的决定性作用，搞活国有经济。

第四，行业分布主要集中在能源等重化行业。2014 年《财富》世界 500 强企业主要分布在能源、金融、汽车等行业，企业数量占比分别约为 14%、11%和 7%。中国企业产业结构分布的特点是以重资产行业为主，主要集中在重工业、化工、金融等领域，这些企业多属于我国资源性垄断和行政垄断性行业。而美国、日本等发达国家的行业分布相对分散，除了能源、金融等传统领域，还分布在零售、电子、互联网、现代高端制造业等新兴产业领域，见表 6.8。

表 6.8　　2014《财富》500 强行业分布

行业名称	上榜公司总数	行业名称	上榜公司总数
银行：商业储蓄	55	多元化金融	5
炼油	40	食品：消费产品	5
车辆与零部件	33	食品生产	5
采矿、原油生产	24	保健：保险和管理医保	5
食品店和杂货店	22	管道运输	4
人寿与健康保险（股份）	21	饮料	3
电信	19	建材、玻璃	3
公用设施	18	娱乐	3
电子、电气设备	17	食品：饮食服务业	3
能源	16	信息技术服务	3
财产与意外保险（股份）	16	铁路运输	3
金属产品	16	烟草	3
航天与防务	13	批发：电子、办公设备	3
工程与建筑	13	批发：食品	3
贸易	13	公用事业：天然气和电力	3
制药	9	计算机软件	2
其他	9	家居、个人用品	2
化学品	8	财产与意外保险（互助）	2
人寿与健康保险（互助）	8	半导体、电子元件	2
专业零售	8	船务	2
计算机、办公设备	7	油气设备与服务	2
综合商业	7	建筑和农业机械	2
批发：保健	7	服装	2
邮件、包裹及货物包装运输	7	网络服务和零售	2
航空	6	保健：医疗设施	2
网络、通信设备	6	批发商：多元化	2
工业机械	6		

6.3　中国企业国际竞争力评价体系构建

应该清楚地认识到，尽管中国企业进入《财富》世界500强数量在增加，但无论从品牌、国际竞争力还是可持续发展能力等方面，与真正优秀跨国公司相比，还有很大差距。现有的评价体系不能完全直接客观反映以上问题。为了更加客观评价中国企业的发展状况，我们试图在吸收现有多个国内外评价体系的营养的基础上，结合中国国情和企业问题，研究新的企业国际竞争力评价体系。

前面我们列举了国际国内机构、学者们对企业竞争力的定义，以及他们倡导的企业研究理论和评价体系。在企业竞争力概念研究中，因各方研究角度、学派差异、理论运用不同，未能形成统一的概念，但他们的结论具有一定的相似性，就是认为企业竞争力对于企业生存和发展是具有决定性意义的。因此，为了进一步较为有效地测评中国的企业竞争力，并将中国企业与真正意义上的世界标杆企业进行比较分析，实现我国企业做强做大目标，有必要构建一套具有中国特色的国际竞争力评价体系。

在此，不妨把企业竞争力定义为：企业在国际竞争环境中获取资源和运用资源的能力和素质。

6.3.1　评价指标体系构建目标和思路

构建目标是研究具有国际竞争力的大企业指标体系（以下称：指标体系），评价我国大企业国际竞争力水平，并利用指标体系树立企业标杆，对标国际优秀企业，找出问题和差距，引导和鼓励大企业朝着正确的目标和方向提升国际竞争力，努力培育具有国际竞争力的大企业。

在当前全球经济一体化背景下，我国大企业正不断融入国际分工和全球价值链，同时也面临着国际企业的竞争和冲击。大企业仅仅着眼于国内市场很有可能被经济发展潮流所抛弃。知己知彼，百战不殆。我国大企业不但要研究国内同行，还要与来自国际的竞争对手相比较。国际竞争力是企业在国际国内市场占有一席之地的根本，形成优于对手的国际竞争力需要积累过程，更需要战略指引。正确的制定战略必须了解竞争对手，了解自己。对标国际企业、找出发展差距，准确完成自我定位，才能形成企业竞争力，保持和增加市场份额。

根据企业国际竞争力含义、一系列关于企业竞争力的理论分析和国际国内机构对企业国际竞争力的构建分析，我们认为决定着企业国际竞争力的因素有规模因素、效率因素、成长因素和国际化因素。大企业国际竞争力评价的基本思路可概括为：一是国内大企业必须对标国际优秀企业，对比国际竞争力差距，分析影响大企业国际竞争力的原因，为提高企业国际竞争力提供思路；二是必须分行业进行比较，计算行业企业国际竞争力标准值；三是指标体系必须具有科学性、全面性、客观性和代表性。

（1）规模因素

从企业发展的角度看，企业具备国际竞争力的其中一个主要因素是规模。我们认为企业必须具备一定规模，才有可能与世界上最优秀的企业比较、竞争。反映一个企业规模大小的指标由收入、资产、利润等方面构成。

规模指标包括：销售收入、总资产、利润总额、净利润、员工总人数、纳税总额。

（2）效率因素

企业效率是给定投入和技术的条件下，经济资源未浪费，或对经济资源做了能带来最大可能性的满足程度的利用。效率是反映企业竞争力的重要因素。

反映企业效率的指标有：全员劳动生产率、人均销售收入、人均利润率、总资产报酬率、净资产收益率、单位产值能耗、总资产周转率、流动资产周转率、存货周转率、应收账款周转率、收入利润率、成本费用利润率、经济增加值。

（3）成长因素

企业成长能力是企业持续发展、基业长青的主要保证。企业成长，一方面从财务指标上反映出来，另一方面是企业的创新能力。

成长因素指标包含：近三年平均销售收入增长率、近三年平均总利润增长率、近三年平均净利润增长率、近三年平均总资产增长率、近三年平均净资产增长率、研发投入比例、研发人员比例、专利授权数、专利授权数增长率、创新产品收入占销售收入比例、全要素生产率。

（4）国际化因素

企业主动参与国际竞争，融入世界生产价值链，是体现企业国际竞争力的主要因素，体现企业国际化因素的指标有：海外资产占总资产比例、海外收入占总销售收入比例、海外员工占总员工比例、海外销售利润率、海外总产值。

6.3.2　指标体系选择原则及计算方法

（1）选择原则

为客观、科学地评价我国大企业国际竞争力，达到预期的评价目标，实现引导和培育国际竞争力大企业的目的，评价指标体系选择应遵循以下几项原则。

①指标相关性原则。指标应与企业国际竞争力高度相关，能从多个侧面反映企业国际化能力和核心竞争力。

②数据统一性原则。指标体系的设计，与现行的国际会计统计制度相衔接，考虑数据的可获得性。

③指标代表性原则。指标的含义要准确、简单、综合性强且具有代表性。

④制约性、互补性原则。各类指标所反映的能力之间应具有制约性和互补性的特征。

（2）指标体系及权重

根据企业国际竞争力定义和特征，遵循指标体系选取和构建原则。从规模因素、效率因素、成长因素、国际化因素、行业特性因素五维度选择三级指标，以定量测算为主，结合具体行业定性分析，测度企业国际竞争力；我们设定国际竞争力大企业指标系统如表6.9所示。有关各项指标权重，本研究参考行业专家意见，根据不同行业特点，赋予不同权重。

（3）计算方法

①指标数据和计算公式。

销售收入、净利润：企业财务报表直接获得数据；

总资产收益率＝净利润/总资产；

人均销售收入＝销售收入/员工总人数；

单位产值能耗 = 总耗能/总产值；

表 6.9 国际竞争力指标体系

一级指标	二级指标	三级指标
国际竞争力	规模因素	销售收入
		净利润
	效率因素	总资产收益率
		毛利率
		人均销售收入
	成长因素	近三年平均销售收入增长率
		近三年平均净利润增长率
		研发投入比例
	国际化因素	海外资产占总资产比例
		海外收入占总销售收入比例
		海外员工占总员工比例
	行业特性因素	单位产值能耗等（分行业研究）

销售收入增长率 = （本年销售收入 - 上年销售收入）/上年销售收入；

净利润增长率 = （本年净利润 - 上年净利润）/上年净利润；

研发投入比例（R&D） = 本年研发投入经费/本年销售收入；

海外资产占总资产比例 = 海外资产/总资产；

海外销售收入占总销售收入比例 = 海外销售收入/总销售收入；

海外员工占总员工比例 = 海外员工人数/总员工人数。

②企业国际竞争力指数计算方法。

我们首先采用数据“归一化”处理的办法，对所有数据进行标准化处理，得出每项指标数值。然后采用线性加权法计算综合指数，即将标准化后的数据乘以权重，而后相加得出结果。

数据处理细则如下：

一是数据归一化处理。

所有数据均采用归一化处理办法进行标准化处理。

$$y = (x - MinData) / (MaxData - MinData);$$

说明：x、y 分别为转换前、后的值，MaxData、MinData 分别为样本的最大值和最小值。

二是对负相关指标再次处理。

例如“单位产值能耗”指标属于负相关指标，即单位能耗越高，指数分值应越低。因此，应对标准化处理后的“单位产值能耗”进行再处理。即计算出样本平均值和样本企业数据与平均值差距，用平均值减样本企业值，得出差距值，而后再次进行归一化处理。

平均值计算公式：

$$\bar{B} = \frac{\sum_{i=1}^{N} B_i}{N}$$

样本企业数据与平均值差距：

$$S_i = \bar{B} - B_i$$

以 S_i 数据群为原始数据再次实施归一化处理。

三是对设定三级指标的二级指标进行数据处理。

例如“创新能力”下设有三个三级指标。对三级指标采用归一化处理后，根据权重系数进行线性加权，得出“创新能力”加权平均数值。再以此加权平均数值再次进行归一化处理。

四是采用线性加权法计算综合企业国际竞争力综合指数。

二级指标计算模型：

$$IC_j = \sum_{i=1}^{m} IC_{ji} * X_i$$

一级指标计算模型：

$$IC = \sum_{j=1}^{n} ICj * Yj$$

其中，IC_{ji}为二级指标综合计算数值，X_i 为评价指标的相应权重数。IC 为一级指标综合计算指数，Yj 是与评价指标相应的权重系数。

③评价模型初步测试。

目前对国内大企业统计的数据库中，往往缺乏研发和海外经营类数据，包括上市公司数据库（如 Wind 资讯数据库），也没有上市企业的研发投入、海外收入、海外资产等数据。因此，我们将目光转向了国外。通过咨询和搜索发现，联合国贸发组织每年发布《以海外资产为序排名的全球前 100 家非金融企业》，包含了 100 家企业的海外收入、海外资产和海外雇员总量及占比；世华科盈（GlocalWin）近几年连续发布全球研发投入前 300 强企业，数据包括企业员工数、研发投入及占收入的比重；财富 500 强数据库包含了全球 500 强大企业连续多年的收入、总资产、净资产、利润等数据。

我们对这三个数据库进行了合并处理，从中搜索出了 31 家数据相对较全的企业。这 31 家企业主要分布在石油石化、制药、汽车、电气制造、钢铁、有色金属制造等行业，基本都在课题组所确定的 15 个行业范围内。其中，除了企业的研发投入、海外数据为 2010 年数据外，其余均为 2011 年数据。中石油、中石化的海外数据为课题组的估计数值。

首先，根据 31 家企业的原始数据，按照本指标体系所确定的 13 类指标数据和计算公式，分别直接获得销售收入、总资产、净利润等指标数据；根据原始数据分别计算出净资产收益率、总资产报酬率、全员劳动生产率、单位产值能耗、销售收入增长率、净利润增长率、研发投入比例、研发人员比例、创新产品收入占销售收入比例、海外资产占总资产比例、海外销售收入占总销售收入比例、海外员工占总员工比例等指标数据。其次，我们采用数据“归一化”处理的办法，对所有数据进行标准化处理。再次，采用线性加权法计算综合指数，即将标准化后的数据乘以权重，而后相加得出结果。

权重的确定，主要依靠专家法，结合不同的评价导向，确定了综合排名、规模化导向、效率导向、成长性导向和国际化导向五张权重表。综合排名更加看重企业的综合竞争能力，因此，权重在规模、效率、成长、国际化四个因素的分布较为平均。将来还需要根据确定的行业，通过与行业专家的研讨、交流，进一步完善权重表、确定行业权重表，见表 6. 10。

结果如表 6. 11 所示。综合排名前三的企业分别是壳牌、国际商用机器、埃克森美孚。中国石油和中国石化分别排名第 5 和第 25。由于综合考虑了规模、效率、成长、国际化四个因素，这个结果与课题组成员的个人感受和预期的国际竞争力排名基本相符。

表 6.10　　企业国际竞争力评价体系的权重

一级指标	二级指标	三级指标	权重
企业国际竞争力	规模因素	销售收入	10
		净利润	10
	效率因素	总资产收益率	10
		销售利润率（利润/收入）	10
		人均销售收入	10
	成长因素	近三年平均销售收入增长率	10
		近三年平均净利润增长率	10
		研发投入比例	5
	国际化因素	海外资产占总资产比例	10
		海外收入占总销售收入比例	10
		海外员工占总员工比例	5

表 6.11　　31 家企业的国际竞争力综合排名

名次	企业名称	国际竞争力（2011 年）
1	Royal Dutch Shell（壳牌）	0.4348
2	IBM（国际商用机器）	0.4307
3	Exxon Mobil（埃克森美孚）	0.4157
4	Roche（罗氏）	0.4011
5	中国石油	0.3879
6	BP（英国石油）	0.3819
7	Siemens（西门子）	0.3798
8	Schneider（施耐德）	0.3692
9	Novartis（诺华）	0.3451
10	Volvo（沃尔沃）	0.3368
11	BHP Billiton（必和必拓）	0.3323
12	Chevron（雪佛龙）	0.3298
13	Merck（默沙东）	0.3208
14	Johnson（强生）	0.3076
15	Hewlett - Packard（惠普）	0.3046
16	Philips（飞利普）	0.3034
17	Samsung Electronics（三星电子）	0.3027
18	Daimler（戴姆勒）	0.2975
19	Pfizer（辉瑞）	0.2944
20	Honda（本田）	0.2921
21	Alstom（阿尔斯通）	0.2904
22	BASF（巴斯夫）	0.2896

续表

名次	企业名称	国际竞争力（2011 年）
23	Vale（巴西淡水河谷）	0.2895
24	Sanofi - Aventis（赛诺菲）	0.2864
25	中国石化	0.2754
26	Alcoa（镁铝）	0.2629
27	Rio Tinto（力拓）	0.2612
28	Renault（雷诺）	0.2569
29	ThyssenKrupp（蒂森克虏伯）	0.2373
30	Dow Chemical（陶氏化学）	0.2322
31	Hyundai Motor Company（现代汽车）	0.1838

正如前文所述，在测试数据来源上我们整合了三个现有的数据库：其中收入、资产、利润等规模性数据来自财富 500 强数据库，规模性数据还比较完整；成长因素中创新能力的数据来自世华科盈（GlocalWin）近几年连续发布全球研发投入前 300 强企业，但目前只有研发投入数据，缺乏研发人员比例和创新产品占销售收入比例数据，在试测算中是用研发投入数据来代替了整个创新能力因素指标；国际化因素中的三个指标来自联合国贸发组织每年发布《以海外资产为序排名的全球前 100 家非金融企业》，三个指标的数据都比较完整。此外，由于数据缺乏，在效率因素子指标中，我们目前忽略了“单位产值能耗”这一指标。

因此，目前限于数据的可获得性，试测算中忽略了“单位产值能耗”指标，并用“研发投入指标”来代替了创新能力的三个指标，这样做虽然有一定误差，但不难看出，这样处理并没有改变趋势性的实质内涵，测算结果还是很具有说服力的。

再者，目前只有 31 家企业的数据，数量上是有所偏少，但从上节测算结果来看，仍然能反映出企业国际竞争力的方方面面，说明我们设计的指标体系总体上是合理的。

执笔：李兆熙　马淑萍　周健奇　廖博

附表 测试企业 2008～2011 年经济指标

单位：百万美元

	收入				利润				总资产	净资产	人员（人）	研发	海外占比
	2008年	2009年	2010年	2011年	2008年	2009年	2010年	2011年	2011年	2011年	2011年	2010年	2010年
Merck（默沙东）	23850	27428	45987	48047	7808	12901	861	6272	105128	54517	93000	10991	50.4
Roche（罗氏）	44268	47109	47170	49714	8288	7169	8314	10529	65871	12939	80653	9616	68.8
Pfizer（辉瑞）	48296	50009	67809	67932	8104	8635	8257	10009	195014	87813	110600	9379	54.1
Novartis（诺华）	41459	45103	51561	59375	8195	8400	9794	9113	123318	63196	119000	9070	69.7
Royal Dutch Shell（壳牌）	458361	285129	378152	484489	26277	12518	20127	30918	345257	169517	97000	3055	77.1
BP（英国石油）	367053	246138	308928	386463	21157	16578	-3719	25700	293068	111465	92000	1116	83.7
Exxon Mobil（埃克森美孚）	442851	264650	354674	452926	45220	19280	30460	41060	331052	146839	83600	2114	67.1
Chevron（雪佛龙）	263159	163527	196337	245621	23931	10483	19024	26895	209474	121382	62000	1147	58.9
Siemens（西门子）	123595	103605	102657	113349	8595	3097	5268	8562	139884	42310	347000	5196	80.1
Honda（本田）	99652	92400	104342	100664	1364	2891	6236	2678	143179	53508	179232	5690	71.4
Daimler（戴姆勒）	140328	109700	129481	148139	1973	-3670	5957	7880	192320	51444	261718	4604	53.9
Johnson（强生）	63747	61897	61587	65030	12949	12266	13334	9672	102908	56579	115000	6844	62.7
Rio Tinto（力拓）	54264	41825	56576	60537	3676	4872	14324	5826	119545	52539	70714	781	649
Hewlett-Packard（惠普）	118364	114552	126033	127245	8329	7660	8761	7074	129517	38625	324600	2959	58.3
BASF（巴斯夫）	91193	70461	84597	102194	4262	1960	6036	8604	79424	31340	109589	1976	59.2
Vale（巴西淡水河谷）	37426	23311	45293	58990	13218	5349	17264	22885	128728	77715	62490	276	47.5
Philips（飞利普）	38807	32232	33667	35152	-272	570	1915	-1801	37607	16041	115924	2268	86.5

续表

	收入				利润				总资产	净资产	人员（人）	研发	海外占比
	2008年	2009年	2010年	2011年	2008年	2009年	2010年	2011年	2011年	2011年	2011年	2010年	2010年
ThyssenKrupp(蒂森克虏伯)	80210	54816	57586	68791	3295	-2510	1113	-1799	58511	12093	174763	232	62.9
Schneider(施耐德)	26802	21952	25933	31128	2462	1184	2278	2531	46591	20640	116065	561	87.6
Dow Chemical(陶氏化学)	57514	44945	53674	59985	579	648	2310	2742	69588	21839	50012	1660	56.4
Volvo(沃尔沃)	46057	28551	36749	47814	1508	-1924	1508	2735	51544	12342	91595	1800	82.0
BHP Billiton(必和必拓)	59473	50211	52798	71739	15390	5877	12722	23648	102891	56762	39570	1095	62.7
Sanofi - Aventis(赛诺菲)	42179	43405	45056	48747	5637	7318	7241	7916	130044	72989	101575	5829	48.6
Hyundai Motor Company(现代汽车)	72542	71678	97408	70227	780	2330	4708	6911	95060	32225	56137	824	36.9
Renault（雷诺）	55314	46858	51616	59272	836	-4344	4530	2909	94690	31271	124749	1407	52.6
Alstom（阿尔斯通）	26461	27739	27635	27417	1566	1718	610	1007	41352	5763	85225	929	64.2
Alcoa（镁铝）	28119	18745	21013	24951	-74	-1151	254	611	40120	13844	59000	169	62.1
Samsung Electronics（三星电子）	110350	108927	133781	148944	5027	7562	13669	12059	135131	84744	221726	8000	55.2
IBM（国际商用机器）	103630	95758	99870	106916	12334	13425	14833	15855	116433	20138	426751	6026	62.1
中国石油	181123	165497	240192	352338	10271	10273	14367	16317	481074	240535	552698	3392	40.0
中国石化	207815	187518	273422	375214	1961	5756	7629	9453	277297	91580	373375	1618	18.7

第七章 企业经营者调查

——2014·中国企业经营者问卷跟踪调查报告

本章数据来源中国企业家调查系统。

2014 年以来，我国经济运行总体仍保持在合理区间，改革效应不断释放，以服务业为主导、新业态加快涌现的结构优化更趋明显，简政放权等改革催生的新发展动力加快成长。与此同时，外部环境仍然复杂多变，国际国内经济下行压力较大，改革成效尚未完全显现，部分行业产能过剩问题更加突出，给企业转型发展带来了较大挑战。为了解在此背景下，企业的现实状况及企业经营者对未来发展的信心，了解他们对企业外部环境的评价、对宏观经济政策的看法以及进一步加快经济转型的意见和建议，为政府决策提供参考依据，2014 年 8 月至 9 月，中国企业家调查系统组织实施了“2014 · 中国企业经营者问卷跟踪调查”。

本次调查是由中国企业家调查系统组织的第 22 次全国性企业经营者年度跟踪调查，得到了国务院发展研究中心公共管理与人力资源研究所、国务院研究室工交贸易研究司、国务院国有资产监督管理委员会企业分配局、国家统计局国民经济综合统计司、中国企业联合会研究部①、国家发展和改革委员会国民经济综合司、人力资源和社会保障部人力资源市场司、人力资源和社会保障部法规司、商务部政策研究室、国家税务总局收入规划核算司、中国证券监督管理委员会市场监管部、中国物流与采购联合会等有关部门的支持和指导。与前 21 次年度跟踪调查一样，本次调查以企业法人代表为主的企业经营者群体为调查对象，参考我国经济结构，按行业进行分层随机抽样。

调查采用邮寄问卷的方式进行，于 8 月 10 日发放问卷，截至 9 月 29 日共回收问卷 2458 份，其中有效问卷 2446 份。通过部分未填写问卷与填写问卷企业的对比分析，未发现存在系统偏差。为使调查分析更为全面和深入，本报告还采用了中国企业家调查系统以往的调查结果。

本次调查主要涉及制造业、批发和零售业、建筑业、房地产业、信息传输

① 以上 5 家部门为中国企业家调查系统发起成立单位。

软件和信息技术服务业、交通运输仓储和邮政业、农林牧渔业、电力热力燃气及水的生产和供应业、采矿业以及租赁和商务服务业等行业，上述行业的企业所占比重分别为：70.7%、7.2%、4.7%、2.8%、2.5%、2%、1.9%、1.3%、1.1%和1%。从企业的地区分布看，东部地区企业占68.2%，中部地区企业占19.7%，西部地区企业占12.1%；从企业规模看，大、中、小型企业分别占11%、29%和60%；从企业经济类型看，国有企业占5.7%，有限责任公司占43.1%，私营企业占23.7%，股份有限公司占16.3%，外商及港澳台投资企业占5.1%，股份合作企业占4.4%，集体企业占1.4%（见表7.1、表7.2）。

表7.1　　调查样本基本情况（%）

行业	农林牧渔业	1.9	经济类型	国有企业	5.7
	采矿业	1.1		集体企业	1.4
	制造业（详见表7.2）	70.7		私营企业	23.7
	电力、热力、燃气及水的生产和供应业	1.3		股份合作企业	4.4
	建筑业	4.7		股份有限公司	16.3
	交通运输、仓储和邮政业	2.0		有限责任公司	43.1
	信息传输、软件和信息技术服务业	2.5		其他内资企业	0.3
	批发和零售业	7.2		外商及港澳台投资企业	5.1
	住宿和餐饮业	1.8		民营企业	70.0
	房地产业	2.8	盈亏	盈利企业	51.7
	租赁和商务服务业	1.0		持平企业	21.9
	其他行业	3.0		亏损企业	26.4
地区	东部地区企业	68.2	生产状况	超负荷生产企业	1.9
	中部地区企业	19.7		正常运作企业	74.3
	西部地区企业	12.1		半停产企业	23.0
规模	大型企业	11.0		停产企业	0.8
	中型企业	29.0	出口型企业		38.5
	小型企业	60.0	非出口型企业		61.5

注：①其他行业包括：金融业，科学研究和技术服务业，水利、环境和公共设施管理业，居民服务、修理和其他服务业，教育，卫生和社会工作，文化、体育和娱乐业等行业。

②东部地区包括：京、津、冀、辽、沪、苏、浙、闽、鲁、粤、桂、琼12省（市、自治区）；中部地区包括：晋、蒙、吉、黑、皖、赣、豫、鄂、湘9省（自治区）；西部地区包括：渝、蜀、黔、滇、藏、陕、甘、宁、青、新10省（市、自治区）。

表 7.2　　调查样本中制造业基本情况（%）

	制造业细分	百分比		制造业细分	百分比
1	农副食品加工业	4.2	16	化学纤维制造业	0.9
2	食品制造业	2.1	17	橡胶及塑料制品业	5.9
3	酒、饮料和精制茶制造业	1.2	18	非金属矿物制品业	5.6
4	烟草加工业	0.2	19	黑色金属冶炼及压延加工业	1.8
5	纺织业	5.8	20	有色金属冶炼及压延加工业	1.8
6	纺织服装、服饰业	3.8	21	金属制品业	6.6
7	皮革、毛皮、羽毛及其制品和制鞋业	1.6	22	通用设备制造业	9.3
			23	专用设备制造业	11.7
8	木材加工及木、竹、藤、棕、草制品业	1.2	24	汽车制造业	4.1
			25	铁路、船舶、航空航天及其他运输设备制造业	1.4
9	家具制造业	0.8			
10	造纸及纸制品业	1.9	26	电气机械及器材制造业	6.7
11	印刷和记录媒介复制业	1.3	27	计算机、通信及其他电子设备制造业	2.9
12	文教、工美、体育及娱乐用品制造业	0.9			
			28	仪器仪表制造业	2.5
13	石油加工、炼焦及核燃料加工业	0.3	29	其他制造业	2.6
14	化学原料及化学制品制造业	7.2	30	废弃资源综合利用业	0.8
15	医药制造业	2.6	31	金属制品、机械及设备修理业	0.3

本次调查的企业经营者平均年龄为 54.4 岁，其中 55 岁及以上占 51.9%，44 岁及以下占 13.9%，45 ~ 54 岁占 34.2%。文化程度为大专及以上的占 78.5%，其中具有本科及以上学历的占 42.1%。所学专业为管理类的占 37.4%，为经济类的占 20.9%。职务为企业董事长或总经理、厂长、党委书记的占 92.5%，其他职务的占 7.5%（见表 7.3）。

企业经营者认为，2014 年以来我国宏观经济运行基本平稳，企业产销下滑缓中趋稳，出口温和回升，库存基本正常，盈利基本平稳，企业景气整体保持平稳运行态势。从对未来的预期看，企业经营者预计未来订货稳中有升，出口趋于好转，价格基本平稳，盈利趋于改善，用工和投资计划保持温和增长，企业经营可望延续平稳运行趋势。

表7.3　　调查对象基本情况（%）

性别	男	95.1	文化程度	初中或以下	4.9
	女	4.9		中专、高中	16.6
年龄	44岁及以下	13.9		大专	36.4
	45~49岁	13.7		大学本科	27.5
	50~54岁	20.5		硕士	13.2
	55岁及以上	51.9		博士	1.4
	平均年龄（岁）	54.4			
所学专业	文史哲法律	5.5	现任职务	董事长	60.7
	经济	20.9		总经理	52.6
	管理	37.4		厂长	5.4
	理工农医	24.2		党委书记	13.6
	其他	12.0		其他	7.5

注：由于存在职务兼任情况，因此现任职务比例合计大于100%。

调查发现，企业经营者认为，在当前宏观经济和微观企业经营保持基本平稳运行的同时，影响中国经济发展的下行压力以及企业面临的困难依然不小。一是部分行业产能过剩问题更加突出，设备利用率总体偏低，企业面临的市场竞争压力明显加大；二是市场需求特别是民间投资需求和消费需求仍显不足；三是企业成本持续上升，特别是人工成本和环保支出上升较多，同时企业的税收负担和非税费用有所增加，企业经营负担加重；四是中小企业融资环境偏紧，企业应收账款有所上升，资金紧张的状况没有明显缓解。

企业面临的这些困难和压力在一定程度上也迫使企业加快结构调整的步伐。调查发现，目前结构调整初显成效，主要表现为：一方面服务业特别是生产性服务业的经营状况明显好于制造业，制造业明显好于采矿业；另一方面，制造业内部也呈现出较大差异，以医药、电子设备、汽车、仪器仪表为代表的高技术产业经营状况明显好于其他制造业；此外，服务业较为发达的东部地区的企业经营状况要好于对于资源密集型行业依赖较多的西部地区企业。

调查表明，企业经营者意识到，“三期叠加”对企业经营的影响短期内不会消失。面对“新常态”下企业发展遇到的困难和挑战，一方面，多数企业经营者表示将通过提升管理水平应对日益上升的成本压力，同时加快产业升级和进入新行业的步伐，积极引进人才和更新设备，加大研发投入，主动应对挑战。另一方面，企业经营者也希望政府和社会各界共同努力，完善企业外部环境，推动企业转型升级。调查发现，企业经营者希望保持宏观经济政策的连续性和稳定性；迫切期待政府积极推进改革，特别是在公平竞争、诚信体系建设和完善行政执法体制等方面加大改革力度，加快政府职能转变的步伐，减少行政事业性收费项目和行政审批事项，正确处理好政府和市场的关系，使市场在资源配置中起决定性的作用，进一步激发企业活力和经济发展内生动力，为企业转型和结构调整创造良好的外部环境。

7.1 对宏观经济形势的判断及企业经营状况的评价

7.1.1 企业综合经营状况总体平稳

关于目前企业的综合经营状况，调查结果显示，认为综合经营状况“良好”的企业经营者占26.8%，认为“一般”的占51.2%，认为“不佳”的占22%；认为“良好”的比认为“不佳”的多4.8个百分点，这一数据比2013年略低了2.7个百分点，不过要好于2014年上半年的调查结果。调查表明，与上半年相比，目前企业的综合经营状况呈现缓中趋稳迹象（见表7.4）。

表7.4 不同类型企业目前综合经营状况（%）

		目前经营状况			良好－不佳
		良好	一般	不佳	
总体	2014年	26.8	51.2	22.0	4.8
	2014年上半年	22.9	48.4	28.7	－5.8
	2013年	28.8	49.9	21.3	7.5
	2012年	24.3	52.3	23.4	0.9
	2011年	33.7	49.5	16.8	16.9
东部地区企业		29.6	51.6	18.8	10.9
中部地区企业		19.0	50.7	30.3	－11.3
西部地区企业		23.2	50.2	26.6	－3.4

续表

	目前经营状况			良好 - 不佳
	良好	一般	不佳	
大型企业	38.7	49.4	11.9	26.8
中型企业	29.3	50.7	20.0	9.3
小型企业	23.2	51.9	24.9	-1.7
国有及国有控股公司	36.1	44.9	19.0	17.2
外商及港澳台投资企业	38.8	45.5	15.7	23.1
民营企业	22.9	52.4	24.7	-1.8

调查发现，不同类型企业的景气状况存在明显差异。从不同地区看，东部地区企业的综合经营状况明显好于中西部地区；从不同规模看，大型企业经营状况明显好于中小企业；从不同经济类型看，国有及国有控股公司和外商及港澳台投资企业（以下简称“外资企业”）经营状况相对较好，而民营企业经营状况相对较差（见表 7.4）。

从不同行业看，调查结果显示，经营状况相对较好的行业有电力热力燃气及水的生产和供应业、信息传输软件和信息技术服务业、租赁和商务服务业以及制造业中的医药、电子设备和仪器仪表等，认为“良好”的比认为“不佳”的多 25 个百分点以上。而采矿业以及制造业中的纺织、化纤、有色金属等行业经营状况相对较差，其认为“良好”的比认为“不佳”的少 20 个百分点以上（见表 7.5）。

表 7.5　　不同行业企业目前综合经营状况（%）

	目前经营状况			良好 - 不佳			
	良好	一般	不佳	2014	2013	2012	2011
总体	26.8	51.2	22.0	4.8	7.5	0.9	16.9
农林牧渔业	23.9	54.4	21.7	2.2	9.8	7.2	18.8
采矿业	11.5	34.6	53.9	-42.4	-25.0	-27.9	37.0
制造业	24.1	52.3	23.6	0.5	0.8	-4.7	11.6
电力、热力、燃气及水的生产和供应业	59.3	31.3	9.4	49.9	32.1	19.2	37.0
建筑业	30.4	50.8	18.8	11.6	26.7	13.3	29.6
交通运输、仓储和邮政业	27.1	54.1	18.8	8.3	22.9	13.1	50.9

续表

	目前经营状况			良好－不佳			
	良好	一般	不佳	2014	2013	2012	2011
信息传输、软件和信息技术服务业	54.1	36.1	9.8	44.3	29.5	39.6	45.1
批发和零售业	27.4	54.3	18.3	9.1	15.8	9.3	28.9
住宿和餐饮业	34.9	46.5	18.6	16.3	7.7	31.6	41.4
房地产业	21.2	47.0	31.8	－10.6	21.2	7.0	19.5
租赁和商务服务业	50.0	50.0		50.0	17.4	16.2	28.8
食品、酒及饮料制造业	19.8	51.3	28.9	－9.1	－1.2	6.9	7.0
纺织业	12.5	50.0	37.5	－25.0	－18.4	－16.8	－23.1
纺织服装、服饰业	15.3	67.8	16.9	－1.6	－12.6	－5.0	－3.7
造纸及纸制品业	21.9	43.7	34.4	－12.5	10.6	－6.3	－6.0
化学原料及化学制品制造业	32.3	49.7	18.0	14.3	－2.1	4.1	17.5
医药制造业	40.0	51.1	8.9	31.1	24.5	35.7	21.7
化学纤维制造业	11.8	47.0	41.2	－29.4	－43.5	－11.5	34.4
橡胶及塑料制品业	27.4	49.0	23.6	3.8	4.0	－7.8	3.5
非金属矿物制品业	13.3	55.3	31.4	－18.1	－10.3	－15.8	9.1
黑色金属冶炼及压延加工业	29.4	47.1	23.5	5.9	－20.0	－19.3	4.6
有色金属冶炼及压延加工业	12.5	50.0	37.5	－25.0	－17.7	－25.9	20.0
金属制品业	27.6	58.6	13.8	13.8	12.4	0.7	4.8
通用设备制造业	18.5	52.6	28.9	－10.4	－0.9	－12.2	29.7
专用设备制造业	25.5	51.6	22.9	2.6	8.6	－2.0	31.8
汽车制造业	33.8	49.3	16.9	16.9	12.5	－15.4	—
铁路、船舶、航空航天及其他运输设备制造业	21.1	47.3	31.6	－10.5	－25.0	－2.8	—
电气机械及器材制造业	27.6	52.6	19.8	7.8	9.5	1.8	16.1
计算机、通信及其他电子设备制造业	36.7	53.1	10.2	26.5	19.7	－10.4	11.0
仪器仪表制造业	31.4	62.9	5.7	25.7	20.9	20.8	33.3

注："—"表示该年度没有涉及此项调查内容，空白处表示答题者未选择此项。以下同。

值得注意的是，与2013年相比，电力热力燃气及水的生产和供应业、信息传输软件和信息技术服务业、租赁和商务服务业以及制造业中的化工、化纤、钢铁、铁路船舶航空航天及其他运输设备制造业等行业企业景气状况回升较多，而采矿业、建筑业、交通运输仓储和邮政业、房地产业以及制造业中的造纸等行业企业的景气状况下滑较多（见表7.5）。

企业经营者对企业现状的满意程度也从一个侧面反映了目前企业的综合经营状况。调查结果显示，对企业现状“非常满意”或“比较满意”的企业经营者占34.8%，比2013年上升了2.9个百分点，其中“非常满意”占1.4%，“比较满意”占33.4%；“一般”的占34.4%，“不太满意”或“很不满意”的占30.8%。以5分制计算，企业经营者对企业现状满意度的评价值为3.01，略高于2013年的调查结果。其中，东部地区企业、大型企业、国有及国有控股公司的企业经营者对企业现状的满意度评分较高，而中西部地区企业、小型企业、民营企业和外资企业的评分则相对较低（见表7.6）。

表7.6　对企业现状的总体感受（%）

		非常满意	比较满意	一般	不太满意	很不满意	评价值
总体	2014年	1.4	33.4	34.4	26.3	4.5	3.01
	2013年	1.3	30.6	37.4	25.9	4.8	2.98
	2012年	1.2	25.2	33.5	32.9	7.2	2.80
	2011年	1.6	36.3	34.8	23.1	4.2	3.08
	2010年	1.9	43.0	30.7	21.0	3.4	3.19
东部地区企业		1.2	34.8	35.9	23.8	4.3	2.99
中部地区企业		1.9	29.6	29.4	33.8	5.3	2.94
西部地区企业		1.7	31.6	34.1	27.9	4.7	2.95
大型企业		3.0	43.5	32.0	19.2	2.3	3.29
中型企业		1.4	37.4	33.9	24.5	2.8	3.07
小型企业		1.1	29.5	35.2	28.4	5.8	2.86
国有及国有控股公司		3.3	41.6	31.4	20.4	3.3	3.17
外商及港澳台投资企业			39.9	33.3	26.0	0.8	2.94
民营企业			37.3	33.3	28.0	1.3	2.92

注：评价值是由（“非常满意”×5+“比较满意”×4+“一般”×3+“不太满意”×2+“很不满意”）/100计算得出的，最高为5分，最低为1分，分值越高，表示对企业现状越满意，反之则越不满意。

7.1.2　企业产销下滑缓中趋稳，价格继续下跌，库存基本正常，盈利基本平稳

在经营状况企稳的同时，企业的产销继续呈现下滑态势，不过下滑趋势缓

中趋稳。调查结果显示，认为目前企业的生产（服务）量比上年"减少"的企业经营者占34.7%，"持平"的占42.5%，"增加"的占22.8%；认为目前企业的销售量比上年"减少"的占42%，"持平"的占33%，"增加"的占25%。调查发现，认为目前企业产销量"减少"的比"增加"的分别多11.9个和17个百分点，明显好于上半年的调查结果，不过仍差于2013年（见表7.7、表7.8）。

表7.7　相对于上年，不同行业企业目前的生产（服务）量情况（%）

		增加	持平	减少	增加－减少
总体	2014年	22.8	42.5	34.7	－11.9
	2014年上半年	21.5	34.0	44.5	－23.0
	2013年	26.6	38.6	34.8	－8.2
	2012年	20.0	37.6	42.4	－22.4
	2011年	33.6	40.1	26.3	7.3
农林牧渔业		23.3	41.8	34.9	－11.6
采矿业		7.7	30.8	61.5	－53.8
制造业		22.9	41.9	35.2	－12.3
电力、热力、燃气及水的生产和供应业		43.8	46.8	9.4	34.4
建筑业		18.3	38.5	43.2	－24.9
交通运输、仓储和邮政业		27.3	27.3	45.4	－18.1
信息传输、软件和信息技术服务业		36.2	51.7	12.1	24.1
批发和零售业		15.7	47.6	36.7	－21.0
住宿和餐饮业		26.2	35.7	38.1	－11.9
房地产业		6.2	52.3	41.5	－35.3
租赁和商务服务业		25.0	54.2	20.8	4.2
食品、酒及饮料制造业		22.3	47.1	30.6	－8.3
纺织业		13.5	46.9	39.6	－26.1
纺织服装、服饰业		10.2	54.2	35.6	－25.4
造纸及纸制品业		18.8	31.3	49.9	－31.1
化学原料及化学制品制造业		29.0	41.2	29.8	－0.8
医药制造业		28.9	57.8	13.3	15.6
化学纤维制造业		29.4	47.1	23.5	5.9

续表

	增加	持平	减少	增加 - 减少
橡胶及塑料制品业	20.2	44.2	35.6	-15.4
非金属矿物制品业	21.2	36.5	42.3	-21.1
黑色金属冶炼及压延加工业	23.5	29.4	47.1	-23.6
有色金属冶炼及压延加工业	37.5	15.6	46.9	-9.4
金属制品业	28.1	40.3	31.6	-3.5
通用设备制造业	14.0	42.4	43.6	-29.6
专用设备制造业	23.0	35.6	41.4	-18.4
汽车制造业	31.0	50.7	18.3	12.7
铁路、船舶、航空航天及其他运输设备制造业	42.1	26.3	31.6	10.5
电气机械及器材制造业	27.2	39.5	33.3	-6.1
计算机、通信及其他电子设备制造业	36.7	44.9	18.4	18.3
仪器仪表制造业	25.7	37.2	37.1	-11.4

表 7.8　　相对于上年，不同行业企业目前的销售量情况（%）

		增加	持平	减少	增加 - 减少
总体	2014 年	25.0	33.0	42.0	-17.0
	2014 年上半年	22.2	30.5	47.3	-25.1
	2013 年	28.0	31.4	40.6	-12.6
	2012 年	21.0	30.6	48.4	-27.4
	2011 年	37.1	32.8	30.1	7.0
农林牧渔业		28.3	36.9	34.8	-6.5
采矿业		7.7	23.1	69.2	-61.5
制造业		25.6	31.9	42.5	-16.9
电力、热力、燃气及水的生产和供应业		60.0	23.3	16.7	43.3
建筑业		15.5	38.1	46.4	-30.9
交通运输、仓储和邮政业		22.9	45.7	31.4	-8.5
信息传输、软件和信息技术服务业		31.7	46.6	21.7	10.0
批发和零售业		22.5	32.4	45.1	-22.6
住宿和餐饮业		27.5	32.5	40.0	-12.5
房地产业		3.2	19.4	77.4	-74.2

续表

	增加	持平	减少	增加-减少
租赁和商务服务业	30.4	39.2	30.4	0.0
食品、酒及饮料制造业	28.1	33.9	38.0	-9.9
纺织业	13.6	34.5	51.9	-38.3
纺织服装、服饰业	15.5	46.6	37.9	-22.4
造纸及纸制品业	18.8	31.3	49.9	-31.1
化学原料及化学制品制造业	28.0	36.4	35.6	-7.6
医药制造业	28.9	51.1	20.0	8.9
化学纤维制造业	29.4	29.4	41.2	-11.8
橡胶及塑料制品业	20.4	37.9	41.7	-21.3
非金属矿物制品业	22.9	24.8	52.3	-29.4
黑色金属冶炼及压延加工业	26.5	23.5	50.0	-23.5
有色金属冶炼及压延加工业	28.1	25.0	46.9	-18.8
金属制品业	33.0	32.2	34.8	-1.8
通用设备制造业	15.7	32.6	51.7	-36.0
专用设备制造业	27.2	22.0	50.8	-23.6
汽车制造业	36.2	31.9	31.9	4.3
铁路、船舶、航空航天及其他运输设备制造业	47.4	5.3	47.3	0.1
电气机械及器材制造业	34.2	29.8	36.0	-1.8
计算机、通信及其他电子设备制造业	40.8	34.7	24.5	16.3
仪器仪表制造业	32.4	32.4	35.2	-2.8

从不同行业看，生产（服务）量下滑较多的行业有：采矿业、房地产业以及制造业中的造纸、通用设备等，而电力热力燃气及水的生产和供应业、信息传输软件和信息技术服务业、租赁和商务服务业以及制造业中的医药、化纤、汽车、电子设备、铁路船舶航空航天及其他运输设备制造业等行业则相对较好，生产（服务）量“增加”的企业要多于“减少”的企业（见表7.7）。

销售量下滑较多的行业有：采矿业、房地产业以及制造业中的纺织、通用设备等，而电力热力燃气及水的生产和供应业、信息传输软件和信息技术服务业、租赁和商务服务业以及制造业中的医药、汽车、电子设备、铁路船舶航空航天及其他运输设备制造业等行业则相对较好，销售量“增加”的企业要多于“减少”的企业（见表 7.8）。

在产销量下滑缓中趋稳的同时，停产、半停产企业的比重比 2013 年有所上升。调查结果显示，关于目前企业的生产情况，回答“停产”或“半停产”的企业经营者占 23.8%，比 2013 年上升了 3.5 个百分点；回答“正常运作”的占 74.3%，回答“超负荷生产”的占 1.9%，其中，小型企业“停产”、“半停产”的比重相对较高（见表 7.9）。

从不同行业看，“停产”、“半停产”的比重相对较高的行业有：采矿业、房地产业以及制造业中的食品、纺织、造纸、化工、橡胶塑料、非金属制品、钢铁、有色金属等，“停产”、“半停产”的企业比重超过三成，这一结果从一个侧面反映出当前部分行业产能过剩仍然突出的现实（见表 7.9）。

表 7.9　企业目前的生产状况（%）

		超负荷生产	正常运作	半停产	停产
总体	2014 年	1.9	74.3	23.0	0.8
	2013 年	3.3	76.4	19.8	0.5
	2012 年	2.1	74.8	22.3	0.8
	2011 年	4.6	77.8	16.8	0.8
	2010 年	8.0	80.8	10.8	0.4
大型企业		2.3	89.0	8.7	
中型企业		2.9	78.6	18.1	0.4
小型企业		1.3	69.4	28.1	1.2
农林牧渔业		4.3	69.6	26.1	
采矿业			50.0	50.0	
制造业		1.9	71.8	25.3	1.0
电力、热力、燃气及水的生产和供应业		9.4	84.3	6.3	
建筑业		1.8	75.9	22.3	
交通运输、仓储和邮政业		2.1	83.3	14.6	
信息传输、软件和信息技术服务业		4.8	87.1	8.1	
批发和零售业		0.6	83.1	15.7	0.6
住宿和餐饮业			83.3	16.7	
房地产业			67.1	29.9	3.0
租赁和商务服务业			100.0		

续表

	超负荷生产	正常运作	半停产	停产
食品、酒及饮料制造业		67.5	32.5	
纺织业	2.7	66.9	29.5	0.9
纺织服装、服饰业	3.3	76.7	20.0	
造纸及纸制品业		59.4	37.5	3.1
化学原料及化学制品制造业	3.0	66.7	28.1	2.2
医药制造业	4.4	82.3	11.1	2.2
化学纤维制造业		70.6	29.4	
橡胶及塑料制品业		67.0	32.1	0.9
非金属矿物制品业	1.0	57.1	40.0	1.9
黑色金属冶炼及压延加工业		58.8	41.2	
有色金属冶炼及压延加工业		68.7	21.9	9.4
金属制品业	3.4	81.1	15.5	
通用设备制造业	1.1	71.3	27.6	
专用设备制造业	4.2	74.9	20.9	
汽车制造业	1.4	80.5	18.1	
铁路、船舶、航空航天及其他运输设备制造业		73.7	26.3	
电气机械及器材制造业	1.7	76.7	19.0	2.6
计算机、通信及其他电子设备制造业	2.1	89.6	8.3	
仪器仪表制造业		94.3	5.7	

受到产能过剩等因素的影响，企业产品价格继续大幅下跌。调查结果显示，认为目前企业产品价格比上年同期“下降”的企业经营者占47.6%，“持平”的占43.3%，“上升”的占9.1%；价格“下降”的比“上升”的多38.5个百分点，比2013年上升了7个百分点（见表7.10）。

从不同行业看，价格下跌较多的行业有：采矿业以及制造业中的纺织、造纸、化纤、非金属制品、钢铁、有色金属、通用设备、汽车、电气机械等，其价格“下降”的比“上升”的多50个百分点以上，而农林牧渔业、信息传输软件和信息技术服务业则相对较好，价格“上升”的企业要多于“下降”的（见表7.10）。

表 7.10　　相对于上年，不同行业企业目前的销售价格情况（%）

		上升	持平	下降	上升－下降
总体	2014 年	9.1	43.3	47.6	-38.5
	2014 年上半年	6.8	42.2	51.0	-44.2
	2013 年	13.7	41.1	45.2	-31.5
	2012 年	13.6	39.8	46.6	-33.0
	2011 年	34.9	36.6	28.5	6.4
	2010 年	30.6	44.8	24.6	6.0
农林牧渔业		28.3	50.0	21.7	6.6
采矿业		4.0	16.0	80.0	-76.0
制造业		6.9	41.6	51.5	-44.6
电力、热力、燃气及水的生产和供应业		10.7	67.9	21.4	-10.7
建筑业		11.5	45.8	42.7	-31.2
交通运输、仓储和邮政业		10.5	57.9	31.6	-21.1
信息传输、软件和信息技术服务业		20.0	63.6	16.4	3.6
批发和零售业		15.0	40.7	44.3	-29.3
住宿和餐饮业		19.5	43.9	36.6	-17.1
房地产业		6.5	43.5	50.0	-43.5
租赁和商务服务业		17.4	52.2	30.4	-13.0
食品、酒及饮料制造业		25.0	45.8	29.2	-4.2
纺织业		6.3	36.9	56.8	-50.5
纺织服装、服饰业		8.5	52.5	39.0	-30.5
造纸及纸制品业			40.6	59.4	-59.4
化学原料及化学制品制造业		7.7	36.9	55.4	-47.7
医药制造业		6.8	52.3	40.9	-34.1
化学纤维制造业			29.4	70.6	-70.6
橡胶及塑料制品业		4.9	52.4	42.7	-37.8
非金属矿物制品业		3.8	27.6	68.6	-64.8
黑色金属冶炼及压延加工业			26.5	73.5	-73.5
有色金属冶炼及压延加工业			25.0	75.0	-75.0
金属制品业		6.1	41.7	52.2	-46.1
通用设备制造业		1.7	40.1	58.2	-56.5

续表

	上升	持平	下降	上升－下降
专用设备制造业	8.0	39.4	52.6	－44.6
汽车制造业	2.9	35.7	61.4	－58.5
铁路、船舶、航空航天及其他运输设备制造业		63.2	36.8	－36.8
电气机械及器材制造业	2.6	40.9	56.5	－53.9
计算机、通信及其他电子设备制造业	10.2	32.7	57.1	－46.9
仪器仪表制造业		77.1	22.9	－22.9

在产销下滑缓中趋稳的同时，企业的库存基本正常。调查结果显示，认为目前企业的产成品库存“正常”或“低于正常”的企业经营者占75%，比上半年上升了2.1个百分点，与2013年的调查结果大体持平；认为“高于正常”的占25%（见表7.11）。

从不同行业看，库存相对较高的行业有：采矿业、房地产业以及制造业中的纺织、化纤、非金属制品、钢铁、专用设备、铁路船舶航空航天及其他运输设备制造业等，库存“高于正常”的企业超过三成（见表7.11）。

表7.11　　企业目前的产成品库存情况（%）

		高于正常	正常	低于正常	正常＋低于正常
总体	2014年	25.0	63.7	11.3	75.0
	2014年上半年	27.1	59.1	13.8	72.9
	2013年	24.8	67.4	7.8	75.2
	2012年	25.3	66.4	8.3	74.7
	2011年	19.8	69.8	10.4	80.2
	2010年	12.3	78.4	9.3	87.7
农林牧渔业		10.9	60.8	28.3	89.1
采矿业		34.6	53.9	11.5	65.4
制造业		27.3	61.3	11.4	72.7
电力、热力、燃气及水的生产和供应业		3.6	85.7	10.7	96.4
建筑业		14.9	70.2	14.9	85.1
交通运输、仓储和邮政业		20.7	69.0	10.3	79.3
信息传输、软件和信息技术服务业		5.5	90.9	3.6	94.5

续表

	高于正常	正常	低于正常	正常 + 低于正常
批发和零售业	22.9	67.5	9.6	77.1
住宿和餐饮业	2.6	84.6	12.8	97.4
房地产业	48.4	39.1	12.5	51.6
租赁和商务服务业	10.5	84.2	5.3	89.5
食品、酒及饮料制造业	21.7	61.6	16.7	78.3
纺织业	38.7	55.0	6.3	61.3
纺织服装、服饰业	16.9	78.0	5.1	83.1
造纸及纸制品业	21.2	60.6	18.2	78.8
化学原料及化学制品制造业	25.4	64.9	9.7	74.6
医药制造业	24.4	66.7	8.9	75.6
化学纤维制造业	47.1	52.9		52.9
橡胶及塑料制品业	27.6	61.9	10.5	72.4
非金属矿物制品业	34.6	55.8	9.6	65.4
黑色金属冶炼及压延加工业	35.3	55.9	8.8	64.7
有色金属冶炼及压延加工业	25.0	43.7	31.3	75.0
金属制品业	26.1	63.5	10.4	73.9
通用设备制造业	26.6	59.5	13.9	73.4
专用设备制造业	32.6	53.7	13.7	67.4
汽车制造业	22.5	71.9	5.6	77.5
铁路、船舶、航空航天及其他运输设备制造业	36.8	42.1	21.1	63.2
电气机械及器材制造业	21.6	68.9	9.5	78.4
计算机、通信及其他电子设备制造业	12.2	75.6	12.2	87.8
仪器仪表制造业	27.8	66.6	5.6	72.2

关于上半年企业盈亏情况，调查结果显示，上半年盈利（包括“较大盈利”和“略有盈余”，下同）的企业占 51.7%，比 2013 年提高了 2.9 个百分点；“收支平衡”的占 21.9%；亏损（包括“亏损”和“严重亏损”，下同）的占 26.4%（见表 7.12）。

表 7.12　　企业 2014 年上半年盈利情况（%）

	较大盈利	略有盈余	收支平衡	亏损	严重亏损
2014 年	5.9	45.8	21.9	23.7	2.7
2013 年	5.3	43.5	22.8	25.6	2.8
2012 年	4.5	45.2	22.1	24.5	3.7
2011 年	8.0	50.7	20.3	19.1	1.9
2010 年	13.1	54.8	17.3	13.7	1.1
2009 年	7.0	44.4	20.5	24.8	3.3
2008 年	11.6	51.3	16.9	18.0	2.2

调查还发现，认为目前盈利“低于正常”的企业经营者占 59.9%，比上半年下降了 4.2 个百分点，与 2013 年大体相当；“正常”的占 37%，“好于正常”的占 3.1%。从不同地区看，东部地区企业的盈利情况相对较好；从不同规模看，大型企业的盈利情况好于中小企业；从不同经济类型看，外资企业盈利情况最好，国有及国有控股公司居中，民营企业相对较差（见表 7.13）。

表 7.13　　不同地区、规模及经济类型企业目前的盈利情况（%）

		好于正常	正常	低于正常	好于正常 + 正常
总体	2014 年	3.1	37.0	59.9	40.1
	2014 年上半年	2.5	33.4	64.1	35.9
	2013 年	3.2	37.3	59.5	40.5
	2012 年	1.9	36.5	61.6	38.4
	2011 年	3.2	42.1	54.7	45.3
东部地区企业		3.2	39.6	57.2	42.8
中部地区企业		2.6	28.9	68.5	31.5
西部地区企业		3.1	35.3	61.6	38.4
大型企业		3.4	42.4	54.2	45.8
中型企业		3.9	37.3	58.8	41.2
小型企业		2.6	35.7	61.7	38.3
国有及国有控股公司		5.1	41.9	53.0	47.0
外商及港澳台投资企业		3.3	50.4	46.3	53.7
民营企业		2.6	33.3	64.1	35.9

从不同行业看，目前盈利情况相对较好的行业有：电力热力燃气及水的生产和供应业、信息传输软件和信息技术服务业、租赁和商务服务业以及制造业中的化工、医药、电子设备、仪器仪表等行业，盈利“正常”或“好于正常”的企业超过一半，而采矿业以及制造业中的纺织、非金属制品、有色金属等行业则相对较差，超过八成的企业盈利“低于正常”（见表 7.14）。

表 7.14　　不同行业企业目前的盈利情况（%）

	好于正常	正常	低于正常	好于正常 + 正常			
				2014	2013	2012	2011
总体	3.1	37.0	59.9	40.1	40.5	38.4	45.3
农林牧渔业	4.3	43.5	52.2	47.8	54.3	49.5	53.0
采矿业		15.4	84.6	15.4	21.5	12.2	62.2
制造业	2.9	33.7	63.4	36.6	33.6	33.1	39.9
电力、热力、燃气及水的生产和供应业	6.7	66.6	26.7	73.3	62.7	66.0	57.4
建筑业	2.8	40.6	56.6	43.4	57.2	46.8	55.1
交通运输、仓储和邮政业	6.8	40.9	52.3	47.7	52.5	51.4	64.7
信息传输、软件和信息技术服务业	3.4	69.5	27.1	72.9	67.0	68.7	72.1
批发和零售业	4.0	37.1	58.9	41.1	45.8	45.5	60.9
住宿和餐饮业	2.4	42.9	54.7	45.3	41.6	54.7	75.0
房地产业		30.8	69.2	30.8	59.6	49.1	61.2
租赁和商务服务业	4.5	68.2	27.3	72.7	62.7	56.5	69.1
食品、酒及饮料制造业	3.3	38.8	57.9	42.1	37.1	43.3	46.3
纺织业		19.1	80.9	19.1	15.8	19.1	22.7
纺织服装、服饰业		27.1	72.9	27.1	27.6	26.9	36.4
造纸及纸制品业		33.3	66.7	33.3	36.2	27.1	36.8
化学原料及化学制品制造业	5.3	47.4	47.3	52.7	37.9	39.0	41.4
医药制造业	2.3	61.3	36.4	63.6	53.8	57.1	55.3
化学纤维制造业		29.4	70.6	29.4	21.7	26.9	43.8
橡胶及塑料制品业	1.9	32.4	65.7	34.3	25.0	30.7	26.5
非金属矿物制品业	1.9	18.1	80.0	20.0	28.7	28.7	43.7
黑色金属冶炼及压延加工业	2.9	23.5	73.6	26.4	35.0	15.8	31.8
有色金属冶炼及压延加工业	3.1	12.5	84.4	15.6	28.6	21.1	46.3

续表

	好于正常	正常	低于正常	好于正常+正常			
				2014	2013	2012	2011
金属制品业	5.3	28.9	65.8	34.2	37.8	31.9	35.2
通用设备制造业	2.3	26.7	71.0	29.0	26.2	30.8	47.6
专用设备制造业	3.7	36.5	59.8	40.2	40.2	37.7	47.4
汽车制造业	1.4	38.0	60.6	39.4	35.1	24.3	—
铁路、船舶、航空航天及其他运输设备制造业		26.3	73.7	26.3	32.2	25.7	—
电气机械及器材制造业	4.3	40.5	55.2	44.8	40.1	37.4	43.6
计算机、通信及其他电子设备制造业	4.1	46.9	49.0	51.0	45.1	34.2	39.1
仪器仪表制造业	8.3	58.4	33.3	66.7	60.5	50.0	60.4

7.1.3　企业出口温和回升，出口价格继续下跌

调查发现，在出口需求回升的影响下，2014年以来我国企业产品出口温和回升。在本次调查样本中，有产品出口的企业占38.5%，其出口额占销售收入的比重平均为38.7%（见表7.15）。

表7.15　企业产品出口情况（%）

		有产品出口		没有产品出口
		百分比	出口额占销售收入的比重	
总体	2014年	38.5	38.7	61.5
	2014年上半年	41.1	42.1	58.9
	2013年	37.6	40.3	62.4
	2012年	44.3	41.2	55.7
	2011年	46.9	43.1	53.1
	2010年	41.3	39.6	58.7
东部地区企业		45.1	42.7	54.9
中部地区企业		26.9	24.8	73.1
西部地区企业		19.7	19.6	80.3

本次调查了解了这些企业的产品出口数量和出口价格情况。调查结果显示，2014年企业产品出口数量比上年“增长”的占38%，其中“增长10%以上”的占18.7%，“增长10%及以内”的占19.3%；“持平”的占32.1%；

“下降”的占 29.9%，其中“下降 10% 以上”的占 11.2%，“下降 10% 及以内”的占 18.7%。出口数量“增长”的比“下降”的多 8.1 个百分点，这一数据比 2013 年上升了 8.1 个百分点。调查表明，与 2013 年相比，目前我国企业产品出口数量小幅增长（见表 7.16）。

表 7.16　　与上年相比，企业的产品出口数量增减情况（%）

		增长 10% 以上	增长 10% 及以内	持平	下降 10% 及以内	下降 10% 以上	增长 - 下降
总体	2014 年	18.7	19.3	32.1	18.7	11.2	8.1
	2013 年	17.9	17.5	29.2	16.4	19.0	0.0
制造业		18.8	18.4	32.6	18.9	11.3	7.0
食品、酒及饮料制造业		14.7	11.8	35.3	17.6	20.6	-11.7
纺织业		11.9	13.6	27.1	20.3	27.1	-21.9
纺织服装、服饰业		20.0	4.4	31.2	24.4	20.0	-20.0
造纸及纸制品业		25.0	25.0	25.0		25.0	25.0
化学原料及化学制品制造业		22.0	28.9	23.7	16.9	8.5	25.5
医药制造业		9.5	19.0	38.2	23.8	9.5	-4.8
化学纤维制造业		14.3	71.4			14.3	71.4
橡胶及塑料制品业		23.5	19.6	23.5	21.6	11.8	9.7
非金属矿物制品业		8.8	26.5	38.2	20.6	5.9	8.8
黑色金属冶炼及压延加工业		27.3	9.1	36.3	9.1	18.2	9.1
有色金属冶炼及压延加工业		23.1	30.7	23.1	15.4	7.7	30.7
金属制品业		24.7	13.7	31.5	21.9	8.2	8.3
通用设备制造业		18.1	14.5	40.9	16.9	9.6	6.1
专用设备制造业		14.3	20.4	39.8	17.3	8.2	9.2
汽车制造业		26.7	26.7	35.5	11.1		42.3
铁路、船舶、航空航天及其他运输设备制造业				75.0	25.0		-25.0
电气机械及器材制造业		18.2	16.4	32.6	25.5	7.3	1.8
计算机、通信及其他电子设备制造业		20.0	20.0	32.0	20.0	8.0	12.0
仪器仪表制造业		18.8	31.2	25.0	12.5	12.5	25.0

注：“增长”包括“增长 10% 以上”和“增长 10% 及以内”，“下降”包括“下降 10% 及以内”和“下降 10% 以上”，下同。

从不同行业看，出口数量下降较多的行业有：纺织、服装、铁路船舶航空航天及其他运输设备制造业等行业，出口数量“下降”的比“增长”的多20个百分点以上；而化纤、有色金属、汽车等行业相对较好，出口数量“增长”的比“下降”的多30个百分点以上（见表7.16）。

在出口数量小幅增长的同时，企业产品的出口价格基本平稳。调查结果显示，认为2014年产品出口价格与上年“持平”的企业经营者占55.8%，比2013年上升了8.4个百分点；出口价格“增长”的占10.1%，其中“增长10%以上”的占1.2%，“增长10%及以内”的占8.9%；出口价格“下降”的占34.1%，比2013年下降了6.1个百分点，其中“下降10%以上”的占4.7%，“下降10%及以内”的占29.4%（见表7.17）。

从不同行业看，出口价格下降较多的行业有：医药、化纤、钢铁、有色金属、电子设备和铁路船舶航空航天及其他运输设备制造业等，出口价格“下降”的比“增长”的多40个百分点以上；而食品和仪器仪表行业相对较好，出口价格“增长”的企业与“下降”的大体相当（见表7.17）。

表7.17　　与上年相比，企业的产品出口价格增减情况（%）

		增长10%以上	增长10%及以内	持平	下降10%及以内	下降10%以上	增长－下降
总体	2014年	1.2	8.9	55.8	29.4	4.7	－24.0
	2013年	2.5	9.9	47.4	31.8	8.4	－27.8
制造业		1.0	8.1	56.8	29.3	4.8	－25.0
食品、酒及饮料制造业		2.9	17.6	58.9	14.7	5.9	－0.1
纺织业			16.1	44.6	30.4	8.9	－23.2
纺织服装、服饰业		2.3	7.0	53.5	27.9	9.3	－27.9
造纸及纸制品业				62.5	37.5		－37.5
化学原料及化学制品制造业			10.0	53.3	25.0	11.7	－26.7
医药制造业				55.0	35.0	10.0	－45.0
化学纤维制造业				28.6	57.1	14.3	－71.4
橡胶及塑料制品业		4.0	10.0	56.0	28.0	2.0	－16.0
非金属矿物制品业			12.1	39.4	42.4	6.1	－36.4
黑色金属冶炼及压延加工业			8.3	33.3	41.7	16.7	－50.1

续表

	增长10%以上	增长10%及以内	持平	下降10%及以内	下降10%以上	增长－下降
有色金属冶炼及压延加工业			46.1	46.2	7.7	－53.9
金属制品业	1.4	9.5	59.3	25.7	4.1	－18.9
通用设备制造业	2.6	3.8	56.4	37.2		－30.8
专用设备制造业		6.1	66.4	22.4	5.1	－21.4
汽车制造业		4.5	72.7	20.5	2.3	－18.3
铁路、船舶、航空航天及其他运输设备制造业			50.0	50.0		－50.0
电气机械及器材制造业		3.7	55.6	40.7		－37.0
计算机、通信及其他电子设备制造业		3.8	46.2	46.2	3.8	－46.2
仪器仪表制造业		6.3	87.4	6.3		0.0

7.1.4 宏观经济运行基本平稳

企业综合经营状况的企稳也影响了企业经营者对当前宏观经济形势的判断。调查结果显示，认为当前宏观经济形势“很好”或“较好”的企业经营者占23.7%，比2014年上半年上升了6个百分点，比2013年上升了3.3个百分点；认为“一般”的占48.1%；认为“很差”或“较差”的占28.2%，比2014上半年下降了5.7个百分点，比2013年下降了2.7个百分点（见表7.18）。

表7.18 企业经营者对当前宏观经济形势的判断（%）

	很好	较好	一般	较差	很差
2014年	1.7	22.0	48.1	24.6	3.6
2014年上半年	1.6	16.1	48.4	29.3	4.6
2013年	1.7	18.7	48.7	26.7	4.2
2012年	1.3	13.3	38.1	37.4	9.9
2011年	2.4	28.9	43.9	21.0	3.8
2010年	5.1	51.2	37.1	5.9	0.7

关于企业经营者对当前经济运行冷热程度的判断，调查结果显示，认为目前宏观经济运行“正常”的企业经营者占39.5%，比2014年上半年上升了

6.8个百分点，比2013年上升了5.5个百分点；认为“偏冷”的占46.9%，认为“过冷”的占4.1%，两者合计比重比2014年上半年下降了7.5个百分点，略高于2013年；认为“偏热”或“过热”的占4.3%，认为“尚难判断”的占5.2%。调查表明，企业经营者认为，当前宏观经济形势略显偏冷，不过呈回暖迹象，总体运行基本正常（见表7.19、图7.1）。

表7.19　2004～2014年企业经营者对宏观经济运行的总体判断（%）

	过热	偏热	正常	偏冷	过冷	尚难判断
2014年	0.4	3.9	39.5	46.9	4.1	5.2
2014年上半年	0.3	3.2	32.7	52.5	6.0	5.3
2013年	1.7	9.7	34.0	43.1	3.4	8.1
2012年	1.4	8.5	23.2	49.5	7.7	9.7
2011年	5.1	29.9	28.1	23.6	1.9	11.4
2010年	2.7	30.5	47.3	10.2	0.3	9.0
2009年	1.8	20.7	39.5	24.6	0.6	12.8
2008年	3.6	26.1	29.1	27.2	1.6	12.4
2007年	8.7	57.0	29.4	1.9	0.0	3.0
2006年	3.8	44.9	42.0	4.4	0.1	4.8
2005年	2.6	25.9	49.4	14.9	0.6	6.6
2004年	5.5	44.2	34.4	8.1	0.3	7.5

注：0.0表示答题者选择了此项，但选择比重小于0.05%。以下同。

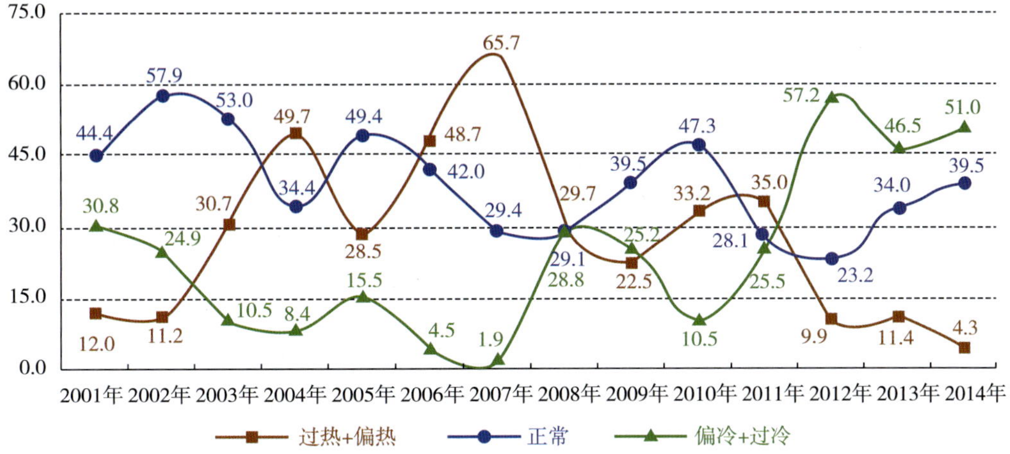

图7.1　2001～2014年企业经营者对宏观经济运行的总体判断（%）

调查发现，企业经营者认为，目前政府投资需求基本合适，民间投资需求、消费需求和外贸出口需求相对不足；与上年相比，政府投资需求有所下降，外贸出口需求有所回升，民间投资需求和消费需求基本平稳。

调查结果显示，从外贸出口需求看，认为出口需求“不足”或“严重不足”的企业经营者占68.3%，比2013年下降了11个百分点；认为“合适”的占25.2%；认为“很旺”或“较旺”的占6.5%（见表7.20）。

表7.20　2010～2014年企业经营者对国民经济需求状况的判断（%）

		很旺	较旺	合适	不足	严重不足
政府投资需求	2014年	4.6	24.5	38.2	30.8	1.9
	2013年	10.6	32.4	28.1	27.1	1.8
	2012年	9.9	31.4	26.1	30.3	2.3
	2011年	18.1	40.8	19.0	20.4	1.7
	2010年	21.1	44.2	20.3	13.5	0.9
民间投资需求	2014年	2.2	16.0	19.4	55.4	7.0
	2013年	3.2	17.6	17.2	54.2	7.8
	2012年	2.6	14.2	15.8	56.8	10.6
	2011年	6.4	25.8	15.6	45.8	6.4
	2010年	5.6	26.3	21.6	42.4	4.1
消费需求	2014年	1.2	10.8	29.8	53.5	4.7
	2013年	1.6	11.6	25.2	55.6	6.0
	2012年	1.5	9.9	22.8	57.3	8.5
	2011年	2.7	19.8	23.5	48.0	6.0
	2010年	2.3	21.0	30.1	43.3	3.3
外贸出口需求	2014年	0.6	5.9	25.2	61.8	6.5
	2013年	1.0	5.3	14.4	65.9	13.4
	2012年	0.9	3.5	11.6	64.2	19.8
	2011年	1.2	14.5	27.4	50.1	6.8
	2010年	1.6	17.1	27.9	48.6	4.8

从消费需求看，认为消费需求“不足”或“严重不足”的企业经营者占58.2%，比2013年略降了3.4个百分点；“合适”的占29.8%；“很旺”或“较旺”的占12%（见表7.20）。

从投资需求看，认为民间投资需求“不足”或“严重不足”的企业经营者占62.4%，比2013年略升了0.4个百分点；“合适”的占19.4%；“很旺”或“较旺”的占18.2%。认为政府投资需求“不足”或“严重不足”的占32.7%，比2013年上升了3.8个百分点；“合适”的占38.2%，为2010年以来的最高值；“很旺”或“较旺”的占29.1%（见表7.20）。

7.2　对未来的预期

7.2.1　订货稳中有升，企业综合经营状况可望延续平稳运行趋势

企业订货情况是一个重要的先行指标，在一定程度上预示着未来的需求走向。调查结果显示，认为目前订货“正常”的企业经营者占51.8%，认为“高于正常”的占4.5%，两者合计比重比上半年提高了10个百分点，与2013年大体持平；认为“低于正常”的占43.7%。调查表明，总体来看，目前企业的订货情况稳中有升，基本回到了2013年的水平（见表7.21）。

表7.21　不同行业企业目前的订货情况（%）

		高于正常	正常	低于正常	高于正常+正常			
					2014年	2013年	2012年	2011年
总体	2014年	4.5	51.8	43.7	56.3	56.4	49.1	66.3
	2014年上半年	6.0	40.3	53.7				
农林牧渔业		4.4	60.0	35.6	64.4	69.0	63.8	74.1
采矿业			38.5	61.5	38.5	48.1	24.4	82.6
制造业		4.8	49.0	46.2	53.8	51.2	46.5	62.7
电力、热力、燃气及水的生产和供应业		11.5	77.0	11.5	88.5	80.4	76.7	86.2
建筑业		7.8	51.0	41.2	58.8	73.8	60.0	75.2
交通运输、仓储和邮政业		2.9	62.8	34.3	65.7	64.0	57.1	80.0
信息传输、软件和信息技术服务业		5.3	77.2	17.5	82.5	71.3	75.3	83.9
批发和零售业			61.8	38.2	61.8	64.4	60.4	76.8
住宿和餐饮业			67.5	32.5	67.5	50.9	61.7	83.3
房地产业		1.6	30.2	68.2	31.8	60.6	51.9	59.2
租赁和商务服务业			73.7	26.3	73.7	64.7	56.9	84.6

续表

	高于正常	正常	低于正常	高于正常 + 正常			
				2014 年	2013 年	2012 年	2011 年
食品、酒及饮料制造业	3.3	51.7	45.0	55.0	55.6	59.1	69.8
纺织业	2.7	42.0	55.3	44.7	43.0	46.8	39.6
纺织服装、服饰业	3.4	55.2	41.4	58.6	46.4	52.5	58.5
造纸及纸制品业	3.1	37.5	59.4	40.6	49.0	40.4	71.4
化学原料及化学制品制造业	6.0	58.2	35.8	64.2	51.3	52.7	67.2
医药制造业	2.2	68.9	28.9	71.1	69.8	75.0	82.1
化学纤维制造业		52.9	47.1	52.9	39.1	36.0	59.4
橡胶及塑料制品业	3.8	46.2	50.0	50.0	50.0	42.1	56.3
非金属矿物制品业	1.0	41.3	57.7	42.3	44.5	43.6	63.3
黑色金属冶炼及压延加工业	2.9	41.2	55.9	44.1	37.5	24.6	56.9
有色金属冶炼及压延加工业		37.5	62.5	37.5	47.1	35.9	68.5
金属制品业	7.8	56.0	36.2	63.8	54.4	51.3	59.1
通用设备制造业	1.7	40.5	57.8	42.2	47.0	37.3	66.4
专用设备制造业	5.8	45.5	48.7	51.3	49.3	48.4	70.3
汽车制造业	8.3	54.2	37.5	62.5	54.2	30.8	—
铁路、船舶、航空航天及其他运输设备制造业	10.5	36.8	52.7	47.3	42.8	37.1	—
电气机械及器材制造业	7.8	51.7	40.5	59.5	60.5	47.3	66.3
计算机、通信及其他电子设备制造业	10.4	68.8	20.8	79.2	59.2	41.9	56.1
仪器仪表制造业	14.3	51.4	34.3	65.7	72.1	48.1	72.3

从不同行业看，电力热力燃气及水的生产和供应业、信息传输软件和信息技术服务业、租赁和商务服务业以及制造业中的医药、电子设备等行业订货情况相对较好，订货“正常”或“高于正常”的企业比重超过七成，而采矿业、房地产业以及制造业中的造纸、有色金属等行业则相对较差，六成左右的企业订货“低于正常”（见表 7.21）。

值得注意的是，订货“正常”或“高于正常”的比重比 2013 年上升较多的行业有：信息传输软件和信息技术服务业、住宿和餐饮业以及制造业中的服装、化工、化纤、电子设备等，其上升幅度超过 10 个百分点；而采矿业、建筑业、房地产业以及制造业中的有色金属等行业则相对较差，订货“低于正常”的企业比2013年上升了10个百分点左右（见表7.21）。

调查还了解了与上年相比，目前企业订货的增减情况。调查结果显示，认为目前订货比上年“增加”的企业经营者占20.7%，“持平”的占36.1%，“减少”的占43.2%；认为“增加”的比“减少”的少22.5个百分点，要差于2013年的调查结果（见表7.22）。

从不同行业看，电力热力燃气及水的生产和供应业、信息传输软件和信息技术服务业以及制造业中的医药等行业相对较好，认为订货“增加”的企业要多于“减少”的，而采矿业、房地产业以及制造业中的纺织等行业则相对较差，认为订货“增加”的比“减少”的少40个百分点以上（见表7.22）。

表7.22　　相对于上年，不同行业企业目前的订货情况（%）

	增加	持平	减少	增加-减少			
				2014年	2013年	2012年	2011年
总体	20.7	36.1	43.2	-22.5	-17.4	-34.2	-2.7
农林牧渔业	20.5	50.0	29.5	-9.0	-5.8	-23.7	-5.2
采矿业	8.0	24.0	68.0	-60.0	-27.0	-69.0	10.9
制造业	21.2	34.4	44.4	-23.2	-20.9	-38.9	-5.2
电力、热力、燃气及水的生产和供应业	42.9	46.4	10.7	32.2	14.0	16.3	33.4
建筑业	15.0	42.0	43.0	-28.0	1.5	-19.8	8.5
交通运输、仓储和邮政业	8.3	50.0	41.7	-33.4	-10.8	-29.1	2.3
信息传输、软件和信息技术服务业	46.3	29.6	24.1	22.2	0.0	11.8	29.5
批发和零售业	17.5	40.0	42.5	-25.0	-21.3	-26.5	6.1
住宿和餐饮业	15.4	43.6	41.0	-25.6	-47.1	-16.7	20.8
房地产业	1.6	24.2	74.2	-72.6	-6.8	-44.4	-35.9
租赁和商务服务业	15.8	57.9	26.3	-10.5	-18.0	-35.3	1.8
食品、酒及饮料制造业	21.0	35.3	43.7	-22.7	-22.1	-14.8	4.0
纺织业	10.3	32.7	57.0	-46.7	-44.4	-45.3	-48.4
纺织服装、服饰业	14.5	41.8	43.7	-29.2	-32.9	-42.8	-26.4
造纸及纸制品业	12.9	35.5	51.6	-38.7	-13.1	-46.7	-6.1
化学原料及化学制品制造业	24.0	38.8	37.2	-13.2	-18.7	-25.8	3.8
医药制造业	31.0	45.2	23.8	7.2	11.5	17.4	26.2

续表

	增加	持平	减少	增加－减少			
				2014 年	2013 年	2012 年	2011 年
化学纤维制造业	25.0	31.3	43.7	－18.7	－56.5	－60.0	－9.4
橡胶及塑料制品业	17.8	43.6	38.6	－20.8	－23.2	－40.5	－12.4
非金属矿物制品业	13.6	35.9	50.5	－36.9	－29.6	－47.0	－10.8
黑色金属冶炼及压延加工业	17.6	41.2	41.2	－23.6	－45.0	－61.3	－13.6
有色金属冶炼及压延加工业	18.8	31.3	49.9	－31.1	－30.7	－44.4	－14.8
金属制品业	26.5	33.6	39.9	－13.4	－5.8	－36.0	－5.5
通用设备制造业	14.5	33.1	52.4	－37.9	－28.5	－58.8	9.9
专用设备制造业	23.5	25.1	51.4	－27.9	－10.7	－32.9	13.4
汽车制造业	35.7	25.7	38.6	－2.9	－1.1	－63.0	—
铁路、船舶、航空航天及其他运输设备制造业	26.3	15.8	57.9	－31.6	－46.3	－47.0	—
电气机械及器材制造业	28.9	33.3	37.8	－8.9	－13.2	－40.0	6.5
计算机、通信及其他电子设备制造业	29.8	40.4	29.8	0.0	－7.1	－39.1	－4.9
仪器仪表制造业	27.3	39.4	33.3	－6.0	－4.8	－25.1	14.5

调查还发现，企业经营者对四季度订货的预计要明显好于目前的订货情况。调查结果显示，预计四季度订货“增加”的企业经营者占 28.5%，“持平”的占 47.3%，“减少”的占 24.2%；预计“增加”的比“减少”的多 4.3 个百分点，这一数据要明显好于企业目前的订货情况（见表 7.23）。

从不同行业看，预计四季度订货增加较多的行业有：农林牧渔业、电力热力燃气及水的生产和供应业、信息传输软件和信息技术服务业以及制造业中的医药、汽车、仪器仪表等，其订货“增加”的比“减少”的多 20 个百分点以上；而造纸、钢铁、通用设备、铁路船舶航空航天及其他运输设备制造业则相对较差，订货“减少”的比“增加”的多 10 个百分点以上（见表 7.23）。

订货情况的好转也影响了企业经营者对未来经营状况的预期。关于对四季度企业经营状况的预计，调查结果显示，预计“好转”的企业经营者占 28%，预计“不变”的占 61.3%，预计“恶化”的占 10.7%；预计“好转”的比“恶化”的多 17.3 个百分点。调查表明，企业经营者对未来的预期趋于乐观（见表 7.24）。

表 7.23　　不同行业企业对 2014 年四季度订货情况的预计（%）

	增加	持平	减少	增加 - 减少			
				2014 年	2013 年	2012 年	2011 年
总体	28.5	47.3	24.2	4.3	9.2	-3.7	8.2
农林牧渔业	44.5	42.2	13.3	31.2	25.7	9.3	23.4
采矿业	20.0	52.0	28.0	-8.0	0.0	-9.7	2.2
制造业	28.4	46.4	25.2	3.2	6.9	-6.6	5.7
电力、热力、燃气及水的生产和供应业	50.0	42.9	7.1	42.9	15.3	-4.6	21.9
建筑业	23.8	42.5	33.7	-9.9	24.4	3.5	11.8
交通运输、仓储和邮政业	16.7	61.1	22.2	-5.5	13.5	-6.4	30.3
信息传输、软件和信息技术服务业	51.7	41.4	6.9	44.8	30.7	25.3	46.0
批发和零售业	27.4	46.4	26.2	1.2	6.9	5.1	18.0
住宿和餐饮业	22.5	55.0	22.5	0.0	-8.8	8.7	26.1
房地产业	18.6	54.3	27.1	-8.5	21.6	-10.0	-8.4
租赁和商务服务业	5.3	84.2	10.5	-5.2	-3.8	-21.2	13.3
食品、酒及饮料制造业	38.0	42.2	19.8	18.2	17.6	33.3	31.1
纺织业	19.6	53.6	26.8	-7.2	2.4	-9.9	-9.3
纺织服装、服饰业	29.3	48.3	22.4	6.9	2.1	-22.7	-17.4
造纸及纸制品业	21.9	43.7	34.4	-12.5	17.5	6.4	6.1
化学原料及化学制品制造业	34.1	43.9	22.0	12.1	10.4	3.4	13.2
医药制造业	36.4	54.5	9.1	27.3	28.3	35.7	37.6
化学纤维制造业	35.3	47.1	17.6	17.7	-4.4	-36.0	-37.4
橡胶及塑料制品业	23.1	52.9	24.0	-0.9	5.6	-3.6	10.4
非金属矿物制品业	21.4	51.4	27.2	-5.8	2.8	-9.5	8.0
黑色金属冶炼及压延加工业	20.6	44.1	35.3	-14.7	-5.0	-33.3	-9.2
有色金属冶炼及压延加工业	37.5	40.6	21.9	15.6	-3.9	-7.4	11.3
金属制品业	27.0	45.2	27.8	-0.8	0.0	-22.8	4.4
通用设备制造业	22.7	40.1	37.2	-14.5	-14.2	-18.0	-10.3
专用设备制造业	29.5	43.7	26.8	2.7	4.3	-13.6	4.2
汽车制造业	44.4	37.5	18.1	26.3	22.9	-13.2	—
铁路、船舶、航空航天及其他运输设备制造业	31.6	26.3	42.1	-10.5	35.7	-17.2	—
电气机械及器材制造业	24.1	51.8	24.1	0.0	20.9	-9.6	8.6
计算机、通信及其他电子设备制造业	28.6	53.0	18.4	10.2	19.4	5.2	12.2
仪器仪表制造业	37.1	48.6	14.3	22.8	14.0	-9.5	24.9

表7.24　　不同类型企业对2014年四季度综合经营状况的预计（%）

	四季度经营状况预计			好转－恶化
	好转	不变	恶化	
总体	28.0	61.3	10.7	17.3
东部地区企业	26.8	62.3	10.9	15.9
中部地区企业	30.0	59.0	11.0	19.0
西部地区企业	31.4	59.4	9.2	22.2
大型企业	26.8	64.6	8.6	18.2
中型企业	28.6	60.9	10.5	18.1
小型企业	27.9	60.8	11.3	16.6
国有及国有控股公司	33.5	57.0	9.5	24.0
外商及港澳台投资企业	24.8	68.6	6.6	18.2
民营企业	27.1	61.4	11.5	15.6

从不同地区看，西部地区企业预计“好转”的比“恶化”的多22.2个百分点，高于东部和中部地区；从不同规模看，大中型企业更为乐观；从不同经济类型看，国有及国有控股公司预计“好转”的比“恶化”的多24个百分点，高于民营企业和外资企业（见表7.24）。

从不同行业看，对四季度预计较为乐观的行业有：农林牧渔业、电力热力燃气及水的生产和供应业、信息传输软件和信息技术服务业、住宿和餐饮业以及制造业中的食品、化纤、仪器仪表等，预计“好转”的比“恶化”的多30个百分点以上，而采矿业、钢铁和金属制品等行业则相对较差，预计四季度将“恶化”的企业与“好转”的大体相当（见表7.25）。

表7.25　　不同行业企业对2014年四季度综合经营状况的预计（%）

	四季度经营状况预计			好转－恶化
	好转	不变	恶化	
总体	28.0	61.3	10.7	17.3
农林牧渔业	45.7	50.0	4.3	41.4
采矿业	26.9	46.2	26.9	0.0
制造业	27.2	60.8	12.0	15.2
电力、热力、燃气及水的生产和供应业	37.5	62.5		37.5

续表

	四季度经营状况预计			好转－恶化
	好转	不变	恶化	
建筑业	33.0	55.1	11.9	21.1
交通运输、仓储和邮政业	29.2	58.3	12.5	16.7
信息传输、软件和信息技术服务业	51.7	46.6	1.7	50.0
批发和零售业	22.3	68.6	9.1	13.2
住宿和餐饮业	37.2	60.5	2.3	34.9
房地产业	24.6	67.7	7.7	16.9
租赁和商务服务业	8.3	87.5	4.2	4.1
食品、酒及饮料制造业	38.3	55.9	5.8	32.5
纺织业	21.4	63.4	15.2	6.2
纺织服装、服饰业	26.8	66.1	7.1	19.7
造纸及纸制品业	21.9	62.5	15.6	6.3
化学原料及化学制品制造业	34.8	54.6	10.6	24.2
医药制造业	33.3	62.3	4.4	28.9
化学纤维制造业	31.3	68.7		31.3
橡胶及塑料制品业	22.1	64.4	13.5	8.6
非金属矿物制品业	22.1	62.5	15.4	6.7
黑色金属冶炼及压延加工业	14.7	67.7	17.6	-2.9
有色金属冶炼及压延加工业	25.0	56.2	18.8	6.2
金属制品业	17.4	66.1	16.5	0.9
通用设备制造业	24.3	59.5	16.2	8.1
专用设备制造业	28.6	59.4	12.0	16.6
汽车制造业	36.1	51.4	12.5	23.6
铁路、船舶、航空航天及其他运输设备制造业	26.3	52.6	21.1	5.2
电气机械及器材制造业	24.8	65.8	9.4	15.4
计算机、通信及其他电子设备制造业	34.7	59.2	6.1	28.6
仪器仪表制造业	37.1	62.9		37.1

调查发现，企业经营者对2015年的预计比对四季度的预计乐观。调查结果显示，预计2015年经营状况“好转”的企业经营者占37.4%，预计“不

变”的占50.4%，预计“恶化”的占12.2%；预计“好转”的比“恶化”的多25.2个百分点，这一数据比对四季度的预计上升了7.9个百分点（见表7.24、表7.26）。

从不同地区看，中西部地区企业预计“好转”的比“恶化”的多26个百分点以上，高于东部地区企业；从不同规模看，中小企业对2015年更为乐观；从不同经济类型看，外资企业预计“好转”的比“恶化”的多25.6个百分点，相对乐观（见表7.26）。

表7.26　不同地区、规模及经济类型企业对2015年综合经营状况的预计（%）

	对2015年经营状况预计			好转－恶化
	好转	不变	恶化	
总体	37.4	50.4	12.2	25.2
东部地区企业	36.4	51.7	11.9	24.5
中部地区企业	38.5	49.5	12.0	26.5
西部地区企业	40.8	44.7	14.5	26.3
大型企业	33.2	54.7	12.1	21.1
中型企业	35.6	52.3	12.1	23.5
小型企业	38.9	48.7	12.4	26.5
国有及国有控股公司	35.9	52.7	11.4	24.5
外商及港澳台投资企业	35.5	54.6	9.9	25.6
民营企业	37.1	49.8	13.1	24.0

从不同行业看，对2015年预计较为乐观的行业有：农林牧渔业、信息传输软件和信息技术服务业以及制造业中的食品、化工、医药和仪器仪表业等，预计“好转”的比“恶化”的多40个百分点左右，而采矿业和化纤等行业则相对较差（见表7.27）。

表7.27　不同行业企业对2015年综合经营状况的预计（%）

	好转	不变	恶化	好转－恶化
总体	37.4	50.4	12.2	25.2
农林牧渔业	45.5	50.0	4.5	41.0
采矿业	19.2	53.9	26.9	－7.7
制造业	37.7	50.0	12.3	25.4

续表

	好转	不变	恶化	好转－恶化
电力、热力、燃气及水的生产和供应业	28.1	65.6	6.3	21.8
建筑业	42.3	39.4	18.3	24.0
交通运输、仓储和邮政业	29.2	58.3	12.5	16.7
信息传输、软件和信息技术服务业	58.1	38.7	3.2	54.9
批发和零售业	28.5	56.4	15.1	13.4
住宿和餐饮业	41.9	48.8	9.3	32.6
房地产业	45.5	45.4	9.1	36.4
租赁和商务服务业	16.7	70.8	12.5	4.2
食品、酒及饮料制造业	44.2	50.0	5.8	38.4
纺织业	32.1	53.2	14.7	17.4
纺织服装、服饰业	29.8	56.2	14.0	15.8
造纸及纸制品业	34.4	50.0	15.6	18.8
化学原料及化学制品制造业	50.0	39.6	10.4	39.6
医药制造业	45.5	47.7	6.8	38.7
化学纤维制造业	17.6	64.8	17.6	0.0
橡胶及塑料制品业	39.8	51.5	8.7	31.1
非金属矿物制品业	30.4	57.8	11.8	18.6
黑色金属冶炼及压延加工业	40.6	40.6	18.8	21.8
有色金属冶炼及压延加工业	29.0	48.4	22.6	6.4
金属制品业	31.3	51.3	17.4	13.9
通用设备制造业	35.1	48.5	16.4	18.7
专用设备制造业	36.5	50.5	13.0	23.5
汽车制造业	40.0	51.4	8.6	31.4
铁路、船舶、航空航天及其他运输设备制造业	36.8	42.1	21.1	15.7
电气机械及器材制造业	38.5	49.5	12.0	26.5
计算机、通信及其他电子设备制造业	38.8	55.1	6.1	32.7
仪器仪表制造业	48.6	48.5	2.9	45.7

7.2.2　出口趋于好转，价格基本平稳，盈利趋于改善

关于对 2015 年外需的预计，调查发现，企业经营者预计 2015 年产品出口

数量有所回升。调查结果显示，预计 2015 年企业产品出口数量比 2014 年“增长”的企业经营者占 43.7%，其中“增长 10% 以上”的占 17.8%，“增长 10% 及以内”的占 25.9%；预计“持平”的占 42.8%；预计“下降”的占 13.5%，其中“下降 10% 以上”的占 4%，“下降 10% 及以内”的占 9.5%。预计 2015 年出口数量“增长”的比“下降”的多 30.2 个百分点，这一数据比 2013 年的调查结果上升了 4.2 个百分点（见表 7.28）。

表 7.28　　对明年企业产品出口数量增减情况的预计（%）

		增长 10% 以上	增长 10% 及以内	持平	下降 10% 及以内	下降 10% 以上	增长 - 下降
总体	2014 年	17.8	25.9	42.8	9.5	4.0	30.2
	2013 年	16.8	26.5	39.4	10.7	6.6	26.0
制造业		17.7	26.2	43.3	9.0	3.8	31.1
食品、酒及饮料制造业		11.8	26.5	47.0	11.8	2.9	23.6
纺织业		8.8	26.3	36.8	21.1	7.0	7.0
纺织服装、服饰业		9.1	13.6	45.5	15.9	15.9	-9.1
造纸及纸制品业		12.5	37.5	50.0			50.0
化学原料及化学制品制造业		23.7	33.9	37.3	5.1		52.5
医药制造业		25.0	15.0	45.0	10.0	5.0	25.0
化学纤维制造业			14.3	71.4		14.3	0.0
橡胶及塑料制品业		22.4	30.6	38.8	8.2		44.8
非金属矿物制品业		12.1	33.3	42.4	6.1	6.1	33.2
黑色金属冶炼及压延加工业		16.7	33.3	25.0	25.0		25.0
有色金属冶炼及压延加工业		15.4	53.8	23.1	7.7		61.5
金属制品业		24.3	17.6	43.2	10.8	4.1	27.0
通用设备制造业		21.8	21.8	50.0	5.1	1.3	37.2
专用设备制造业		17.5	28.9	40.2	6.2	7.2	33.0
汽车制造业		20.5	31.8	45.4	2.3		50.0
铁路、船舶、航空航天及其他运输设备制造业			50.0	25.0	25.0		25.0
电气机械及器材制造业		16.7	24.1	51.8	7.4		33.4
计算机、通信及其他电子设备制造业		16.7	20.8	58.3		4.2	33.3
仪器仪表制造业		25.0	37.5	25.0	12.5		50.0

从不同行业看，预计2015年出口数量增长较多的行业有：造纸、化工、橡胶塑料、有色金属、汽车和仪器仪表等，预计“增长”的比“下降”的多40个百分点以上；而服装行业则相对较差，预计2015年出口数量“增长”的比“下降”的少9.1个百分点（见表7.28）。

关于2015年企业产品的出口价格，调查发现，2015年企业出口价格总体保持平稳。调查结果显示，预计2015年出口价格“持平”的企业经营者占64.6%，比2013年上升了7.1个百分点；预计增长的占12.9%，其中“增长10%以上”的占1.5%，“增长10%及以内”的占11.4%；预计下降的占22.5%，其中“下降10%以上”的占3.4%，“下降10%及以内”的占19.1%（见表7.29）。

从不同行业看，预计2015年出口价格下跌较多的行业有：服装、造纸、医药、汽车、铁路船舶航空航天及其他运输设备制造业等，预计下降的比增长的多20个百分点以上；而食品、非金属制品、钢铁和仪器仪表等行业则相对较好，预计2015年出口价格增长的比下降的多5个百分点以上（见表7.29）。

表7.29　　对2015年企业产品出口价格增减情况的预计（%）

		增长10%以上	增长10%及以内	持平	下降10%及以内	下降10%以上	增长－下降
总体	2014年	1.5	11.4	64.6	19.1	3.4	-9.6
	2013年	2.3	13.4	57.5	22.7	4.1	-11.1
制造业		1.4	11.2	64.4	19.5	3.5	-10.4
食品、酒及饮料制造业		3.0	18.2	66.6	6.1	6.1	9.0
纺织业			14.3	51.8	26.8	7.1	-19.6
纺织服装、服饰业			9.1	59.0	20.5	11.4	-22.8
造纸及纸制品业				77.8	22.2		-22.2
化学原料及化学制品制造业			18.6	49.2	30.5	1.7	-13.6
医药制造业				75.0	20.0	5.0	-25.0
化学纤维制造业			14.3	57.1	14.3	14.3	-14.3
橡胶及塑料制品业		6.0	12.0	68.0	14.0		4.0
非金属矿物制品业		6.3	15.6	62.5	12.5	3.1	6.3
黑色金属冶炼及压延加工业			16.7	75.0		8.3	8.4
有色金属冶炼及压延加工业			7.7	69.2	23.1		-15.4

续表

	增长 10%以上	增长 10%及以内	持平	下降 10%及以内	下降 10%以上	增长 - 下降
金属制品业	1.4	12.3	61.7	17.8	6.8	-10.9
通用设备制造业	2.6	5.1	71.8	19.2	1.3	-12.8
专用设备制造业		9.3	67.0	20.6	3.1	-14.4
汽车制造业		2.3	70.4	27.3		-25.0
铁路、船舶、航空航天及其他运输设备制造业			50.0	50.0		-50.0
电气机械及器材制造业		13.0	61.1	25.9		-12.9
计算机、通信及其他电子设备制造业		7.7	69.2	15.4	7.7	-15.4
仪器仪表制造业	6.3	6.3	81.1	6.3		6.3

在当前产能过剩的背景下，企业经营者预计未来产品价格下跌的压力依然较大。调查结果显示，预计 2015 年企业产品销售价格“下降”的企业经营者占 26.6%，比“上升”的多 11.9 个百分点，这一数据比 2013 年高了 10.2 个百分点；预计价格“持平”的占 58.7%（见表 7.30）。

表 7.30　相对于 2014 年，不同行业企业对 2015 年销售价格的预计（%）

	上升	持平	下降	上升 - 下降			
				2014 年	2013 年	2012 年	2011 年
总体	14.7	58.7	26.6	-11.9	-1.7	-5.6	12.4
农林牧渔业	31.1	51.1	17.8	13.3	27.1	27.1	37.1
采矿业	11.5	46.2	42.3	-30.8	-18.5	-4.7	2.2
制造业	11.9	59.4	28.7	-16.8	-9.3	-12.9	7.5
电力、热力、燃气及水的生产和供应业	10.0	76.7	13.3	-3.3	12.7	20.4	22.6
建筑业	18.8	55.2	26.0	-7.2	12.7	12.2	29.1
交通运输、仓储和邮政业	10.5	73.7	15.8	-5.3	14.9	2.9	32.6
信息传输、软件和信息技术服务业	28.8	61.0	10.2	18.6	5.0	7.8	-3.2
批发和零售业	20.3	53.0	26.7	-6.4	9.6	8.9	38.7
住宿和餐饮业	34.1	56.1	9.8	24.3	21.0	28.3	50.1
房地产业	25.0	57.8	17.2	7.8	39.3	22.4	21.2
租赁和商务服务业	36.4	45.4	18.2	18.2	5.4	5.8	27.3

续表

	上升	持平	下降	上升－下降			
				2014 年	2013 年	2012 年	2011 年
食品、酒及饮料制造业	31.7	58.3	10.0	21.7	24.9	34.9	45.2
纺织业	15.9	50.5	33.6	－17.7	－5.4	3.3	1.5
纺织服装、服饰业	10.3	63.8	25.9	－15.6	5.3	－8.4	19.0
造纸及纸制品业	9.4	46.8	43.8	－34.4	－2.2	－15.3	4.1
化学原料及化学制品制造业	13.4	60.5	26.1	－12.7	－10.9	－4.2	10.8
医药制造业	8.9	57.8	33.3	－24.4	－15.7	－7.1	1.2
化学纤维制造业	17.6	58.9	23.5	－5.9	－13.0	7.7	－12.5
橡胶及塑料制品业	5.7	71.4	22.9	－17.2	－9.5	－16.5	2.5
非金属矿物制品业	12.4	62.8	24.8	－12.4	－15.3	－16.1	8.1
黑色金属冶炼及压延加工业	20.6	58.8	20.6	0.0	2.5	－35.1	16.7
有色金属冶炼及压延加工业	18.8	56.2	25.0	－6.2	－6.0	0.0	14.5
金属制品业	11.4	63.2	25.4	－14.0	－16.2	－23.9	4.9
通用设备制造业	4.7	62.2	33.1	－28.4	－21.9	－25.3	－1.1
专用设备制造业	12.0	55.5	32.5	－20.5	－19.7	－30.0	－1.0
汽车制造业	2.8	48.6	48.6	－45.8	－29.5	－34.2	—
铁路、船舶、航空航天及其他运输设备制造业	15.8	57.9	26.3	－10.5	－3.6	－20.0	—
电气机械及器材制造业	9.5	50.0	40.5	－31.0	－12.2	－15.2	－1.6
计算机、通信及其他电子设备制造业	6.1	42.9	51.0	－44.9	－26.8	－40.7	－12.2
仪器仪表制造业	5.7	77.2	17.1	－11.4	－14.0	－16.9	12.5

从不同行业看，预计 2015 年价格下跌较多的行业有：采矿业、造纸、汽车、电气机械和电子设备等，预计价格“下降”的比“上升”的多 30 个百分点以上，而农林牧渔业、信息传输软件和信息技术服务业、住宿和餐饮业、房地产业、租赁和商务服务业以及制造业中的食品等行业则相对乐观，预计价格“上升”的企业要多于“下降”的企业（见表 7.30）。

随着需求的回暖，企业经营者预计下半年盈利将有所改善。调查结果显示，预计 2014 年下半年盈利的企业经营者占 56.7%，比上半年实际盈利的企业提高了 5 个百分点，也要高于 2013 年的调查结果，其中“较大盈利”占 6.9%，“略有盈余”占 49.8%；预计“收支平衡”的占 23.4%；预计亏损的占 19.9%（见表 7.31）。

表 7.31　　对 2014 年下半年盈利状况的预计（%）

	较大盈利	略有盈余	收支平衡	亏损	严重亏损
2014 年	6.9	49.8	23.4	17.0	2.9
2014 年上半年	5.9	45.8	21.9	23.7	2.7
2013 年	8.0	46.2	25.4	18.5	1.9
2012 年	5.4	46.0	25.1	19.9	3.6
2011 年	8.3	51.1	23.2	15.2	2.2
2010 年	15.1	58.2	18.2	7.8	0.7
2009 年	9.8	51.7	22.3	14.5	1.7
2008 年	11.0	52.9	19.9	13.7	2.5

7.2.3　用工和投资计划保持温和增长

企业经营者对未来的预期也影响了企业的用工和投资计划。调查结果显示，认为目前企业用工人数比上年“减少”的企业经营者占 32.8%，“持平”的占 47%，“增加”的占 20.2%；用工人数“减少”的比“增加”的多 12.6 个百分点，这一数据比 2013 年上升了 6.3 个百分点。其中，中部地区企业、中小企业以及民营企业用工人数减少更加明显（见表 7.32）。

表 7.32　　相对于上年，不同类型企业目前的用工人数情况（%）

	增加	持平	减少	增加 - 减少			
				2014 年	2013 年	2012 年	2011 年
总体	20.2	47.0	32.8	-12.6	-6.3	-13.3	4.5
东部地区企业	20.2	47.3	32.5	-12.3	-6.0	-17.4	2.9
中部地区企业	19.1	45.4	35.5	-16.4	-8.1	-7.2	9.0
西部地区企业	22.3	47.6	30.1	-7.8	-4.6	-1.4	6.5
大型企业	30.9	42.8	26.3	4.6	9.6	4.5	27.6
中型企业	20.3	48.2	31.5	-11.2	-2.2	-8.9	9.8
小型企业	18.2	47.1	34.7	-16.5	-11.7	-19.1	-2.1
国有及国有控股公司	26.2	50.2	23.6	2.6	4.6	-1.9	10.1
外商及港澳台投资企业	23.6	47.9	28.5	-4.9	-11.2	-21.2	-1.0
民营企业	18.8	45.9	35.3	-16.5	-7.6	-15.3	3.8

从不同行业看，目前用工人数增加相对较多的行业有：电力热力燃气及水的生产和供应业、信息传输软件和信息技术服务业、租赁和商务服务业以及制造业中的医药、电子设备等，用工人数“增加”的比“减少”的多10个百分点以上；而采矿业以及制造业中的纺织、服装、造纸和通用设备则相对较差，用工人数“减少”的比“增加”的多30个百分点以上（见表7.33）。

表7.33　　相对于2013年，不同行业企业目前的用工人数情况（%）

	增加	持平	减少	增加－减少			
				2014年	2013年	2012年	2011年
总体	20.2	47.0	32.8	－12.6	－6.3	－13.3	4.5
农林牧渔业	23.9	52.2	23.9	0.0	10.0	－1.0	14.9
采矿业	11.5	38.5	50.0	－38.5	11.1	－4.8	25.0
制造业	18.0	46.0	36.0	－18.0	－13.2	－20.5	－0.4
电力、热力、燃气及水的生产和供应业	56.7	33.3	10.0	46.7	20.4	13.8	22.2
建筑业	25.2	44.9	29.9	－4.7	7.0	－4.1	21.7
交通运输、仓储和邮政业	23.9	47.8	28.3	－4.4	7.5	9.4	9.5
信息传输、软件和信息技术服务业	44.1	39.0	16.9	27.2	9.9	30.9	37.7
批发和零售业	21.0	56.3	22.7	－1.7	5.0	0.7	19.9
住宿和餐饮业	21.4	33.3	45.3	－23.9	－31.7	－7.4	7.1
房地产业	14.1	60.9	25.0	－10.9	10.1	－2.7	10.5
租赁和商务服务业	33.3	58.4	8.3	25.0	19.0	－5.7	3.6
食品、酒及饮料制造业	20.8	54.2	25.0	－4.2	－7.6	11.2	7.4
纺织业	4.4	44.2	51.4	－47.0	－38.7	－39.8	－32.8
纺织服装、服饰业	10.2	37.3	52.5	－42.3	－40.1	－39.2	－39.2
造纸及纸制品业	6.1	45.5	48.4	－42.3	－19.1	－12.7	0.0
化学原料及化学制品制造业	20.8	54.6	24.6	－3.8	0.0	－5.3	14.6
医药制造业	37.8	40.0	22.2	15.6	18.9	27.6	16.9
化学纤维制造业	5.9	58.8	35.3	－29.4	－21.8	－11.5	0.0
橡胶及塑料制品业	19.0	47.7	33.3	－14.3	－8.7	－27.4	－16.0
非金属矿物制品业	19.2	49.1	31.7	－12.5	－11.8	－25.3	－10.0
黑色金属冶炼及压延加工业	14.7	50.0	35.3	－20.6	－25.0	－47.3	－1.1
有色金属冶炼及压延加工业	21.9	37.5	40.6	－18.7	－15.7	－5.5	－11.9

续表

	增加	持平	减少	增加 - 减少			
				2014 年	2013 年	2012 年	2011 年
金属制品业	19.8	37.9	42.3	-22.5	-10.9	-32.5	11.1
通用设备制造业	11.6	41.3	47.1	-35.5	-25.3	-26.1	8.9
专用设备制造业	18.8	47.3	33.9	-15.1	-2.4	-16.3	12.3
汽车制造业	19.7	47.9	32.4	-12.7	-14.0	-45.9	17.9
铁路、船舶、航空航天及其他运输设备制造业	36.9	26.3	36.8	0.1	-21.4	-22.9	-0.7
电气机械及器材制造业	22.2	45.3	32.5	-10.3	-2.7	-11.0	3.2
计算机、通信及其他电子设备制造业	34.7	40.8	24.5	10.2	8.3	-20.8	6.1
仪器仪表制造业	22.2	63.9	13.9	8.3	-9.3	-20.8	10.4

调查还发现，企业经营者预计2015年用工人数将有所增加。调查结果显示，预计2015年用工人数“增加”的企业经营者占31%，“持平”的占50.7%，“减少”的占18.3%；用工“增加”的比“减少”的多12.7个百分点。其中，东部和西部地区企业、小型企业、外资企业计划用工人数增长更加明显（见表7.34）。

表7.34　　对2015年企业用工人数的预计（%）

	增加	持平	减少	增加 - 减少
总体	31.0	50.7	18.3	12.7
东部地区企业	31.4	50.8	17.8	13.6
中部地区企业	30.3	48.5	21.2	9.1
西部地区企业	30.0	53.6	16.4	13.6
大型企业	29.8	53.3	16.9	12.9
中型企业	29.3	52.3	18.4	10.9
小型企业	32.0	49.5	18.5	13.5
国有及国有控股公司	32.6	51.9	15.5	17.1
外商及港澳台投资企业	35.3	48.7	16.0	19.3
民营企业	29.3	51.2	19.5	9.8

从不同行业看，2015年计划用工增长相对较多的行业有：电力热力燃气及水的生产和供应业、信息传输软件和信息技术服务业以及制造业中的医药、铁路船舶航空航天及其他运输设备制造业等，预计2015年用工“增加”的比

“减少”的多30个百分点以上；而采矿业、房地产业和造纸、有色金属等行业则相对较差，2015年用工“减少”的企业要多于“增加”的（见表7.35）。

表7.35　　对明年企业用工人数的预计（%）

	增加	持平	减少	增加－减少
总体	31.0	50.7	18.3	12.7
农林牧渔业	40.0	42.2	17.8	22.2
采矿业	20.0	48.0	32.0	－12.0
制造业	31.1	50.6	18.3	12.8
电力、热力、燃气及水的生产和供应业	42.9	46.4	10.7	32.2
建筑业	32.4	43.8	23.8	8.6
交通运输、仓储和邮政业	23.8	64.3	11.9	11.9
信息传输、软件和信息技术服务业	50.8	39.0	10.2	40.6
批发和零售业	28.2	54.6	17.2	11.0
住宿和餐饮业	32.4	46.0	21.6	10.8
房地产业	17.2	51.5	31.3	－14.1
租赁和商务服务业	33.3	54.2	12.5	20.8
食品、酒及饮料制造业	35.1	53.5	11.4	23.7
纺织业	23.1	54.8	22.1	1.0
纺织服装、服饰业	35.6	47.5	16.9	18.7
造纸及纸制品业	21.9	50.0	28.1	－6.2
化学原料及化学制品制造业	33.1	53.1	13.8	19.3
医药制造业	58.5	36.6	4.9	53.6
化学纤维制造业	18.8	62.4	18.8	0.0
橡胶及塑料制品业	37.3	47.0	15.7	21.6
非金属矿物制品业	20.8	58.4	20.8	0.0
黑色金属冶炼及压延加工业	29.4	50.0	20.6	8.8
有色金属冶炼及压延加工业	25.0	40.6	34.4	－9.4
金属制品业	29.5	50.9	19.6	9.9
通用设备制造业	25.7	50.9	23.4	2.3
专用设备制造业	33.3	46.6	20.1	13.2
汽车制造业	40.3	44.8	14.9	25.4
铁路、船舶、航空航天及其他运输设备制造业	47.4	36.8	15.8	31.6
电气机械及器材制造业	29.8	55.3	14.9	14.9
计算机、通信及其他电子设备制造业	37.0	52.1	10.9	26.1
仪器仪表制造业	34.3	60.0	5.7	28.6

调查表明，用工计划的变化一定程度上体现了结构调整与产业结构升级的方向，服务业尤其是现代服务业、高端装备制造业用工趋于增长，而传统制造业在不断升级设备的同时，用工需求趋于减弱。

保障充分就业是经济发展的重要目标，而目前我国的就业存在明显的结构问题。本次调查了解了企业2015年招收农民工和大学毕业生的情况。调查发现，2015年企业对大学生的需求要明显高于农民工。调查结果显示，2015年计划招收农民工数量“增加”的企业占23.2%，“持平”的占51%，“减少”的占25.8%，“增加”的比“减少”的少2.6个百分点，这一数据比2013年低了9.7个百分点。其中，中部地区企业、大型企业、国有及国有控股公司2015年计划招收农民工数量减少相对较多（见表7.36）。

从不同行业看，计划招收农民工数量增长较多的行业有：食品、纺织、服装、化工、医药、橡胶塑料、汽车、电子设备和铁路船舶航空航天及其他运输设备制造业等，农民工招工计划“增加”的比“减少”的多10个百分点以上，而采矿业、交通运输仓储和邮政业则相对较差，农民工招工计划“增加”的比“减少”的少30个百分点左右（见表7.36）。

表7.36　　企业2015年计划招收农业工数量的增减情况（%）

	增加	持平	减少	增加－减少			
				2014年	2013年	2012年	2011年
总体	23.2	51.0	25.8	-2.6	7.1	3.5	22.3
东部地区企业	23.9	50.4	25.7	-1.8	7.7	1.4	20.0
中部地区企业	21.9	50.9	27.2	-5.3	8.2	7.9	28.6
西部地区企业	21.1	54.7	24.2	-3.1	2.3	7.8	24.8
大型企业	20.4	48.8	30.8	-10.4	2.5	4.3	32.8
中型企业	22.3	51.7	26.0	-3.7	9.0	8.9	25.3
小型企业	24.1	51.1	24.8	-0.7	7.1	0.1	19.0
国有及国有控股公司	15.5	52.1	32.4	-16.9	-3.6	-7.6	11.0
外商及港澳台投资企业	31.8	47.3	20.9	10.9	14.3	3.1	23.2
民营企业	23.7	50.3	26.0	-2.3	8.9	4.9	24.5
农林牧渔业	23.8	50.0	26.2	-2.4	29.8	14.3	43.0
采矿业	8.7	52.2	39.1	-30.4	3.7	16.6	33.4

续表

	增加	持平	减少	增加－减少			
				2014 年	2013 年	2012 年	2011 年
制造业	25.8	50.7	23.5	2.3	8.1	3.9	23.4
电力、热力、燃气及水的生产和供应业		77.8	22.2	-22.2	-4.6	0.0	12.2
建筑业	25.0	46.0	29.0	-4.0	22.0	7.3	30.7
交通运输、仓储和邮政业	11.8	47.0	41.2	-29.4	-9.6	0.0	-5.2
信息传输、软件和信息技术服务业	8.3	66.7	25.0	-16.7	-12.2	-11.5	10.0
批发和零售业	15.5	51.2	33.3	-17.8	-4.4	4.0	11.1
住宿和餐饮业	23.7	47.4	28.9	-5.2	14.6	16.7	40.0
房地产业	14.8	44.5	40.7	-25.9	18.0	14.4	26.5
租赁和商务服务业	13.3	53.4	33.3	-20.0	-5.1	-29.2	5.0
食品、酒及饮料制造业	32.1	51.4	16.5	15.6	15.4	28.9	39.1
纺织业	29.8	54.2	16.0	13.8	3.9	18.5	25.1
纺织服装、服饰业	35.7	51.8	12.5	23.2	17.4	-2.7	20.9
造纸及纸制品业	12.5	53.1	34.4	-21.9	9.7	24.4	37.5
化学原料及化学制品制造业	25.2	49.6	25.2	0.0	-3.0	2.5	28.2
医药制造业	42.5	35.0	22.5	20.0	8.2	17.0	14.9
化学纤维制造业	17.6	70.6	11.8	5.8	0.0	-9.1	24.1
橡胶及塑料制品业	33.3	50.0	16.7	16.6	19.8	8.5	34.7
非金属矿物制品业	20.2	59.6	20.2	0.0	3.8	9.6	27.5
黑色金属冶炼及压延加工业	16.7	53.3	30.0	-13.3	2.7	-19.1	16.6
有色金属冶炼及压延加工业	12.0	52.0	36.0	-24.0	-2.2	-4.8	37.5
金属制品业	31.6	46.0	22.4	9.2	3.2	-5.3	14.1
通用设备制造业	15.3	50.7	34.0	-18.7	1.0	-3.4	24.3
专用设备制造业	22.2	45.6	32.2	-10.0	0.5	-8.9	13.7
汽车制造业	31.7	47.7	20.6	11.1	19.0	-2.1	—
铁路、船舶、航空航天及其他运输设备制造业	38.9	44.4	16.7	22.2	13.0	-17.9	—
电气机械及器材制造业	23.3	56.3	20.4	2.9	13.6	9.2	22.6
计算机、通信及其他电子设备制造业	28.9	55.5	15.6	13.3	26.9	11.0	20.0
仪器仪表制造业	17.2	55.2	27.6	-10.4	-3.1	-18.0	-21.6

调查结果显示，2015 年计划招收大学毕业生数量“增加”的企业占 43.4%，“持平”的占 41.5%，“减少”的占 15.1%，“增加”的比“减少”的多 28.3 个百分点，这一数据明显高于农民工的招工计划。其中，东部和中部地区企业、大中型企业、国有及国有控股公司以及农林牧渔业、电力热力燃气及水的生产和供应业、信息传输软件和信息技术服务业、租赁和商务服务业、医药、电子设备、仪器仪表等行业企业 2015 年计划招收大学毕业生的数量增长相对较多（见表 7.37、表 7.38）。

表 7.37　企业 2015 年计划招收大学毕业生数量的增减情况（%）

	增加	持平	减少	增加－减少			
				2014 年	2013 年	2012 年	2011 年
总体	43.4	41.5	15.1	28.3	31.5	30.7	41.6
东部地区企业	43.5	41.7	14.8	28.7	32.0	29.0	39.1
中部地区企业	44.6	39.7	15.7	28.9	32.3	36.6	50.2
西部地区企业	40.7	43.4	15.9	24.8	27.9	30.9	41.3
大型企业	46.6	39.4	14.0	32.6	40.7	45.0	60.5
中型企业	45.4	42.8	11.8	33.6	38.5	39.0	47.2
小型企业	41.7	41.3	17.0	24.7	25.9	22.9	35.0
国有及国有控股公司	46.0	40.7	13.3	32.7	30.5	30.1	44.0
外商及港澳台投资企业	39.1	50.0	10.9	28.2	27.6	19.2	24.9
民营企业	43.4	40.9	15.7	27.7	31.6	30.7	42.3

表 7.38　不同行业企业 2015 年计划招收大学毕业生数量的增减情况（%）

	增加	持平	减少	增加－减少			
				2014 年	2013 年	2012 年	2011 年
总体	43.4	41.5	15.1	28.3	31.5	30.7	41.6
农林牧渔业	61.9	26.2	11.9	50.0	41.4	28.9	38.9
采矿业	23.8	38.1	38.1	-14.3	4.0	40.1	45.0
制造业	43.4	41.1	15.5	27.9	29.6	30.3	41.6
电力、热力、燃气及水的生产和供应业	48.2	48.1	3.7	44.5	40.8	30.8	53.3
建筑业	37.3	46.0	16.7	20.6	29.6	34.5	42.6
交通运输、仓储和邮政业	48.8	39.0	12.2	36.6	30.4	24.5	42.2

续表

	增加	持平	减少	增加－减少			
				2014 年	2013 年	2012 年	2011 年
信息传输、软件和信息技术服务业	53.5	41.1	5.4	48.1	46.8	39.1	56.2
批发和零售业	41.3	43.4	15.3	26.0	36.5	30.5	42.2
住宿和餐饮业	47.4	36.8	15.8	31.6	34.0	29.8	18.2
房地产业	36.7	38.3	25.0	11.7	38.9	30.4	37.0
租赁和商务服务业	47.6	52.4		47.6	30.2	21.5	49.1
食品、酒及饮料制造业	45.4	42.6	12.0	33.4	28.7	52.1	53.8
纺织业	36.5	47.0	16.5	20.0	2.7	21.3	19.3
纺织服装、服饰业	42.0	42.0	16.0	26.0	5.7	－1.0	19.3
造纸及纸制品业	46.7	30.0	23.3	23.4	41.5	46.4	35.5
化学原料及化学制品制造业	44.4	41.9	13.7	30.7	36.7	30.1	53.6
医药制造业	73.8	21.4	4.8	69.0	38.5	59.6	64.2
化学纤维制造业	23.5	70.6	5.9	17.6	23.9	14.3	53.5
橡胶及塑料制品业	42.9	41.8	15.3	27.6	36.7	33.6	36.7
非金属矿物制品业	34.0	52.2	13.8	20.2	26.7	36.3	44.9
黑色金属冶炼及压延加工业	45.4	39.4	15.2	30.2	15.7	0.0	41.7
有色金属冶炼及压延加工业	44.0	32.0	24.0	20.0	16.7	43.2	43.4
金属制品业	47.0	36.0	17.0	30.0	38.4	20.7	32.0
通用设备制造业	40.7	38.9	20.4	20.3	30.0	32.9	49.9
专用设备制造业	40.1	41.8	18.1	22.0	33.5	34.2	51.8
汽车制造业	52.4	31.7	15.9	36.5	45.9	22.1	—
铁路、船舶、航空航天及其他运输设备制造业	36.8	47.4	15.8	21.0	44.5	21.2	—
电气机械及器材制造业	49.0	36.8	14.2	34.8	35.3	35.7	49.5
计算机、通信及其他电子设备制造业	59.6	31.9	8.5	51.1	41.1	42.9	39.9
仪器仪表制造业	50.0	46.9	3.1	46.9	23.1	36.1	60.9

调查表明，总体来看，近年来企业对大学生的需求持续增长，这一方面反映了产业结构调整的成效，另一方面也有助于缓解大学生就业压力。

调查发现，目前企业大学生和农民工的用工成本差距较小，这在一定程度上也有利于企业增加大学生的招工计划。本次调查了解了企业新招大学生与新招农民工的工资差别。调查结果显示，企业新招大学生的工资比农民工平均高25.6%，比2013年的调查结果低了0.7个百分点，其中选择“比农民工高20%”的企业经营者占51.3%，选择“比农民工高40%”的占25%，选择“比农民工高40%以上”的占14.1%。分组来看，中部地区企业、大型企业、国有及国有控股公司新招大学生的工资比农民工工资高的比重相对较多（见表7.39）。

表7.39 企业新招大学生与新招农民工的工资比较（%）

		低于（相当于）农民工	比农民工高20%	比农民工高40%	比农民工高40%以上	比农民工工资平均高
总体	2014年	9.6	51.3	25.0	14.1	25.6
	2013年	8.0	48.6	26.8	16.6	26.3
东部地区企业		9.7	52.5	24.0	13.8	24.4
中部地区企业		8.8	51.4	26.7	13.1	28.5
西部地区企业		10.2	45.3	27.3	17.2	27.3
大型企业		10.0	43.1	26.4	20.5	29.4
中型企业		8.5	52.2	24.9	14.4	27.1
小型企业		9.9	52.5	24.8	12.8	24.0
国有及国有控股公司		8.8	45.5	21.7	24.0	33.4
外商及港澳台投资企业		10.7	42.7	31.1	15.5	25.2
民营企业		9.6	52.4	25.3	12.7	24.5

关于企业2015年计划投资额的增减情况，调查结果显示，2015年计划投资额“增长”的企业占36.7%，“不变”的占40.8%，“减少”的占22.5%，“增长”的比“减少”的多14.2个百分点，比2013年下降了10.8个百分点。其中，中部地区企业、小型企业和外资企业2015年计划投资额增长相对较多（见表7.40）。

从不同行业看，2015年计划投资额增长较多的行业有：电力热力燃气及水的生产和供应业、信息传输软件和信息技术服务业、租赁和商务服务业以及制造业中的医药、汽车、仪器仪表、铁路船舶航空航天及其他运输设备制造业等，其计划投资额“增长”的比“减少”的多30个百分点以上，其中信息传输软件和信息技术服务业以及制造业中的汽车等行业更为突出，计划投资额“增长”的比“减少”的多40个百分点左右；而采矿业、纺织、化纤、钢铁、有色金属等行业则相对较差，计划投资额“增长”的企业要少于“减少”的，其中采矿业更为突出，计划投资额“减少”的比“增长”的多53.9个百分点（见表7.41）。

表7.40　　不同类型企业对2015年计划投资额增减的预计（%）

	增加	不变	减少	增加－减少			
				2014年	2013年	2012年	2011年
总体	36.7	40.8	22.5	14.2	25.0	20.9	29.6
东部地区企业	35.5	42.1	22.4	13.1	24.6	18.2	25.9
中部地区企业	40.8	38.4	20.8	20.0	28.0	25.2	39.9
西部地区企业	36.5	38.2	25.3	11.2	22.2	27.2	33.6
大型企业	35.2	38.7	26.1	9.1	26.1	26.1	45.3
中型企业	35.8	41.3	22.9	12.9	31.0	24.8	33.4
小型企业	37.3	41.1	21.6	15.7	21.5	17.5	24.8
国有及国有控股公司	37.9	41.0	21.1	16.8	28.0	27.4	38.9
外商及港澳台投资企业	31.4	55.0	13.6	17.8	21.0	10.4	15.1
民营企业	36.8	39.4	23.8	13.0	23.3	19.7	27.4

表7.41　　不同行业企业对2015年计划投资额增减的预计（%）

	增加	不变	减少	增加－减少			
				2014年	2013年	2012年	2011年
总体	36.7	40.8	22.5	14.2	25.0	20.9	29.6
农林牧渔业	44.4	35.6	20.0	24.4	50.0	39.7	47.3
采矿业	19.2	7.7	73.1	－53.9	－17.9	15.0	52.5
制造业	36.7	40.9	22.4	14.3	21.1	17.3	25.5
电力、热力、燃气及水的生产和供应业	51.8	31.0	17.2	34.6	38.8	47.9	54.3
建筑业	32.0	44.7	23.3	8.7	31.2	24.0	33.0
交通运输、仓储和邮政业	35.7	47.6	16.7	19.0	25.9	25.4	50.0
信息传输、软件和信息技术服务业	56.7	33.3	10.0	46.7	53.1	36.2	69.0
批发和零售业	28.3	48.2	23.5	4.8	27.2	24.6	36.6
住宿和餐饮业	32.5	37.5	30.0	2.5	16.5	24.4	37.0
房地产业	44.5	23.8	31.7	12.8	44.6	37.2	41.8
租赁和商务服务业	31.8	68.2		31.8	29.3	21.5	26.9

续表

	增加	不变	减少	增加-减少			
				2014年	2013年	2012年	2011年
食品、酒及饮料制造业	42.7	40.2	17.1	25.6	20.1	42.2	42.7
纺织业	22.5	44.2	33.3	-10.8	0.6	16.0	2.6
纺织服装、服饰业	31.6	52.6	15.8	15.8	4.3	-8.7	-6.3
造纸及纸制品业	30.3	42.4	27.3	3.0	28.3	23.8	19.6
化学原料及化学制品制造业	41.8	38.0	20.2	21.6	25.4	19.8	41.2
医药制造业	51.1	32.6	16.3	34.8	35.8	52.3	63.4
化学纤维制造业	5.9	70.6	23.5	-17.6	9.1	3.8	31.1
橡胶及塑料制品业	38.1	37.1	24.8	13.3	24.0	21.1	21.6
非金属矿物制品业	29.8	47.1	23.1	6.7	14.7	23.3	39.7
黑色金属冶炼及压延加工业	18.2	48.5	33.3	-15.1	7.5	-10.9	14.2
有色金属冶炼及压延加工业	28.1	31.3	40.6	-12.5	-7.9	-11.3	20.3
金属制品业	34.2	42.4	23.4	10.8	21.1	4.9	20.8
通用设备制造业	32.7	40.5	26.8	5.9	15.5	19.3	28.1
专用设备制造业	44.2	35.1	20.7	23.5	27.6	24.3	33.5
汽车制造业	50.0	39.7	10.3	39.7	44.1	5.6	—
铁路、船舶、航空航天及其他运输设备制造业	50.0	33.3	16.7	33.3	42.9	-12.1	—
电气机械及器材制造业	43.4	32.7	23.9	19.5	23.0	25.2	31.8
计算机、通信及其他电子设备制造业	42.8	38.8	18.4	24.4	43.5	16.0	28.7
仪器仪表制造业	34.3	62.8	2.9	31.4	34.9	30.2	41.3

值得注意的是，与2013年相比，计划投资额下滑较多的行业有：采矿业、房地产业等，下滑超过30个百分点（见表7.41）。

7.2.4 房地产价格温和下跌

房地产投资增速的放缓与房价的下跌密切相关。本次调查了解了企业经营者对当前房地产价格总体水平的判断。调查结果显示，认为目前企业所在地区房价“较高”或“过高”的企业经营者占68.1%，认为“正常”的占27.9%，认为“较低”或“过低”的占4%。从不同城市看，一线城市认为房价“过高”的比重为39.5%，比2013年下降了14.1个百分点，下降幅度明显高于二线城市和其他城市（见表7.42）。

表 7.42　　对企业所在地区房价总体水平的判断（%）

		过高	较高	正常	较低	过低
总体	2014 年	18.7	49.4	27.9	3.7	0.3
	2013 年	25.4	48.9	23.7	1.9	0.1
	2012 年	20.7	51.3	25.8	2.2	0.0
	2011 年	31.3	49.0	18.9	0.8	0.0
	2010 年	27.8	47.5	22.1	2.4	0.2
一线城市	2014 年	39.5	46.1	13.5	0.9	
	2013 年	53.6	36.6	9.6	0.2	
	2012 年	39.6	40.7	19.3	0.4	
二线城市	2014 年	14.8	48.3	32.5	4.0	0.4
	2013 年	21.0	51.0	26.2	1.8	
	2012 年	17.7	53.4	26.9	2.0	
其他城市（地区）	2014 年	15.5	50.3	29.5	4.3	0.4
	2013 年	20.6	50.9	26.0	2.3	0.2
	2012 年	18.2	52.6	26.6	2.5	0.0

注：①一线城市包括：北京、上海、广州、深圳、杭州。

②二线城市包括：省会城市（除广州、杭州外）及天津、重庆、大连、苏州、宁波、青岛。以下同。

关于对 2014 年房价走势的预计，调查结果显示，预计下降的企业经营者占 42.5%，比 2013 年上升了 37.5 个百分点，为近 5 年来的最高值，其中预计“下降 10% 以内”的占 33.6%，“下降 10% 以上”的占 8.9%；预计“持平”的占 39%；预计上涨的占 18.5%，比 2013 年下降了 53.1 个百分点，为近五年来的最低值，其中预计“上涨 10% 以上”的占 3.3%，“上涨 10% 以内”的占 15.2%；从不同城市看，一线城市预计上涨的占 26.6%，要高于二线城市和其他城市。调查表明，在当前房地产投资增速放缓的背景下，超过三分之二的企业经营者认为目前的房价“较高”或“过高”，因此多数企业经营者预计未来房价将“下降”或“持平”，同时房价下降幅度相对较为温和（见表 7.43）。

表 7.43　　相比 2013 年底，对 2014 年底本地区房地产价格的预计（%）

		上涨 10% 以上	上涨 10% 以内	持平	下降 10% 以内	下降 10% 以上
总体	2014 年	3.3	15.2	39.0	33.6	8.9
	2013 年	18.8	52.8	23.4	4.2	0.8
	2012 年	9.7	35.4	38.1	13.8	3.0
	2011 年	15.5	36.7	29.7	13.8	4.3
	2010 年	24.2	43.2	23.2	7.2	2.2
一线城市		5.9	20.7	37.6	28.4	7.4
二线城市		2.7	17.9	36.9	34.2	8.3
其他城市（地区）		2.9	13.1	40.0	34.5	9.5

7.3　当前企业面临的困难和结构调整

7.3.1　部分行业产能过剩问题更加突出

关于当前企业经营发展中遇到的最主要困难，调查结果显示，企业经营者选择比重最高的八项依次是：“人工成本上升”（76%）、“社保、税费负担过重”（54.5%）、“整个行业产能过剩”（41.4%）、“企业利润率太低”（40.8%）、“资金紧张”（35.6%）、“缺乏人才”（30.4%）、“国内需求不足”（23.7%）和“企业招工困难”（20.1%）。其中，选择“整个行业产能过剩”的比重为近 5 年来的最高值。调查发现，近年来成本上升（包括“人工成本上升”和“社保、税费负担过重”）一直是企业发展面临的最主要困难，并且选择比重呈现上升趋势，这在一定程度上是由于“整个行业产能过剩”带来了企业竞争加剧、价格下跌并进而导致“企业利润率太低”。因此，综合来看，产能过剩问题是近年来影响我国企业发展的重要因素，并且 2014 年以来有所加重（见表 7.44）。

本次调查了解了目前不同行业企业产能过剩的具体情况。调查结果显示，认为本行业产能过剩“非常严重”的企业经营者占 15.5%，“比较严重”的占 58.5%，两者合计比重比 2013 年上升了 2.9 个百分点，为近三年来的最高值；认为“基本不存在”的占 26%（见表 7.45）。

表 7.44　　当前企业经营发展中遇到的最主要困难（%）

	2014 年	2013 年	2012 年	2011 年	2010 年
人工成本上升	76.0	79.2	75.3	79.0	72.5
社保、税费负担过重	54.5	51.3	51.8	43.3	47.3
整个行业产能过剩	41.4	36.9	30.9	22.9	26.9
企业利润率太低	40.8	41.1	44.8	39.1	—
资金紧张	35.6	36.6	35.0	38.8	42.1
缺乏人才	30.4	28.4	29.7	32.8	47.8
国内需求不足	23.7	28.9	25.5	7.7	10.6
企业招工困难	20.1	19.4	22.3	28.9	—
能源、原材料成本上升	19.9	25.3	31.3	57.7	56.0
未来影响企业发展的不确定因素太多	18.5	27.6	27.4	19.9	—
缺乏创新能力	13.8	11.4	13.8	11.2	24.6
资源、环境约束较大	9.4	9.8	8.4	8.2	18.1
人民币升值过快	8.9	13.4	7.9	18.7	—
地方政府干预较多	8.8	11.0	6.4	6.1	6.8
企业领导人发展动力不足	8.3	7.0	7.8	7.1	9.2
遭受侵权等不正当竞争	8.3	7.4	6.0	7.6	11.5
出口需求不足	8.0	9.5	11.6	5.2	7.7
缺乏投资机会	3.3	3.6	3.2	2.9	4.9
电力供应不足	0.6	1.4	1.1	9.3	—

从不同行业看，采矿业以及制造业中的纺织、造纸、化纤、非金属制品、钢铁、通用设备、铁路船舶航空航天及其他运输设备制造业等行业产能过剩问题突出，产能过剩“比较严重”或“非常严重”的企业超过八成；而电力热力燃气及水的生产和供应业、信息传输软件和信息技术服务业、租赁和商务服务业以及制造业中的电子设备、仪器仪表等行业则相对较好，超过四成的企业经营者认为“基本不存在”产能过剩（见表 7.45）。

调查表明，与企业经营状况的调查结果相似，产能过剩也存在明显的行业差异。在部分行业产能过剩问题突出的同时，也有一些行业特别是高端制造业和生产性服务业存在良好的发展空间，这为推进产业结构升级和经济转型创造了良好的条件。

表 7.45　　对本企业所在行业产能过剩情况的判断（%）

		非常严重	比较严重	基本不存在
总体	2014 年	15.5	58.5	26.0
	2013 年	12.8	58.3	28.9
	2012 年	12.8	54.3	32.9
农林牧渔业		10.9	54.3	34.8
采矿业		42.3	42.3	15.4
制造业		16.7	61.5	21.8
电力、热力、燃气及水的生产和供应业			34.4	65.6
建筑业		20.7	54.1	25.2
交通运输、仓储和邮政业		14.6	58.3	27.1
信息传输、软件和信息技术服务业		1.6	32.8	65.6
批发和零售业		13.7	60.0	26.3
住宿和餐饮业		11.9	57.1	31.0
房地产业		11.8	64.7	23.5
租赁和商务服务业			38.1	61.9
食品、酒及饮料制造业		20.0	55.0	25.0
纺织业		20.4	72.5	7.1
纺织服装、服饰业		19.3	56.1	24.6
造纸及纸制品业		31.3	53.1	15.6
化学原料及化学制品制造业		12.7	66.4	20.9
医药制造业		13.3	64.5	22.2
化学纤维制造业		17.6	64.8	17.6
橡胶及塑料制品业		14.2	57.5	28.3
非金属矿物制品业		21.4	65.0	13.6
黑色金属冶炼及压延加工业		24.2	66.7	9.1
有色金属冶炼及压延加工业		25.0	50.0	25.0
金属制品业		7.8	70.5	21.7
通用设备制造业		19.2	63.4	17.4
专用设备制造业		18.1	61.2	20.7
汽车制造业		16.7	55.5	27.8
铁路、船舶、航空航天及其他运输设备制造业		15.8	68.4	15.8
电气机械及器材制造业		19.8	55.2	25.0
计算机、通信及其他电子设备制造业		2.1	55.3	42.6
仪器仪表制造业		2.9	45.7	51.4

设备利用率也能反映产能过剩的严重程度。调查结果显示，认为2014年设备利用率在“75%及以下”的企业经营者占50.9%，“75%～90%”的占32.8%，“90%以上”的占16.3%，企业总体平均设备利用率为72.2%，其中制造业企业的总体平均设备利用率为71%，与2013年的调查结果基本持平。从不同行业看，食品、造纸、橡胶塑料、非金属制品、钢铁、有色金属等行业平均设备利用率低于70%，相对较低（见表7.46）。

表7.46　　不同行业企业2014年的设备利用率情况（%）

		75%及以下	75%～90%	90%以上	平均设备利用率
总体	2014年	50.9	32.8	16.3	72.2
	2013年	51.2	32.9	15.9	72.0
	2012年	49.2	34.1	16.7	72.7
制造业总体	2014年	53.9	32.4	13.7	71.0
	2013年	54.8	32.7	12.5	70.8
	2012年	52.0	33.8	14.2	71.8
食品、酒及饮料制造业		64.4	24.6	11.0	67.9
纺织业		47.8	33.6	18.6	73.8
纺织服装、服饰业		60.0	25.0	15.0	70.8
造纸及纸制品业		71.4	20.0	8.6	60.7
化学原料及化学制品制造业		50.7	32.6	16.7	70.6
医药制造业		41.8	41.9	16.3	75.7
化学纤维制造业		47.1	23.5	29.4	76.5
橡胶及塑料制品业		57.6	33.7	8.7	68.9
非金属矿物制品业		58.8	32.4	8.8	66.8
黑色金属冶炼及压延加工业		53.0	38.2	8.8	66.1
有色金属冶炼及压延加工业		51.8	37.9	10.3	69.4
金属制品业		53.8	34.2	12.0	73.1
通用设备制造业		57.1	32.9	10.0	70.1
专用设备制造业		53.1	31.8	15.1	71.6
汽车制造业		51.4	34.7	13.9	73.1
铁路、船舶、航空航天及其他运输设备制造业		47.3	31.6	21.1	74.5
电气机械及器材制造业		46.0	38.3	15.7	73.9
计算机、通信及其他电子设备制造业		40.8	40.8	18.4	76.2
仪器仪表制造业		38.3	38.2	23.5	80.4

从对2015年企业设备利用率的预计来看，调查结果显示，预计2015年设备利用率在“75%及以下”的企业经营者占43.8%，“75%～90%”的占36.9%，“90%以上”的占19.3%，企业总体平均设备利用率为75.3%，其中制造业企业2015年的平均设备利用率预计为74.5%，比2013年的调查结果上升了0.4个百分点。从不同行业看，造纸和非金属制品等行业预计2015年平均设备利用率在70%左右，相对较低（见表7.47）。

表7.47　　不同制造业企业对2015年设备利用率的预计（%）

		75%及以下	75%～90%	90%以上	平均设备利用率
总体	2014年	43.8	36.9	19.3	75.3
	2013年	44.3	35.9	19.8	75.2
	2012年	43.5	44.6	11.9	75.7
制造业总体	2014年	45.7	38.2	16.1	74.5
	2013年	47.0	36.5	16.5	74.1
	2012年	45.5	44.9	9.6	75.0
食品、酒及饮料制造业		55.6	29.9	14.5	72.9
纺织业		41.5	35.1	23.4	76.9
纺织服装、服饰业		45.0	43.3	11.7	72.3
造纸及纸制品业		65.7	25.7	8.6	65.5
化学原料及化学制品制造业		40.1	39.4	20.5	76.0
医药制造业		30.2	53.5	16.3	79.4
化学纤维制造业		29.4	53.0	17.6	78.8
橡胶及塑料制品业		50.5	38.8	10.7	72.9
非金属矿物制品业		54.5	38.6	6.9	70.5
黑色金属冶炼及压延加工业		47.0	41.2	11.8	72.5
有色金属冶炼及压延加工业		32.1	53.6	14.3	77.1
金属制品业		46.5	39.7	13.8	74.5
通用设备制造业		48.3	38.8	12.9	72.9
专用设备制造业		44.5	37.0	18.5	75.1
汽车制造业		44.5	36.1	19.4	76.1
铁路、船舶、航空航天及其他运输设备制造业		42.1	42.1	15.8	74.7
电气机械及器材制造业		42.1	38.6	19.3	76.9
计算机、通信及其他电子设备制造业		28.6	49.0	22.4	81.0
仪器仪表制造业		35.3	41.2	23.5	83.3

受到产能过剩的影响，企业面临的市场竞争压力也明显加大。调查结果显示，与上年同期相比，认为2014年以来市场竞争压力“明显增加”的企业经营者占33.4%，“有所增加”的占48.2%，“基本未变”的占16.4%，“明显减少”或“有所减少”的占2%。以5分制计算，企业在“市场竞争压力”方面的总体得分为4.13，明显高于中值3，这表明2014年以来企业面临的市场竞争压力比上年明显增加。从不同行业看，建筑业、交通运输仓储和邮政业、房地产业以及制造业中的纺织、有色金属、专用设备、电子设备等行业企业的竞争压力增加较多，评价值在4.21～4.39之间（见表7.48）。

表7.48　与上年同期相比，2014年以来企业在“市场竞争压力”方面的变化情况（%）

	明显减少	有所减少	基本未变	有所增加	明显增加	评价值
总体	0.5	1.5	16.4	48.2	33.4	4.13
农林牧渔业		2.2	24.4	49.0	24.4	3.96
采矿业			11.5	57.7	30.8	4.19
制造业	0.5	1.6	16.0	48.1	33.8	4.13
电力、热力、燃气及水的生产和供应业		3.4	48.4	44.8	3.4	3.48
建筑业		1.8	9.2	46.8	42.2	4.29
交通运输、仓储和邮政业			6.8	47.7	45.5	4.39
信息传输、软件和信息技术服务业	1.8	1.8	16.1	53.5	26.8	4.02
批发和零售业		1.2	14.8	48.5	35.5	4.18
住宿和餐饮业			16.7	47.6	35.7	4.19
房地产业	1.5		13.6	42.5	42.4	4.24
租赁和商务服务业			16.7	62.5	20.8	4.04
食品、酒及饮料制造业	0.8	4.2	9.2	55.5	30.3	4.10
纺织业			13.5	51.9	34.6	4.21
纺织服装、服饰业		3.3	20.0	45.0	31.7	4.05
造纸及纸制品业		6.1	12.1	42.4	39.4	4.15
化学原料及化学制品制造业	0.8		20.6	38.9	39.7	4.17
医药制造业			22.0	46.3	31.7	4.10
化学纤维制造业			18.8	49.9	31.3	4.13

续表

	明显减少	有所减少	基本未变	有所增加	明显增加	评价值
橡胶及塑料制品业		3.9	14.6	47.5	34.0	4.12
非金属矿物制品业		3.8	12.4	54.3	29.5	4.10
黑色金属冶炼及压延加工业	2.9		23.5	47.1	26.5	3.94
有色金属冶炼及压延加工业	3.2		12.9	35.5	48.4	4.26
金属制品业	0.9	0.9	15.7	52.9	29.6	4.09
通用设备制造业	1.7	1.7	14.5	49.5	32.6	4.10
专用设备制造业		1.1	13.9	44.9	40.1	4.24
汽车制造业		1.4	16.9	56.3	25.4	4.06
铁路、船舶、航空航天及其他运输设备制造业			15.8	52.6	31.6	4.16
电气机械及器材制造业			17.9	48.8	33.3	4.15
计算机、通信及其他电子设备制造业		2.0	14.3	32.7	51.0	4.33
仪器仪表制造业			34.3	48.6	17.1	3.83

注：评价值是由（“明显减少” +“有所减少” ×2 +“基本未变” ×3 +“有所增加” ×4 +“明显增加” ×5）/100 计算得出的，分值范围为 1 ~5，中值为 3，表示企业的市场竞争压力与上年相比没有变化。评价值高于 3 时，分值越高，表示企业的市场竞争压力比上年增加越多；评价值低于 3 时，分值越低，表示企业的市场竞争压力比上年减少越多。

7.3.2 经济增长的内生动力不足

经济增长的内生动力不足主要表现为市场需求不足。关于“对当前国民经济需求状况判断”的调查发现，虽然当前的政府投资需求基本合适，但是民间投资需求和消费需求仍显不足，并且与前两年相比，政府投资需求和民间投资需求均有所下降。其中，民间投资需求不足还体现为民营企业未来的计划投资额增长速度仍然较低。调查结果显示，民营企业 2015 年计划投资额“增长”的比“减少”的仅多 13 个百分点，为近四年来的最低值，也明显低于国有及国有控股公司和外资企业（见表 7.40）。

消费需求不足也能从相关行业的产销情况上得到印证。以批发和零售业为例，调查显示，关于企业目前的生产（服务）量和销售量情况，批发和零售业企业认为“减少”的比“增加”的分别多 21 和 22.6 个百分点，要明显差于所有行业的平均水平（见表 7.49）。

表 7.49　相对于上年，企业目前的生产（服务）量和销售量情况（%）

		增加	持平	减少	增加 - 减少
生产（服务）量	总体	22.8	42.5	34.7	-11.9
	批发和零售业	15.7	47.6	36.7	-21.0
销售量	总体	25.0	33.0	42.0	-17.0
	批发和零售业	22.5	32.4	45.1	-22.6

7.3.3　企业成本持续上升，经营负担加重

近年来，成本上升一直是企业面临的主要困难之一。关于“当前企业经营发展中遇到的最主要困难”的调查显示，企业经营者选择比重最高的两项分别是“人工成本上升”（76%）和“社保、税费负担过重”（54.5%），其中“人工成本上升”近年来一直排在所有十九个选项的第一位，选择比重也超过七成，而近年来选择“社保、税费负担过重”的比重也呈现上升趋势（见表7.44）。

本次调查了解了企业各项成本的变化情况。调查结果显示，认为目前企业人工成本比上年年末“增加”的企业经营者占90%，其中“明显增加”的占28.9%，“有所增加”的占61.1%；“基本未变”的占8.2%；“减少”的占1.8%。认为“增加”的比“减少”的多88.2个百分点，这一数据与2013年的调查结果大体相当。其中，东部地区企业和中小企业人工成本上升幅度相对较大，选择“明显增加”的比重接近三成（见表7.50）。

表 7.50　与上年同期相比，2014 年以来企业在“人工成本”方面的变化情况（%）

		明显减少	有所减少	基本未变	有所增加	明显增加	增加 - 减少
总体	2014 年	0.4	1.4	8.2	61.1	28.9	88.2
	2013 年	1.1	8.7	90.2	89.1		
东部地区企业		0.4	1.4	8.1	60.3	29.8	88.3
中部地区企业		0.4	1.3	7.8	63.9	26.6	88.8
西部地区企业		0.3	1.7	8.9	61.8	27.3	87.1
大型企业			2.6	6.4	66.2	24.8	88.4
中型企业		0.3	1.3	8.9	60.2	29.3	87.9
小型企业		0.5	1.2	8.2	60.6	29.5	88.4

注：“增加”包括“有所增加”和“明显增加”；“减少”包括“明显减少”和“有所减少”。

关于企业的物料采购价格，调查结果显示，认为目前物料采购价格比上年年末“上升”的企业经营者占31.2%，“持平”的占44.7%，“下降”的占24.1%；认为“上升”的比“下降”的多7.1个百分点，这一数据比2013年的调查结果下降了6.3个百分点。其中，东部地区企业、大型企业物料采购价格上升相对较少（见表7.51）。

表7.51　　相对于上年，企业目前的物料采购价格情况（%）

	上升	持平	下降	上升－下降			
				2014年	2013年	2012年	2011年
总体	31.2	44.7	24.1	7.1	13.4	9.2	81.6
东部地区企业	30.1	46.0	23.9	6.2	11.6	3.7	81.0
中部地区企业	32.8	41.5	25.7	7.1	14.6	16.7	84.3
西部地区企业	35.0	42.3	22.7	12.3	20.3	25.3	80.4
大型企业	31.6	41.4	27.0	4.6	16.3	10.8	82.2
中型企业	31.9	43.5	24.6	7.3	12.6	7.2	83.8
小型企业	30.8	45.7	23.5	7.3	13.0	9.9	80.0

本次调查还了解了企业2014年的环保支出情况。调查结果显示，认为2014年企业环保支出比上年同期“明显增加”或“有所增加”的企业经营者占61%，“基本未变”的占37.9%，“明显减少”或“有所减少”的仅占1.1%。以5分制计算，企业在“环保支出”方面的总体得分为3.76，明显高于中值3，这表明2014年以来企业的环保支出增加较多。其中，东部地区企业、大型企业、外资企业和民营企业环保支出增加相对较多。从不同行业看，采矿业、电力热力燃气及水的生产和供应业以及制造业中的化工、医药、化纤、非金属制品、钢铁、有色金属和金属制品等行业企业环保支出增加相对较多，评价值在3.94～4.11之间（见表7.52、表7.53）。

在成本持续上升的同时，企业的经营负担也有所加重。本次调查了解了2014年以来企业的税收负担和非税费用的变化情况，调查结果显示，与上年相比，认为税收负担“基本未变”的企业经营者占60.1%，“有所增加”或“明显增加”的占29.9%，“有所减少”或“明显减少”的占10%。以5分制计算，企业在“税收负担”方面的总体得分为3.23，高于中值3，这表明

2014 年以来企业的税收负担有所增加。其中，中部地区企业、大型企业、民营企业 2014 年以来税收负担增加相对较多（见表 7.54）。

表 7.52　与上年同期相比，2014 年以来不同类型企业在“环保支出”方面的变化情况（%）

	明显减少	有所减少	基本未变	有所增加	明显增加	评价值
总体	0.4	0.7	37.9	44.7	16.3	3.76
东部地区企业	0.4	0.5	37.7	43.5	17.9	3.78
中部地区企业	0.4	0.6	39.8	46.3	12.9	3.71
西部地区企业		1.8	36.2	49.2	12.8	3.73
大型企业		0.8	25.7	50.9	22.6	3.95
中型企业	0.1	1.2	34.8	46.0	17.9	3.80
小型企业	0.6	0.4	41.7	43.0	14.3	3.70
国有及国有控股公司	0.8	0.8	39.6	48.0	10.8	3.67
外商及港澳台投资企业			37.8	45.4	16.8	3.79
民营企业	0.3	0.7	37.2	45.0	16.8	3.77

注：评价值是由（“明显减少”+“有所减少”×2+“基本未变”×3+“有所增加”×4+“明显增加”×5）/100 计算得出的，分值范围为 1～5，中值为 3，表示企业的环保支出与上年相比没有变化。评价值高于 3 时，分值越高，表示企业的环保支出比上年增加越多；评价值低于 3 时，分值越低，表示企业的环保支出比上年减少越多。以下同。

表 7.53　与上年同期相比，2014 年以来不同行业企业在“环保支出”方面的变化情况（%）

	明显减少	有所减少	基本未变	有所增加	明显增加	评价值
总体	0.4	0.7	37.9	44.7	16.3	3.76
农林牧渔业		4.3	30.4	43.6	21.7	3.83
采矿业			15.4	57.7	26.9	4.11
制造业	0.5	0.5	33.9	46.4	18.7	3.82
电力、热力、燃气及水的生产和供应业			23.3	56.7	20.0	3.97
建筑业			39.4	49.6	11.0	3.72
交通运输、仓储和邮政业			46.5	41.9	11.6	3.65
信息传输、软件和信息技术服务业		1.7	70.7	27.6		3.26
批发和零售业		1.2	52.2	39.8	6.8	3.52
住宿和餐饮业			46.2	48.7	5.1	3.59

续表

	明显减少	有所减少	基本未变	有所增加	明显增加	评价值
房地产业		1.5	45.5	40.9	12.1	3.64
租赁和商务服务业			75.0	25.0		3.25
食品、酒及饮料制造业		0.9	33.3	48.7	17.1	3.82
纺织业		0.9	38.7	42.5	17.9	3.77
纺织服装、服饰业			46.5	34.5	19.0	3.72
造纸及纸制品业		3.1	28.1	56.3	12.5	3.78
化学原料及化学制品制造业		0.8	15.3	55.7	28.2	4.11
医药制造业	2.2	2.2	24.4	33.3	37.9	4.02
化学纤维制造业			18.8	62.4	18.8	4.00
橡胶及塑料制品业			38.5	48.0	13.5	3.75
非金属矿物制品业			26.0	53.8	20.2	3.94
黑色金属冶炼及压延加工业			20.6	52.9	26.5	4.06
有色金属冶炼及压延加工业			22.6	48.4	29.0	4.06
金属制品业	0.9	0.9	22.6	42.6	33.0	4.06
通用设备制造业	0.6		43.5	42.4	13.5	3.68
专用设备制造业	1.1	1.1	38.0	44.8	15.0	3.71
汽车制造业			32.9	55.7	11.4	3.78
铁路、船舶、航空航天及其他运输设备制造业			26.3	57.9	15.8	3.89
电气机械及器材制造业			49.1	39.7	11.2	3.62
计算机、通信及其他电子设备制造业			36.7	49.0	14.3	3.78
仪器仪表制造业		2.8	41.7	49.9	5.6	3.58

表 7.54　与上年同期相比，2014 年以来不同类型企业在“税收负担”方面的变化情况（%）

	明显减少	有所减少	基本未变	有所增加	明显增加	评价值
总体	1.3	8.7	60.1	25.0	4.9	3.23
东部地区企业	1.2	8.0	62.3	24.0	4.5	3.23
中部地区企业	1.1	9.1	56.6	26.2	7.0	3.29
西部地区企业	2.4	12.2	52.8	28.8	3.8	3.19

续表

	明显减少	有所减少	基本未变	有所增加	明显增加	评价值
大型企业	1.1	5.3	59.6	30.6	3.4	3.30
中型企业	1.4	7.6	60.7	25.1	5.2	3.25
小型企业	1.3	9.9	59.9	23.8	5.1	3.21
国有及国有控股公司	2.6	9.2	61.5	22.7	4.0	3.16
外商及港澳台投资企业		5.0	69.0	23.5	2.5	3.23
民营企业	1.1	9.0	59.0	25.6	5.3	3.25

注：评价值是由（“明显减少”＋“有所减少”×2＋“基本未变”×3＋“有所增加”×4＋“明显增加”×5）/100计算得出的，分值范围为1～5，中值为3，表示企业的税收负担与上年相比没有变化。评价值高于3时，分值越高，表示企业的税收负担比上年增加越多；评价值低于3时，分值越低，表示企业的税收负担比上年减少越多。以下同。

从不同行业看，采矿业、建筑业、房地产业以及制造业中的纺织、医药、金属制品、汽车、铁路船舶航空航天及其他运输设备制造业等行业企业2014年以来税收负担增加相对较多，评价值在3.31～3.47之间（见表7.55）。

表7.55　与上年同期相比，2014年以来不同行业企业在“税收负担”方面的变化情况（%）

	明显减少	有所减少	基本未变	有所增加	明显增加	评价值
总体	1.3	8.7	60.1	25.0	4.9	3.23
农林牧渔业	8.9	28.9	42.2	15.6	4.4	2.78
采矿业		7.7	61.6	19.2	11.5	3.34
制造业	0.9	7.8	61.3	25.2	4.8	3.25
电力、热力、燃气及水的生产和供应业	3.3	6.7	60.0	26.7	3.3	3.20
建筑业	1.8	6.3	55.3	28.6	8.0	3.35
交通运输、仓储和邮政业	6.3	14.6	54.0	18.8	6.3	3.04
信息传输、软件和信息技术服务业	1.7	20.0	43.3	30.0	5.0	3.17
批发和零售业	0.6	8.7	61.8	26.0	2.9	3.22
住宿和餐饮业	2.4	9.5	66.7	19.0	2.4	3.09
房地产业		10.3	54.4	29.4	5.9	3.31
租赁和商务服务业		12.5	54.2	25.0	8.3	3.29
食品、酒及饮料制造业	1.7	9.4	56.4	27.4	5.1	3.25
纺织业		5.4	63.1	27.0	4.5	3.31

续表

	明显减少	有所减少	基本未变	有所增加	明显增加	评价值
纺织服装、服饰业		5.1	67.8	25.4	1.7	3.24
造纸及纸制品业	6.1	12.1	54.5	21.2	6.1	3.09
化学原料及化学制品制造业	0.8	10.5	56.4	27.8	4.5	3.25
医药制造业		9.1	52.3	29.5	9.1	3.39
化学纤维制造业			82.4	17.6		3.18
橡胶及塑料制品业		11.5	64.4	21.2	2.9	3.15
非金属矿物制品业	1.0	9.7	57.3	29.1	2.9	3.23
黑色金属冶炼及压延加工业	2.9	17.6	53.0	20.6	5.9	3.09
有色金属冶炼及压延加工业	3.1	3.1	62.5	25.0	6.3	3.28
金属制品业	0.9	5.2	57.4	28.7	7.8	3.37
通用设备制造业		7.6	67.1	21.2	4.1	3.22
专用设备制造业	2.6	7.9	62.1	21.1	6.3	3.21
汽车制造业		8.5	54.9	33.8	2.8	3.31
铁路、船舶、航空航天及其他运输设备制造业		5.3	42.1	52.6		3.47
电气机械及器材制造业		1.7	70.7	23.3	4.3	3.30
计算机、通信及其他电子设备制造业		8.3	66.7	14.6	10.4	3.27
仪器仪表制造业		2.8	75.0	22.2		3.19

关于企业非税费用的变化情况，调查结果显示，与上年相比，认为2014年以来非税费用“基本未变”的企业经营者占52.5%，“有所增加”或“明显增加”的占34.3%，“有所减少”或“明显减少”的占13.2%。以5分制计算，企业在“非税费用”方面的总体得分为3.25，高于中值3，这表明2014年以来企业的非税费用有所增加。其中，东部地区企业、小型企业、外资企业2014年以来非税费用增加相对较多（见表7.56）。

从不同行业看，采矿业、信息传输软件和信息技术服务业以及制造业中的食品、金属制品、电气机械、电子设备、铁路船舶航空航天及其他运输设备制造业等行业企业2014年以来非税费用增加相对较多，评价值在3.31~3.46之间（见表7.57）。

表 7.56　与上年同期相比，2014 年以来不同类型企业在“非税费用”方面的变化情况（%）

	明显减少	有所减少	基本未变	有所增加	明显增加	评价值
总体	1.3	11.9	52.5	29.1	5.2	3.25
东部地区企业	1.3	11.0	52.2	30.7	4.8	3.27
中部地区企业	1.5	12.3	52.2	28.2	5.8	3.24
西部地区企业	1.1	16.3	54.7	21.2	6.7	3.16
大型企业	0.8	11.8	55.4	27.4	4.6	3.23
中型企业	0.7	15.2	51.5	27.4	5.2	3.21
小型企业	1.7	10.3	52.5	30.1	5.4	3.27
国有及国有控股公司	0.8	16.2	56.7	23.3	3.0	3.11
外商及港澳台投资企业		7.6	57.1	29.4	5.9	3.34
民营企业	1.5	11.6	50.8	30.6	5.5	3.27

注：评价值是由（“明显减少”＋“有所减少”×2＋“基本未变”×3＋“有所增加”×4＋“明显增加”×5）/100 计算得出的，分值范围为 1～5，中值为 3，表示企业的非税费用与上年相比没有变化。评价值高于 3 时，分值越高，表示企业的非税费用比上年增加越多；评价值低于 3 时，分值越低，表示企业的非税费用比上年减少越多。以下同。

表 7.57　与上年同期相比，2014 年以来不同行业企业在“非税费用”方面的变化情况（%）

	明显减少	有所减少	基本未变	有所增加	明显增加	评价值
总体	1.3	11.9	52.5	29.1	5.2	3.25
农林牧渔业	2.3	20.5	36.3	34.1	6.8	3.23
采矿业		3.8	57.8	26.9	11.5	3.46
制造业	1.5	10.9	52.7	29.5	5.4	3.26
电力、热力、燃气及水的生产和供应业		13.8	58.6	27.6		3.14
建筑业		15.5	48.2	31.8	4.5	3.25
交通运输、仓储和邮政业	2.3	18.2	54.5	25.0		3.02
信息传输、软件和信息技术服务业	3.3	6.7	53.3	26.7	10.0	3.33
批发和零售业	0.6	12.8	55.8	27.3	3.5	3.20
住宿和餐饮业		22.0	46.3	26.8	4.9	3.15
房地产业	1.5	17.9	47.7	23.9	9.0	3.21
租赁和商务服务业		13.0	65.3	21.7		3.09

续表

	明显减少	有所减少	基本未变	有所增加	明显增加	评价值
食品、酒及饮料制造业	2.6	10.3	46.1	31.6	9.4	3.35
纺织业	0.9	8.5	55.7	30.2	4.7	3.29
纺织服装、服饰业		11.9	62.7	23.7	1.7	3.15
造纸及纸制品业	3.0	12.1	63.7	18.2	3.0	3.06
化学原料及化学制品制造业	1.5	11.4	49.2	32.6	5.3	3.29
医药制造业	2.3	18.6	48.8	25.6	4.7	3.12
化学纤维制造业		17.6	64.8	17.6		3.00
橡胶及塑料制品业	1.9	12.5	53.8	26.0	5.8	3.21
非金属矿物制品业	1.0	10.7	60.2	26.2	1.9	3.17
黑色金属冶炼及压延加工业	2.9	8.8	64.8	20.6	2.9	3.12
有色金属冶炼及压延加工业	6.5	9.7	48.3	25.8	9.7	3.22
金属制品业	0.9	6.0	48.2	37.1	7.8	3.45
通用设备制造业	1.8	11.2	52.6	30.8	3.6	3.23
专用设备制造业	1.6	13.4	50.7	27.3	7.0	3.25
汽车制造业	1.4	8.6	55.7	31.4	2.9	3.26
铁路、船舶、航空航天及其他运输设备制造业		11.1	44.5	33.3	11.1	3.44
电气机械及器材制造业	0.9	8.7	54.7	29.6	6.1	3.31
计算机、通信及其他电子设备制造业		14.6	37.5	37.5	10.4	3.44
仪器仪表制造业		8.3	63.9	27.8		3.19

7.3.4　中小企业融资环境偏紧

调查发现，目前我国企业尤其是中小企业的融资环境略显偏紧。关于“当前企业经营发展中遇到的最主要困难”的调查显示，选择“资金紧张”的企业经营者占35.6%，排在所有十九个选项的第五位（见表7.44）。本次调查还了解了企业目前的流动资金情况。调查结果显示，认为目前资金“紧张”的企业经营者占43.8%，与2013年基本持平；“正常”的占49%，“宽裕”的占7.2%。其中，中部地区企业、中小企业和民营企业资金“紧张”的比重相对较高（见表7.58）。

表 7.58　　企业目前的流动资金情况（%）

		宽裕	正常	紧张
总体	2014 年	7.2	49.0	43.8
	2013 年	7.7	48.1	44.2
	2012 年	6.6	50.6	42.8
	2011 年	6.1	45.6	48.3
	2010 年	7.9	55.1	37.0
	2009 年	7.9	50.8	41.3
东部地区企业		8.6	51.0	40.4
中部地区企业		3.6	44.2	52.2
西部地区企业		5.2	45.5	49.3
大型企业		8.6	53.1	38.3
中型企业		9.4	49.6	41.0
小型企业		5.8	48.0	46.2
国有及国有控股公司		10.0	47.2	42.8
外商及港澳台投资企业		16.5	60.4	23.1
民营企业		5.7	48.0	46.3

应收账款也反映了目前企业的资金情况。调查结果显示，认为应收账款“高于正常”的企业经营者占29.7%，比2013年上升了1.2个百分点，为近六年来的最高值；“正常”的占54.5%；“低于正常”的占15.8%（见表7.59）。

分组来看，中西部地区企业、中型企业、国有及国有控股公司和民营企业应收账款“高于正常”的比重相对较高（见表7.59）。

表 7.59　　企业目前的应收账款情况（%）

		高于正常	正常	低于正常
总体	2014 年	29.7	54.5	15.8
	2013 年	28.5	55.3	16.2
	2012 年	28.6	54.7	16.7
	2011 年	25.8	60.7	13.5
	2010 年	19.1	70.3	10.6
	2009 年	22.8	62.6	14.6

续表

	高于正常	正常	低于正常
东部地区企业	28.7	56.1	15.2
中部地区企业	31.5	52.8	15.7
西部地区企业	32.4	47.5	20.1
大型企业	29.3	58.2	12.5
中型企业	31.6	53.5	14.9
小型企业	28.8	54.2	17.0
国有及国有控股公司	34.1	54.4	11.5
外商及港澳台投资企业	13.7	73.5	12.8
民营企业	31.1	51.5	17.4

融资环境偏紧还体现在企业经营者可以接受的最高贷款利率的上升方面。调查结果显示，企业经营者自己填写的可以接受的最高贷款年利率平均为6.8%，其中，选择“6%～10%”的企业经营者占64.3%，比2013年上升了1.4个百分点，选择“6%以下”的占29%，比2013年下降了0.8个百分点，选择“10%～14%”的占3.7%，选择“14%～18%”的占2.6%，选择“18%以上”的占0.4%。分组来看，中西部地区企业、中型企业和民营企业可接受的最高贷款年利率相对较高（见表7.60）。

表7.60　　企业经营者可以接受的最高贷款年利率（%）

		6%以下	6%～10%	10%～14%	14%～18%	18%以上	均值
总体	2014年	29.0	64.3	3.7	2.6	0.4	6.8
	2013年	29.8	62.9	4.3	2.5	0.5	—
东部地区企业		30.8	63.9	3.1	1.9	0.3	6.5
中部地区企业		26.2	65.2	3.4	4.3	0.9	7.4
西部地区企业		23.6	64.8	7.5	3.7	0.4	7.4
大型企业		23.8	73.0	2.0	0.8	0.4	6.8
中型企业		25.8	67.2	4.4	2.0	0.6	7.2
小型企业		31.6	61.2	3.6	3.3	0.3	6.6
国有及国有控股公司		31.6	66.0	1.6	0.4	0.4	6.3
外商及港澳台投资企业		40.9	58.2		0.9		5.8
民营企业		27.1	65.2	4.5	2.9	0.3	6.9

7.3.5　压力下的产业结构调整初显成效

调查发现，当前企业面临的困难和压力主要表现为：产能过剩、成本持续上升、融资环境偏紧和发展动力不足等，这些困难和压力也是经济增长速度换挡期、结构调整阵痛期、前期刺激政策消化期“三期叠加”阶段的重要特征。本次调查了解了企业经营者对“三期叠加”对中国经济的影响持续时间的判断。调查结果显示，认为将持续“1～3 年”的占 65.2%，“3～5 年”的占 26%，“5 年以上”的占 6%，“1 年及以下”的占 2.8%。平均来看，企业经营者认为“三期叠加”对中国经济的影响还会持续 3.5 年，这一结果值得关注（见表 7.61）。

表 7.61　企业经营者认为“三期叠加”对中国经济的影响还会持续的时间（%）

	1 年及以下	1～3 年	3～5 年	5 年以上	均值（年）
总体	2.8	65.2	26.0	6.0	3.5
东部地区企业	2.7	63.9	27.1	6.3	3.6
中部地区企业	2.8	69.0	22.8	5.4	3.4
西部地区企业	2.8	67.0	24.9	5.3	3.4
大型企业	1.9	62.7	28.0	7.4	3.6
中型企业	2.7	65.2	25.3	6.8	3.6
小型企业	3.0	65.9	25.8	5.3	3.5
国有及国有控股公司	2.2	63.8	27.3	6.7	3.7
外商及港澳台投资企业	3.5	57.6	29.2	9.7	4.0
民营企业	2.6	66.7	25.3	5.4	3.5

“三期叠加”阶段的困难和压力，在一定程度上也迫使企业加快结构调整的步伐。调查发现，目前结构调整的成效初步显现，主要表现为：一方面服务业特别是生产性服务业的经营状况明显好于制造业，制造业明显好于采矿业；另一方面，制造业内部也呈现出较大差异，以医药、电子设备、仪器仪表为代表的高技术产业经营状况明显好于其他制造业；此外，服务业较为发达的东部地区的企业经营状况要好于对于资源型行业依赖较多的西部地区的企业。

调查结果显示，从目前企业的综合经营情况看，经营状况相对较好的行业有电力热力燃气及水的生产和供应业、信息传输软件和信息技术服务业、租赁和商务服务业以及制造业中的医药、电子设备和仪器仪表等，而采矿业以及制造业中的纺织、化纤、有色金属等行业经营状况相对较差。调查表明，目前资源型行业、原材料行业的景气状况相对较差，而服务业和高端装备制造业相对较好，这一结果一方面体现了部分行业产能过剩的现实，另一方面也在一定程度上反映了产业结构调整初显成效（见表 7.5）。

此外，从盈利情况看，信息传输软件和信息技术服务业、租赁和商务服务业以及制造业中的医药、电子设备、仪器仪表等行业企业盈利情况明显好于采矿业以及制造业中的纺织、非金属制品、有色金属等行业（见表 7.14）。

企业能耗的变化情况也反映出产业结构调整的成效。调查结果显示，与上年同期相比，认为 2014 年以来企业的能源消耗“明显减少”或“有所减少”的企业经营者占 22.5%，“基本未变”的占 56%，“明显增加”或“有所增加”的占 21.5%。以 5 分制计算，企业在“能源消耗”方面的得分为 3，其中采矿业、化工、橡胶塑料、钢铁、有色金属、金属制品、通用设备等行业的能耗下降较为明显，评价值在 2.5 ~ 2.89 之间，明显低于中值 3（见表 7.62）。

表 7.62　与上年同期相比，2014 年以来不同行业企业在“能源消耗”方面的变化情况（%）

	明显减少	有所减少	基本未变	有所增加	明显增加	评价值
总体	2.3	20.2	56.0	18.5	3.0	3.00
农林牧渔业	2.2	17.4	63.0	15.2	2.2	2.98
采矿业		30.8	50.0	19.2		2.88
制造业	2.5	22.0	54.9	17.2	3.4	2.97
电力、热力、燃气及水的生产和供应业	3.3	10.0	50.1	33.3	3.3	3.23
建筑业	0.9	22.2	53.7	20.4	2.8	3.02
交通运输、仓储和邮政业	2.2	4.4	69.0	22.2	2.2	3.18
信息传输、软件和信息技术服务业		7.0	66.6	24.6	1.8	3.21
批发和零售业	2.4	15.9	59.8	20.7	1.2	3.02
住宿和餐饮业	2.4	23.8	31.0	42.8		3.14
房地产业	4.8	17.5	58.6	17.5	1.6	2.94
租赁和商务服务业		9.5	66.7	19.0	4.8	3.19

续表

	明显减少	有所减少	基本未变	有所增加	明显增加	评价值
食品、酒及饮料制造业	3.4	18.1	49.2	22.4	6.9	3.11
纺织业	2.8	24.1	54.6	14.8	3.7	2.92
纺织服装、服饰业	1.7	20.3	50.9	22.0	5.1	3.08
造纸及纸制品业	3.0	21.2	48.5	27.3		3.00
化学原料及化学制品制造业	2.3	29.8	48.8	17.6	1.5	2.86
医药制造业	4.4	13.3	28.9	33.4	20.0	3.51
化学纤维制造业			76.5	23.5		3.23
橡胶及塑料制品业	2.9	19.6	63.8	12.7	1.0	2.89
非金属矿物制品业	2.0	29.4	47.0	16.7	4.9	2.93
黑色金属冶炼及压延加工业	5.9	47.1	38.2	8.8		2.50
有色金属冶炼及压延加工业	3.2	41.9	32.3	22.6		2.74
金属制品业	2.7	33.0	42.8	17.9	3.6	2.87
通用设备制造业	2.4	22.5	62.1	12.4	0.6	2.86
专用设备制造业	3.2	16.6	62.6	13.9	3.7	2.98
汽车制造业	1.4	23.2	56.6	17.4	1.4	2.94
铁路、船舶、航空航天及其他运输设备制造业		5.3	73.6	21.1		3.16
电气机械及器材制造业		17.0	60.7	20.5	1.8	3.07
计算机、通信及其他电子设备制造业	2.0	8.2	67.3	18.4	4.1	3.14
仪器仪表制造业		5.6	66.6	27.8		3.22

注：评价值是由（“明显减少”＋“有所减少”×2＋“基本未变”×3＋“有所增加”×4＋“明显增加”×5）/100计算得出的，分值范围为1~5，中值为3，表示企业的能源消耗与上年相比没有变化。评价值高于3时，分值越高，表示企业的能源消耗比上年增加越多；评价值低于3时，分值越低，表示企业的能源消耗比上年减少越多。

企业用工情况的变化在一定程度上反映了产业结构调整的成效。调查发现，2015年企业对大学生的招工计划要明显高于农民工，并且近几年呈现持续增长的趋势，这在很大程度上是由于服务业和高端制造业的发展使得企业对大学生的需求持续增长。调查结果显示，从不同行业看，信息传输软件和信息技术服务业、租赁和商务服务业以及制造业中的医药、电子设备、仪器仪表等行业企业2015年计划招收大学毕业生的数量增长相对较多（见表7.38）。

7.4 企业战略选择及政策建议

7.4.1 企业加快创新和转型的步伐，积极应对挑战

面对当前企业发展遇到的困难和挑战，多数企业经营者表达出积极应对挑战的意愿。调查结果显示，关于“为了企业更好地发展，企业未来一年应着重采取的措施”，企业经营者选择比重最高的六项分别是：“加强管理降低成本”（73.8%）、“增加创新投入”（58.8%）、“引进人才”（47.2%）、“开拓国内市场”（44.6%）、“更新设备”（39%）和“加强企业文化建设”（30.7%），这个排序与前两年相比基本没有变化。调查表明，企业经营者表示，针对当前成本上升的困难，企业将采取“加强管理降低成本”的措施；针对产能过剩和利润率太低的困难，企业将主动转型，采取“增加创新投入”、“引进人才”、“更新设备”等措施（见表 7.63）。

表 7.63　为了企业更好地发展，企业未来一年将采取的措施（%）

	总体			地区			规模			经济类型		
	2014 年	2013 年	2012 年	东部	中部	西部	大型	中型	小型	国有及国有控股	外商及港澳台	民营企业
加强管理降低成本	73.8	73.9	72.8	73.4	74.6	74.8	80.6	74.3	72.4	76.8	82.0	73.6
增加创新投入	58.8	61.5	60.8	59.0	57.4	60.2	62.4	60.6	57.3	57.3	47.5	59.5
引进人才	47.2	52.2	46.9	46.7	47.3	49.7	51.0	50.7	44.7	53.2	34.4	46.7
开拓国内市场	44.6	46.0	45.9	46.0	39.0	45.9	47.1	43.6	44.7	51.3	52.5	42.8
更新设备	39.0	35.4	34.9	38.6	42.2	36.1	24.7	34.9	43.7	29.2	41.8	40.9
加强企业文化建设	30.7	34.3	34.4	28.5	35.4	35.7	35.4	36.2	27.1	36.7	27.0	30.2
开拓国际市场	29.1	27.3	27.0	32.4	22.8	20.7	32.7	33.2	26.4	24.0	43.4	28.6
改变经营模式	27.4	30.9	26.4	24.9	32.0	34.4	31.2	26.2	27.4	32.2	16.4	28.2
减少用工	22.1	24.1	21.9	23.7	18.3	18.7	19.0	19.1	24.0	17.6	28.7	23.3
投资其他行业	12.2	16.5	15.3	11.6	13.0	14.6	9.9	12.8	12.4	5.6	5.7	14.0
股权投资或并购	8.5	8.1	7.0	7.9	9.6	9.9	12.5	9.7	7.0	11.6	8.2	7.7
寻求上市	6.0	6.4	7.7	5.7	7.7	5.1	9.1	8.6	4.3	6.7	4.1	5.8
投资其他地区	4.0	5.4	5.5	3.7	4.7	4.1	6.8	4.3	3.3	5.2	4.9	4.1

从不同地区看，东部地区企业选择“开拓国内市场”和“减少用工”的比重高于中西部地区，中部地区企业选择“更新设备”的比重相对较高，而西部地区企业选择“改变经营模式”的比重相对较高（见表 7.63）。

从不同规模看，大型企业选择“加强管理降低成本”、“增加创新投入”、“开拓国内市场”和“改变经营模式”的比重高于中小企业，中小企业选择“更新设备”的比重要高于大型企业（见表 7.63）。

从不同经济类型看，国有及国有控股公司选择“引进人才”、“加强企业文化建设”和“改变经营模式”的比重相对较高，民营企业选择“增加创新投入”和“投资其他行业”的比重相对较高，外资企业选择“加强管理降低成本”、“开拓国际市场”和“减少用工”的比重相对较高（见表 7.63）。

从企业最希望投资的行业也能看出企业跨行业转型的意愿。调查结果显示，关于“企业最希望投资的行业”，选择“其他行业”的企业经营者占 32.9%；选择继续投资“本行业”的占 67.1%。从不同行业看，采矿业、住宿和餐饮业、房地产业以及制造业中的纺织、服装、化纤、非金属制品等行业转型意愿更加强烈，超过四成的企业经营者希望投资其他行业（见表 7.64）。

表 7.64　企业最希望投资的行业（%）

		本行业	其他行业
总体	2014 年	67.1	32.9
	2013 年	61.7	38.3
	2012 年	66.5	33.5
	2011 年	71.3	28.7
	2010 年	68.3	31.7
农林牧渔业		81.8	18.2
采矿业		56.5	43.5
制造业		66.5	33.5
电力、热力、燃气及水的生产和供应业		83.3	16.7
建筑业		60.6	39.4
交通运输、仓储和邮政业		73.8	26.2
信息传输、软件和信息技术服务业		73.7	26.3
批发和零售业		64.8	35.2

续表

	本行业	其他行业
住宿和餐饮业	59.5	40.5
房地产业	59.4	40.6
租赁和商务服务业	72.7	27.3
食品、酒及饮料制造业	80.4	19.6
纺织业	41.3	58.7
纺织服装、服饰业	50.0	50.0
造纸及纸制品业	61.3	38.7
化学原料及化学制品制造业	66.7	33.3
医药制造业	82.9	17.1
化学纤维制造业	57.1	42.9
橡胶及塑料制品业	62.9	37.1
非金属矿物制品业	57.7	42.3
黑色金属冶炼及压延加工业	62.5	37.5
有色金属冶炼及压延加工业	62.1	37.9
金属制品业	69.6	30.4
通用设备制造业	71.3	28.8
专用设备制造业	69.4	30.6
汽车制造业	74.6	25.4
铁路、船舶、航空航天及其他运输设备制造业	63.2	36.8
电气机械及器材制造业	67.0	33.0
计算机、通信及其他电子设备制造业	73.9	26.1
仪器仪表制造业	81.8	18.2

从企业经营者对企业遇到困难时选择什么样的出路，也能看出企业转型意愿的增强。调查结果显示，当问及“假如企业的停产、半停产情况持续下去，您将如何打算”这一问题时，打算“产业升级”的企业经营者占50.9%，与2013年和2012年大体持平，明显高于2011年；打算“进入新行业”的占20.6%，为近四年来的最高值；打算“去其他地区发展”的占5.2%。而选择“退出不干了”的企业经营者占23.3%，低于2013年的调查结果。分组来看，中部地区企业、大型企业、国有及国有控股公司的企业经营者选择“产业升

级”和“进入新行业”的比重相对较高，而东部地区企业、小型企业、外资企业选择“退出不干了”的比重相对较高（见表7.65）。

表7.65　对企业若存在持续“停产、半停产”情况的打算（%）

		去其他地区发展	产业升级	进入新行业	退出不干了
总体	2014年	5.2	50.9	20.6	23.3
	2013年	3.6	52.2	19.6	24.6
	2012年	6.8	52.2	18.7	22.3
	2011年	9.4	40.3	18.6	31.7
东部地区企业		5.8	48.0	19.6	26.6
中部地区企业		3.3	57.0	22.5	17.2
西部地区企业		6.3	50.7	21.5	21.5
大型企业		4.8	66.6	28.6	
中型企业		7.9	55.6	22.2	14.3
小型企业		4.4	48.5	19.8	27.3
国有及国有控股公司		5.1	59.0	25.6	10.3
外商及港澳台投资企业		6.3	43.6	6.3	43.8
民营企业		4.7	52.2	19.4	23.7

创新是推动企业转型升级的重要方式之一。调查发现，企业经营者对创新的重视程度逐渐提高，创新的动力有所增强，创新成效初步显现。调查结果显示，关于“为了企业更好地发展，企业未来一年应着重采取的措施”，企业经营者选择的与创新相关的选项（包括“增加创新投入”、“引进人才”、“更新设备”等）的比重在39%～58.8%之间，排在所有十三个选项的前五位，这表明企业经营者对于创新的重视程度较高（见表7.63）。

企业研发投入的上升也反映了创新动力的增强。调查结果显示，认为2014年研发投入“增加”的企业经营者占57.2%，“基本未变”的占37.8%，“减少”的占5%；“增加”的比“减少”的多52.2个百分点，这一数据比2013年上升了24.8个百分点。其中，东部和西部地区企业、大中型企业以及民营企业和外资企业的研发投入增长相对较多（见表7.66）。

表 7.66　与上年同期相比，2014 年以来企业在“研发投入”方面的变化情况（%）

		减少	基本未变	增加	增加－减少
总体	2014 年	5.0	37.8	57.2	52.2
	2013 年	15.1	42.4	42.5	27.4
东部地区企业		4.7	37.1	58.2	53.5
中部地区企业		6.0	41.1	52.9	46.9
西部地区企业		4.3	37.0	58.7	54.4
大型企业		4.0	34.8	61.2	57.2
中型企业		4.2	35.1	60.7	56.5
小型企业		5.5	39.8	54.7	49.2
国有及国有控股公司		5.1	49.2	45.7	40.6
外商及港澳台投资企业		2.5	40.3	57.2	54.7
民营企业		5.0	37.1	57.9	52.9

企业招收大学毕业生的情况在一定程度上反映了企业创新的实际行动。关于企业招工计划的调查发现，近年来企业招收大学毕业生数量的增长一直显著高于农民工（见表 7.36、表 7.37）。本次调查还了解了企业中大学以上学历的员工占比情况以及对未来的预计，调查结果显示，目前企业中大学以上学历的员工占比平均为 25%，比 2013 年上升了 0.8 个百分点；预计 2015 年这一比重将“提高”的企业经营者占 47.2%，“不变”的占 47.7%，“降低”的仅占 5.1%。其中，中部地区企业、大型企业、国有及国有控股公司预计将“提高”的比重相对较高（见表 7.67）。

新产品销售比重反映了企业的创新成效。调查结果显示，认为 2014 年新产品销售比重“增加”的企业经营者占 32.7%，“持平”的占 48.8%，“减少”的占 18.5%；“增加”的比“减少”的多 14.2 个百分点。其中，东部地区企业、大型企业、外资企业的新产品销售比重增长相对较多（见表 7.68）。

表 7.67　　　大学以上学历占全部员工的比重情况（%）

		10%以下	10%～30%	30%以上	均值	对下一年的预计		
						提高	不变	降低
总体	2014年	22.3	53.7	24.0	25.0	47.2	47.7	5.1
	2013年	26.7	49.7	23.6	24.2	57.6	39.8	2.6
东部地区企业		22.9	52.9	24.2	25.2	45.7	49.5	4.8
中部地区企业		21.1	58.2	20.7	23.1	50.6	44.2	5.2
西部地区企业		21.0	51.0	28.0	26.5	49.6	44.0	6.4
大型企业		13.7	52.0	34.3	29.2	57.1	39.7	3.2
中型企业		21.2	53.9	24.9	25.8	51.8	45.4	2.8
小型企业		24.5	54.0	21.5	23.7	42.9	50.5	6.6
国有及国有控股公司		9.3	51.6	39.1	34.4	56.6	39.1	4.3
外商及港澳台投资企业		25.7	55.7	18.6	22.4	39.1	53.9	7.0
民营企业		24.5	54.7	20.8	22.9	45.7	49.4	4.9

表 7.68　　　相对于上年，企业2014年的新产品销售比重情况（%）

	增加	持平	减少	增加－减少			
				2014年	2013年	2012年	2011年
总体	32.7	48.8	18.5	14.2	20.8	14.5	23.8
东部地区企业	33.9	49.0	17.1	16.8	22.3	14.6	24.5
中部地区企业	30.6	50.1	19.3	11.3	19.8	14.3	25.3
西部地区企业	29.0	45.6	25.4	3.6	15.2	14.2	18.0
大型企业	37.2	47.9	14.9	22.3	35.2	30.0	38.0
中型企业	34.0	49.7	16.3	17.7	28.2	22.0	31.6
小型企业	31.2	48.6	20.2	11.0	14.0	7.4	16.6
国有及国有控股公司	29.0	56.9	14.1	14.9	19.6	12.4	21.0
外商及港澳台投资企业	40.5	42.1	17.4	23.1	29.9	23.5	16.6
民营企业	32.7	47.8	19.5	13.2	19.6	12.4	24.0

7.4.2　保持宏观经济调控政策的连续性、稳定性

调查发现，企业经营者预计未来我国经济增长的下行压力较大。关于对今明两年我国GDP增速的预计，调查结果显示，企业经营者预计2014年我国

GDP 增速的中位数为 7.2%，其中预计 GDP 增速在“7%”以下的占 18.9%，“7% ~7.5%”的占 69.3%，“7.5% ~8%”的占 9.9%，“8% 以上”的占 1.9%；预计 2015 年我国 GDP 增速的中位数为 7%，比对 2014 年的预计下降了 0.2 个百分点，其中预计 GDP 增速在“7%”以下的占 29.7%，比对 2014 年的预计上升了 10.8 个百分点；“7% ~7.5%”的占 52.2%，“7.5% ~8%”的占 14.8%，“8% 以上”的占 3.3%（见表 7.69）。

表 7.69　　对 2014 年、2015 年我国 GDP 增长的预计（%）

		7% 以下	7% ~7.5%	7.5% ~8%	8% 以上	中位数
2014 年	总体	18.9	69.3	9.9	1.9	7.2
	东部地区企业	19.8	69.2	9.1	1.9	
	中部地区企业	17.5	68.7	12.0	1.8	
	西部地区企业	16.1	71.5	10.9	1.5	
2015 年	总体	29.7	52.2	14.8	3.3	7.0
	东部地区企业	30.9	52.3	13.9	2.9	
	中部地区企业	26.1	52.8	17.2	3.9	
	西部地区企业	29.0	50.8	16.2	4.0	

注：中位数是一组数据按从小到大（或从大到小）的顺序依次排列时，处在中间位置的一个数。不受分布数列的极大或极小值影响。

在预计未来经济下行压力较大的同时，企业经营者期待宏观调控政策保持连续性和稳定性。调查结果显示，当问及“未来 2 年内，经济增速在什么情况下政府需要加大政策刺激力度”这一问题时，超过八成（83.3%）的企业经营者选择了“7% 以下”。鉴于大多数企业经营者预计 2015 年我国 GDP 增速在 7% 以上，这表明企业经营者认为 2015 年经济增长仍处于正常区间，政府不需要加大政策的刺激力度，应当保持政策的连续性和稳定性（见表 7.69、表 7.70）。

关于对近年来政府采取的宏观调控政策松紧程度的判断，调查结果显示，认为“合适”的企业经营者占 51.8%，比 2013 年上升了 5.3 个百分点，为近 5 年来的最高值；认为“过紧”的占 3%，“偏紧”的占 37.3%，两者合计比重比 2013 年下降了 1.5 个百分点；认为“偏松”或“过松”的占 7.9%（见表 7.71）。

表 7.70　未来 2 年内，经济增速在什么情况下政府需要加大政策刺激力度（%）

		6%以下	6% ~6.5%	6.5% ~7%	7% ~7.5%	7.5% ~8%
总体	2014 年	27.6	20.7	35.0	12.4	4.3
	2013 年	34.4	16.6	30.4	11.8	6.8
东部地区企业		29.6	20.6	33.8	12.1	3.9
中部地区企业		22.0	22.5	37.3	12.9	5.3
西部地区企业		25.6	19.0	37.1	13.5	4.8
大型企业		21.6	21.9	36.8	16.4	3.3
中型企业		25.5	19.7	39.5	11.8	3.5
小型企业		29.9	21.0	32.3	12.0	4.8
国有及国有控股公司		22.8	21.7	36.4	15.4	3.7
外商及港澳台投资企业		34.7	26.3	28.8	10.2	
民营企业		27.3	20.4	35.3	12.1	4.9

表 7.71　对近年来政府采取的宏观调控政策松紧程度的判断（%）

	过紧	偏紧	合适	偏松	过松
2014 年	3.0	37.3	51.8	7.3	0.6
2013 年	3.3	38.5	46.5	11.2	0.5
2012 年	4.5	43.4	38.9	12.7	0.5
2011 年	8.4	46.5	28.4	15.7	1.0
2010 年	1.3	23.6	50.3	23.4	1.4

关于对未来 6 个月政府宏观经济政策的建议，调查结果显示，建议财政政策“基本不变”的企业经营者占 43.3%，比 2013 年上升了 4.8 个百分点，为近 4 年来的最高值；建议“适度扩张”的占 44.7%，“适度收紧”的占 12%。建议货币政策“基本不变”的占 35.4%，比 2013 年上升了 2.3 个百分点，“适度放松”的占 51.4%，“适度收紧”的占 13.2%（见表 7.72）。

表7.72　对未来6个月政府宏观经济政策的建议（%）

		适度收紧	基本不变	适度扩张
财政政策	2014年	12.0	43.3	44.7
	2013年	23.1	38.5	38.4
	2012年	10.6	35.1	54.3
	2011年	26.4	31.5	42.1
		适度收紧	基本不变	适度放松
货币政策	2014年	13.2	35.4	51.4
	2013年	21.0	33.1	45.9

7.4.3　积极推进各项改革，为企业转型创造良好环境

调查发现，一方面企业经营者主动转型和创新，应对当前发展中的困难与挑战，另一方面企业经营者也期待政府进一步深化改革，鼓励和推动企业转型升级。本次调查了解了企业经营者对2014年以来政府进一步加快简政放权的相关措施成效的评价。调查结果显示，认为“继续放宽市场准入”“成效很大”或“成效较大”的占47.3%，“成效较小”的占43.5%，“没有成效”的占9.2%（见表7.73）。

认为“强化市场主体责任，坚决杜绝监管的随意性”“成效很大”或“成效较大”的占37.5%，“成效较小”的占47.9%，“没有成效”的占14.6%（见表7.73）。

认为“坚决废除和纠正妨碍竞争、有违公平的规定和做法”“成效很大”或“成效较大”的占34.8%，“成效较小”的占50%，“没有成效”的占15.2%（见表7.73）。

表7.73　对2014年以来政府进一步加快简政放权的相关措施成效的评价（%）

	成效很大	成效较大	成效较小	没有成效
继续放宽市场准入	6.4	40.9	43.5	9.2
坚决废除和纠正妨碍竞争、有违公平的规定和做法	5.2	29.6	50.0	15.2
强化市场主体责任，坚决杜绝监管的随意性	4.9	32.6	47.9	14.6
建立守信激励和失信惩戒机制	5.3	26.4	50.1	18.2
整合执法资源，消除多头和重复执法	4.6	28.0	48.2	19.2

认为“建立守信激励和失信惩戒机制”“成效很大”或“成效较大”的占31.7%，“成效较小”的占50.1%，“没有成效”的占18.2%（见表7.73）。

认为“整合执法资源，消除多头和重复执法”“成效很大”或“成效较大”的占32.6%，“成效较小”的占48.2%，“没有成效”的占19.2%（见表7.73）。

调查表明，总体来看，超过八成的企业经营者认为简政放权的相关措施取得了成效，其中超过四成的认为“成效较小”，这表明企业经营者认为目前加快简政放权的相关措施取得了一定成效，但成效尚未完全显现（见表7.73）。

本次调查还了解了企业参与“混合所有制经济改革”的意愿，调查结果显示，超过半数的企业经营者表示愿意参与混合所有制改革，其中表示“非常愿意”的企业经营者占12.9%，“比较愿意”的占45.4%；此外，表示“不太愿意”的占17.9%，“不感兴趣”的占23.8%。其中，中部地区企业、大型企业、国有及国有控股公司表示“非常愿意”或“比较愿意”的比重相对较高，外资企业表示“不感兴趣”的比重相对较高（见表7.74）。

表7.74　　企业参与“混合所有制经济改革”的意愿（%）

	非常愿意	比较愿意	不太愿意	不感兴趣
总体	12.9	45.4	17.9	23.8
东部地区企业	12.1	44.1	19.5	24.3
中部地区企业	14.2	50.3	11.4	24.1
西部地区企业	15.5	45.4	19.2	19.9
大型企业	22.3	39.6	16.9	21.2
中型企业	11.3	48.6	17.5	22.6
小型企业	12.0	44.9	18.3	24.8
国有及国有控股公司	28.4	46.5	12.2	12.9
外商及港澳台投资企业	9.1	36.4	22.3	32.2
民营企业	10.7	45.7	18.2	25.4

调查还发现，与上年同期相比，2014年以来企业与政府打交道的时间有所减少，同时企业经营者也希望，企业获得政府支持的程度进一步增强。调查结果显示，与上年同期相比，认为2014年以来企业与政府打交道的时间“明

显减少”或“有所减少”的企业经营者占35.7%，“基本未变”的占46.4%，“有所增加”或“明显增加”的占17.9%。以5分制计算，企业在“与政府打交道时间”方面的得分为2.79，低于中值3，这表明2014年以来企业与政府打交道的时间有所减少，这也在一定程度上反映出简政放权的相关措施取得了一定成效（见表7.75）。

表7.75　与上年同期相比，2014年企业在“与政府打交道时间”方面的变化情况（%）

	明显减少	有所减少	基本未变	有所增加	明显增加	评价值
总体	7.3	28.4	46.4	13.8	4.1	2.79
东部地区企业	7.7	28.1	47.8	12.8	3.6	2.76
中部地区企业	4.7	28.6	44.3	17.2	5.2	2.90
西部地区企业	9.0	30.1	42.3	13.8	4.8	2.75
大型企业	4.9	28.4	50.4	13.3	3.0	2.81
中型企业	5.9	28.0	46.3	15.5	4.3	2.84
小型企业	8.3	28.7	46.0	12.9	4.1	2.76
国有及国有控股公司	1.9	22.4	50.7	20.5	4.5	3.03
外商及港澳台投资企业	6.7	32.8	47.0	7.6	5.9	2.73
民营企业	7.9	29.9	45.4	12.7	4.1	2.75

注：评价值是由（“明显减少”+“有所减少”×2+“基本未变”×3+“有所增加”×4+“明显增加”×5）/100计算得出的，分值范围为1~5，中值为3，表示企业与政府打交道时间与上年相比没有变化。评价值高于3时，分值越高，表示企业与政府打交道时间比上年增加越多；评价值低于3时，分值越低，表示企业与政府打交道时间比上年减少越多。

不过值得注意的是，在与政府打交道的时间有所减少的同时，企业经营者也表示企业获得政府支持的程度未见增强。调查结果显示，与上年同期相比，认为2014年以来企业获得政府支持的程度“明显减少”或“有所减少”的企业经营者占24%，“基本未变”的占62%，“有所增加”或“明显增加”的占14%。以5分制计算，企业在“获得政府支持的程度”方面的得分为2.82，低于中值3，这表明2014年以来企业获得政府支持的程度未见增强（见表7.76）。

表 7.76　与上年同期相比，2014 年企业在“获得政府支持的程度”方面的变化情况（%）

	明显减少	有所减少	基本未变	有所增加	明显增加	评价值
总体	9.9	14.1	62.0	12.2	1.8	2.82
东部地区企业	9.0	13.0	64.2	12.2	1.6	2.84
中部地区企业	11.1	18.1	58.2	10.9	1.7	2.74
西部地区企业	13.2	14.3	55.3	14.3	2.9	2.79
大型企业	6.5	15.7	59.4	16.9	1.5	2.91
中型企业	8.0	16.5	63.2	10.4	1.9	2.82
小型企业	11.5	12.7	61.8	12.2	1.8	2.80
国有及国有控股公司	6.1	12.5	61.7	18.6	1.1	2.96
外商及港澳台投资企业	11.1	12.8	65.8	9.4	0.9	2.76
民营企业	10.6	13.9	62.4	11.1	2.0	2.80

注：评价值是由（“明显减少”＋“有所减少”×2＋“基本未变”×3＋“有所增加”×4＋“明显增加”×5）/100 计算得出的，分值范围为 1～5，中值为 3，表示企业获得政府支持的程度与上年相比没有变化。评价值高于 3 时，分值越高，表示企业获得政府支持的程度比上年增加越多；评价值低于 3 时，分值越低，表示企业获得政府支持的程度比上年减少越多。

本次调查设计了“政府进一步还要在哪些方面加大取消下放行政审批等事项的力度”这一问题，调查结果显示，按照企业经营者选择比重高低排序依次是：“减少行政事业性收费项目”（69.2%）、“减少行政审批事项”（66.4%）、“减少资质资格认定事项”（48.6%）、“取消和简化企业投资、注册领域的前置审批事项”（43.9%）、“减少评比达标表彰事项”（31.8%）（见表 7.77）。

从不同地区和规模看，西部地区企业选择“减少资质资格认定事项”和“减少评比达标表彰事项”的比重相对较高，大型企业选择“减少行政审批事项”和“取消和简化企业投资、注册领域的前置审批事项”的比重相对较高（见表 7.77）。

从不同经济类型看，国有及国有控股公司选择“减少行政审批事项”和“减少评比达标表彰事项”的比重相对较高，民营企业选择“减少行政事业性收费项目”的比重相对较高，外资企业选择“取消和简化企业投资、注册领域的前置审批事项”的比重相对较高（见表 7.77）。

表7.77　　政府进一步还要在哪些方面加大取消下放行政审批等事项的力度（%）

	总体	地区			规模			经济类型		
		东部	中部	西部	大型	中型	小型	国有及国有控股	外商及港澳台	民营企业
减少行政事业性收费项目	69.2	69.2	69.0	69.3	70.2	67.8	69.7	65.3	62.1	70.8
减少行政审批事项	66.4	66.2	67.3	65.5	72.9	68.7	64.0	72.0	65.5	65.1
减少资质资格认定事项	48.6	46.6	51.4	55.7	49.2	49.9	47.9	48.0	42.2	49.5
取消和简化企业投资、注册领域的前置审批事项	43.9	44.3	44.4	41.1	48.1	42.4	43.8	42.4	47.4	43.5
减少评比达标表彰事项	31.8	31.0	33.1	33.8	31.3	30.4	32.5	36.9	25.9	32.3

调查发现，总体来看，企业经营者认为2014年以来的各项改革尤其是简政放权初显成效，其中对放宽市场准入方面评价较高，超过半数的企业经营者表示愿意参与混合所有制改革，企业与政府打交道的时间也有所减少。与此同时，企业经营者也表示改革的成效尚未完全显现，对公平竞争、诚信体系建设、行政执法体制改革等方面评价相对较低。

调查表明，企业经营者期待政府积极推进改革，特别是在公平竞争、诚信体系建设和完善行政执法体制等方面加大改革力度，加快政府职能转变的步伐，减少行政事业性收费项目和行政审批事项，进一步激发企业活力和经济发展内生动力，为企业转型和结构调整创造良好的外部环境。

执笔：李兰

参考文献

[1] 王岩琴，牟淑慧．法国促进中小企业发展的主要做法和经验．中国中小企业，2014，03：68 – 69

[2] 钟超．美日韩构建中小企业知识产权服务体系的经验．中国中小企业，2014，05：32 – 33

[3] 林汉川，魏中奇．中小企业的界定与评价．中国工业经济，2000，07：12 – 17

[4] 袁礼斌．关于中小企业发展的几个基本理论问题．经济学动态，2000，01：14 – 19

[5] 林汉川，魏中奇．中小企业存在理论评述．经济学动态，2000，04：75 – 79

[6] 梁冰．我国中小企业发展及融资状况调查报告．金融研究，2005，05：120 – 138

[7] 林汉川，管鸿禧．中国不同行业中小企业竞争力评价比较研究．中国社会科学，2005，03：48 – 58

[8] 蔡翔，宋瑞敏，蒋志兵．微型企业的内涵及其理论基础．当代财经，2005，12：85 – 87

[9] 李庚寅，黄宁辉．中小企业理论演变探析．经济学家，2001，03：97 – 105

[10] 尚增健．我国中小企业成长性的实证研究．财贸经济，2002，09：65 – 73

[11] 袁红林，陈小锋．我国中小企业政策与中小企业成长环境的相关性——基于 384 家中小企业的实证．企业经济，2012，02：176 – 180

[12] 林汉川，夏敏仁，何杰，管鸿禧．中小企业发展中所面临的问题——北京、辽宁、江苏、浙江、湖北、广东、云南问卷调查报告．中国社会科学，2003，02：84 – 94

[13] 中金公司．没有 QE 的美国——美联储 10 月 FOMC 会议点评，2014 – 10 – 30

[14] 国信证券．美联储 10 月议息会议点评——关注 10 月议息会议声明中的“三点转变”，2014 – 10 – 30

[15] 平安证券．美国就业数据强劲，欧日经济延续低景气度，2014 – 12 – 8

[16] 东兴证券．强势美元与宽松流动性并行的奇观——日本扩大量宽及养老基金调整资产点评，2014 – 11 – 3

[17] 中金公司．2015 年展望：宽松依旧，看好美日增长与中印改革，2014 – 10 – 27

[18] 国务院发展研究中心宏观经济分析小组．宏观经济分析报告，2014 – 10

[19] 瑞银证券．“单引擎”时代的全球宏观新趋势，2014 – 11 – 11

[20] 中国银河证券研究部．油价下跌打击俄罗斯经济——国际经济周报第 175 期，2014 – 10 – 26

[21] 中国企业评价协会（李春伟，李兆熙，袁东明，项安波，贾涛，禤俊明）. 具有国际竞争力的大企业指标体系研究，2013

[22] 刘文炳. 中央企业国际竞争力研究. 北京：中国经济出版社，2010

[23] 2013 中国外商投资报告. 中华人民共和国商务部

[24] 2014 年度美国企业在中国的白皮书. 美国中国商会，2014 年

[25] 工业互联网：打破智慧与机器的边界. GE 内部资料. Peter C. Evans，Marco Annunizaita，2012

[26] 欧盟企业在中国建议书 2013/2014

[27] 世界投资报告：迈向新一代投资政策. 北京：经济管理出版社，2012

[28] 外资统计快报. 商务部外商投资管理司，2014 – 10 – 13

[29] 在改革中形成增长新常态. 刘世锦主编. 国务院发展研究中心"中长期增长"课题组. 北京：中信出版社，2014

[30] World Bank. Global Economic Prospects，June 2014

[31] IMF. World Economic Outlook，Oct 2014

[32] OECD. Economic Outlook 96（PRELIMINARY VERSION），November 2014